KB142874

반도체 열전

반도체 열전

유웅환 지음

디지털 전환이 세계경쟁력을 가르는 시대

**한국벤처투자(KVIC) 유웅환 대표,
대한민국 미래산업의 지속가능한 모델을 디자인하다**

비즈니스맵

필자는 28년 경력의 반도체 전문가로서, 전 세계적 반도체 열전(熱戰)의 현장 속에서 열사(烈士)와 같은 마음가짐으로 임하고 있다. 한국과학기술원(KAIST)에서 석·박사를 취득한 후 인텔에서 수석매니저를 지냈고, 삼성전자 반도체 사업부에 스카우트되어 최연소 상무로 재직했다. 현대자동차 연구소 이사, SKT 부사장(ESG그룹장) 등을 거쳐 제20대 대통령직인수위원으로 활동하며 반도체 정책 보고서 등을 작성했다. 현재는 정책금융인 모태펀드를 운용하는 한국벤처투자의 대표이사로 재직 중이다. 그간 반도체 분야 90여 편의 국제 논문은 물론, Prentice Hall과 함께 고속반도체 설계에 관한 저서 등을 출간했다.

* 인명 가나다 순입니다.

챗GPT를 통해 보듯, 세계는 초거대 인공지능 시대가 되어가고 있습니다. 인공지능의 경쟁력을 갖게 되는 개인, 기업, 또는 국가가 세계를 제패하게 됩니다. 이러한 인공지능의 경쟁력은 딥러닝 알고리즘, 데이터와 컴퓨터의 기술력이 좌우하는데 그중에서도 핵심은 바로 인공지능 컴퓨터입니다. 그리고 바로 이 성능을 결정짓는 것이 바로 반도체입니다. 지금을 반도체 패권 시대라고 부르는 이유입니다.

인공지능 컴퓨터에 들어가는 반도체는 대표적으로 그래픽프로세서(GPU)와 고대역폭 메모리(HBM)입니다. 여기서 '인터커넥션(Interconnection)'이라고도 불리는 신호, 또는 전력 '연결선'의 질적 성능이 중요합니다. 이와 같은 연결선은 반도체 내에도 존재하고, 패키징 형태로도 존재하고, 컴퓨터 간 구리 선 혹은 광통신망 형태로도 존재하기 때문입니다. 결국, 이 연결선이 인공지능 컴퓨터의 성능, 더 나아가 인공지능 서비스의 품질을 좌우합니다.

따라서 인공지능 시대에는 기술적으로 연결과 통합, 그리고 협력이 중요해졌습니다. 이것을 꾸준히, 그리고 변함없이 실천해 온 사람이 유웅환 박사입니다. 그는 기술적으로도 그렇지만, 삶의 방식에서도 그래 왔습니다. 이 책은 이러한 유웅환 박사의 살아있는 증언입니다.

KAIST에 처음으로 부임하고 만난 첫 번째 박사 과정 지도 학생이 바로 유웅환 박사입니다. 학위 과정 중 그가 처음으로 쓴 논문이 바로 「반도체 연결선의 고주파 모델링과 설계 방법론」이었습니다. GPU와 메모리반도체와 같은 디지털 반도체의 신호와 전력 해석에 마이크로파 공학에서 사용하던 전자파 해석 방법론을 처음으로 적용하였습니다. 디지털 신호를 전자파로 본 것입니다. 인공지능에 필요한 테라바이트(TB: TeraByte, 1,024GB) 반도체, 컴퓨터의 신호와 전력은 고주파의 중첩이기 때문입니다.

유 박사는 기가(Giga)의 시대에 살면서 테라(Tera)의 시대를 꿈꿨습니다. 새로운 융합을 통해서 기술의 진보를 이끌었습니다. 이러한 방법론은 지금의 인공지능 반도체, 패키징 그리고 슈퍼컴퓨터 설계에 그대로 적용됩니다. 유웅환 박사는 연결선과 반도체 패키징 연구를 그때 이미 시작하고 있었습니다. 20년 이상을 앞서간 연구를 한 셈입니다. 미래를 예측하고 준비했기에 가능했습니다.

유 박사의 이런 면모를 보고, 그의 졸업 당시 미국 실리콘밸리를 중심으로 유수의 글로벌 7개 기업이 인터뷰 후 모두 오퍼(Job Offer)를 주었고, 그 당시 기술적으로 가장 앞서가던 인텔로 진출하게 됐습니다. 이후 유 박사가 삼성전자, 현대자동차, SKT와 한국벤처투자에서 그 꿈을 이어가는 와중에도 항상 그 중심에는 일관되게 반도체에 대한 열정이 있었습니다. 항상 미래를 앞서서 보고 이끌어 가는 리더였습니다. 이번 책도 이러한 리더십의 연장선에서 출간되었다고 생각합니다. 이것을 '반도체 열전'이라고 부릅니다.

유웅환 박사는 KAIST 학생 시절에 손수 실험실 걸레질도 하고, 후배들을 이끌어 가면서 연구를 개척해 갔습니다. 그때 유웅환 박사와 같이 만들어 간 실험실의 연결과 협력, 그리고 소통의 문화가 지금까지 이어져 100명 이상의 후배들이 석박사 연구를 마치고 삼성전자, SK하이닉스, 애플, 구글, 테슬라, 엔비디아, 마이크로소프트를 포함한 전 세계 반도체 기업에서 인공지능 시대에 반드시 필요한 반도체 기술의 리더들로 맹활약하고 있습니다. 유웅환 박사가 만들어 준 연구실 유산입니다. 그는 이들과 함께 기술을 혁신하고, 더 나은 세상을 만들어 왔습니다. 그 중심에 반도체가 있었습니다. 이 책은 바로 그 살아있는 역사를 기록한 책입니다.

유웅환 박사가 쓴 이번 책에서는 본인이 그동안 주장하고 실천해 왔던 것들이 많이 담겨 있습니다. '경쟁의 기본 원리는 파괴, 모방, 창조' 라든가 '미래에는 융합형 전문가와 기업만 살아남는다'와 같은 주옥 같은 내용입니다. 앞으로 우리가 인공지능 시대의 반도체 전쟁에 어떻게 대비해야 하는지 제시하고 그 대책으로 반도체 설계 팹리스 6만 명 인재육성을 강조합니다. 마지막으로는 '기술의 발달에도 결국 정답은 사람'이라고 주장합니다. 모두 그동안 유웅환 박사가 일관되게 주장하고, 진실되게 실천해 온 삶과 철학이 그대로 정직하게 녹아 있습니다. 이번 출판을 계기로 이렇게 유웅환 박사가 쌓아온 경험과 미래 비전이 여러 사람들에게 전파되고 함께 그 꿈을 이룰 수 있기를 응원합니다.

김정호 카이스트 교수(글로벌전략연구소장), 「공학의 미래」 저자

대한민국은 OECD 국가 중 가장 높은 수준의 저출산과 노인 빈곤, 자살률을 기록하고 있다. 빈부 격차 심화에 따라 20여 년 이상 지속 심화되는 양극화를 보면 한국 역시 '잃어버린 30년'을 경험한 일본처럼 장기 침체로 가지는 않을까 우려된다. 그나마 일본은 사정이 나아지고 있다. 미국은 일본이 한국과 대만에 비해 덜 위험지역이라고 보기 때문이다. 미국의 지원하에 일본은 점차로 경제가 부양되고 정상화 수순으로 가는 중이다. 최근 상황을 보면 미국이 혁신적인 반도체 기술을 일본에 가게 하고 보조금 지급도 견제하지 않는다. 미국의 이런 입장에 영향을 받아 대만의 TSMC도 일본에 투자하는 것이다.

나는 경제수석 시절인 1991년, 이제는 연구 개발을 할 때라는 인식에서 수도권 공과대학 정원을 배로 늘렸다. 이는 대한민국이 반도체 강국이 되는 데 이바지했다고 본다. 하지만 지금은 반도체 전문가가 될 수 있는 인재들이 의대를 선택하는 것이 현실이다. 산업은 물론이고 교육, 노동 등 연관된 제 분야에 복합적 접근이 필요하지만 그런 움직임이 별로 눈에 띄지 않는다. 이러니 향후에도 우리가 반도체 강국일 수 있을지 상당한 의문을 표하지 않을 수 없는 실정이다.

이 와중에 국내외 반도체 기업에서 기술자이자 경영인으로서 성공을 이뤄 낸 유웅환 박사는 반도체는 물론이고 4차 산업혁명이라는 과제에 직면한 대한민국에 의미 있는 미래 비전을 제시하고 있다. 대한민국의 전반적 쇄신, 대혁신이 필요하다고 생각하는 이들에게 일독을 권한다.

김종인 대한발전전략연구원 이사장, 전 대통령비서실 경제수석비서관

세계가 치열한 기술 패권 경쟁을 벌이고 있습니다. 특히 반도체 경쟁에서 우위를 확보하기 위한 '반도체 열전(熱戰)'이 격렬하게 진행되고 있습니다. 향후, 세계 경제의 패권은 결국, 반도체 기술 패권에 달려 있다고 해도 과언이 아닙니다.

대한민국은 글로벌 반도체 산업의 선두 주자입니다. 우수한 인력과 탁월한 기술력을 확보하고 있습니다. 우리의 대응에 따라 충분히 글로벌 반도체 전쟁에서 승자가 될 수 있습니다. 지난 3월, 국회 본회의에서 반도체 산업의 경쟁력 확보를 위해 'K-칩스법'을 통과시켰습니다. 법 통과를 선포하며 가슴 뿌듯했던 기억이 새롭습니다.

반도체 전문가인 유웅환 박사가 새 책을 냅니다. 유 박사는 이 책에서 우리 반도체 생태계를 가꿀 수 있는 여러 방안을 소개하고 있습니다. 저는 정부에서 오랫동안 경제 문제를 다뤄 왔습니다. 그리고 공직 생활과 의정 활동을 통해 우리 경제가 나아갈 길은 기술집약형 벤처에 있다는 확신을 갖게 되었습니다.

유웅환 박사는 우리나라 벤처 혁신의 사명을 짊어진 한국벤처투자의 최고경영자입니다. 벤처 육성과 벤처 혁신에 나라의 미래가 걸려 있습니다. 유웅환 박사가 오랜 경험으로 제시하는 반도체 산업과 벤처 혁신의 새 길을 관심 있게 살펴보겠습니다. 기대가 큽니다.

김진표 국회의장, 전 경제부총리

오늘날 반도체 산업 경쟁력은 대한민국이 먹고 사는 문제를 넘어서 죽고 사는 문제가 되었습니다. 미·중 과학기술 패권 전쟁에서 반도체 기술은 핵심 무기가 되었고, 대만의 TSMC는 그 세계적 입지 자체로 미국으로부터 안보를 보장받고 있습니다. 이러한 시대적 흐름 속에서 대한민국이 살길은 독보적인 과학기술 경쟁력을 확보하는 것뿐입니다.

과거를 되짚으면 미래가 보입니다. 이 책에서 유웅환 박사의 인생 궤적을 따라가다 보면, 대한민국 반도체 산업의 활로가 보입니다. 아버지에서 아들로, 미국 실리콘밸리에서 대한민국으로, 엔지니어에서 대기업 임원을 거쳐 한국벤처투자(KVIC) 대표로, 유웅환 박사의 반도체 열전이 종횡무진 이어집니다. 그러나 방향은 일관되고, 중심을 관통하는 그만의 신념은 확고합니다.

기술을 만드는 것은 결국 사람이고, 산업 경쟁력의 근간은 '인재 양성'이라는 유웅환 박사의 이야기는, 직접 창업해 보고 회사를 경영해 본 사람들이라면 누구나 깊이 공감할 메시지입니다. 동시에 현장의 인재들에게는 긍지와 도전 정신의 싹을 틔워주는 희망의 메시지입니다.

이 책에 담긴 이야기는 치열한 반도체 전쟁에 직접 참전해 얻은 통찰이기에 더욱 특별합니다. 반도체 산업의 역사와 대한민국 반도체 산업의 미래가 궁금하다면 유웅환 박사의 『반도체 열전』이 훌륭한 답이 되어 줄 수 있을 것입니다.

안철수 국민의힘 국회의원, 전 제20대 대통령직인수위원회 위원장

바야흐로 '반도체'가 과학기술계를 넘어 정치, 외교, 경제 등 전 분야에서의 화두가 되는 시대를 맞이하고 있다.

저자는 오랫동안 국내외 반도체 핵심 기업에 근무한 경험을 토대로 하여, 반도체 산업의 본질과 우리의 미래를 다시금 생각하게 한다.

나아가 최근 주목받고 있는 AI·4차 산업혁명, 산업 생태계 및 환경 문제에까지 나름의 인사이트를 설파하고 있는데 굉장히 참신하게 여겨진다.

최주선 삼성디스플레이 사장, 전 삼성전자 부사장

| 차 | 례 |

4부 반도체 열전(熱戰)을 승리로 이끌 힘, 실리콘밸리의 문화

열전(熱戰), 열전(列傳), 그리고 열전(烈傳)

나는 이 책에 '열전'이라는 이름을 붙였다. 아마도 많은 이들은 제일 먼저 '열전(列傳)'을 떠올릴 것이다. 동양 역사서술의 전범(典範)은 사마천이 쓴 『사기(史記)』이며, 이를 구성하는 주요 요소로서 현재까지도 많은 이들에게 영감을 전해주는 것은 온갖 인물들의 스토리 '열전'이다. 서양으로 따지면 『플루타르크 영웅전』 같은 것이 이에 해당한다. 『사기(史記)』나 『플루타르크 영웅전』 속 영웅들의 이야기는 지금도 우리 가슴을 뜨겁게 한다. 그런데 이 시대에도 영웅과도 같은 인물들이 있다. 한국을 현재의 반도체 강국으로 이끈 과정도 살펴보면 열전 속 영웅들의 이야기를 보는 듯하다. 최근 높은 인기를 끌었던 〈재벌집 막내아들〉에서 드러나는 것처럼 말이다. 그런 인물 중에 나의 선친(先親) 유제완도 빠질 수 없다.

좀 더 이른 시기부터 반도체의 중요성을 알아보셨던 아버지, 그로부터 내가 있을 수 있었다. 반도체 경력 28년의 반도체 열사(烈士)로 자부하는 내가 말이다. 서로 다른 사람의 운명이 같은 패턴으로 전개된다는 '평행이론'이라는 말이 있다. 아버지와 나의 모든 면이 일일이 다 들어맞지는 않을지언정 나는 생각한다. '반도체'라는 화두만 놓고 보면 나와 아버지의 인생은 평행이론처럼 닮아 있다고. 일부는 같은 시대를 공유하는 유제완과 유용환은, 서로 다른 시대를 살았음에도 같은 곳을 바라보며, 같은 꿈을 꾸었다.

아버지는 평생 반도체 산업의 중요성에 대해 역설했고, 투자했고, 앞날을 내다보셨다. 그 영향을 받은 나는 미국 실리콘밸리의 세계 톱 반도체 회사인 인텔에서 10년간 근무했다. 한국으로 돌아와서는 삼성전자 반도체 사업부 최연소 상무로 발탁됐고, 시스템반도체 칩 및 플랫폼 설계와 관련된 업무를 했다. 아버지와 나의 인생에서 '반도체'라는 단어는 떼려야 뗄 수 없는 관계인 셈이다.

나에게는 한국을 반도체 강국을 이끈 숨은 공로자, '언성 히어로 (Unsung Hero)'인 아버지의 공로에 대한 자부심이 있다. 그리고 이를 이어가겠다는 꿈이 있다. 구체적으로는 한국을 더 높은 수준의 반도체 강국으로 이끌고, 이를 지속시키는 것이다. 한때 나는 한국과 같은 반도체 강국으로 발돋움하려는 중국으로부터 거액 스카우트 제의를 받은 적이 있었다. 그러나 나는 그 제의를 단호히 뿌리쳤다. 스스로 열사 수준의 마음가짐을 다지려 노력했기 때문이다. 수많은 열사에 어찌 감히 비할 수 있겠느냐만, 나라가 어려울 때 자신의 안위보다는 우리 공동체를 위해 헌신했던 그들이 가졌던 진심을 생각하며 나의 분야에서만이라도 그들의 뜻을 따르고자 했기에 가능한 일이었다.

　그래서 나는 지금도 대한민국이 가진 무한한 가능성에 내 실리콘밸리에서의 경험을 이식하여 우리나라가 앞으로도 반도체 강국으로서 세계 위에 우뚝 서기를 바란다. 이를 위하여 현재까지 지속되는 반도체 패권, 즉 열전(熱戰)의 역사를 살펴보지 않을 수 없었다. 그런 의미에서 이 책은 반도체 열사로 자부하는 나의 기록, 그러니까 '열전(烈傳)'이기도 한 것이다. 이 책이 세 가지의 의미를 담은 '열전'이라는 이름을 가진 이유다. 나는 먼저 그 열전(熱戰)의 역사로부터 이 책을 시작하려 한다.

　한편 이 책에서 반도체 전문가로서 내가 실리콘밸리에서 겪은 경험들, 그리고 대한민국의 반도체 생태계가 참고할 만한 실리콘밸리 기업 내부 문화를 설명하고자 했다. 이를 위해 나의 전작 『사람은 사람의 꿈에 반한다』와 『사람을 위한 대한민국 4차 산업혁명을 생각하다』 그리고, 2022년 《이코노미스트》지에 연재한 〈유웅환 박사의 반도체 열전〉의 내용 일부를 가져와 보강했음을 알린다.

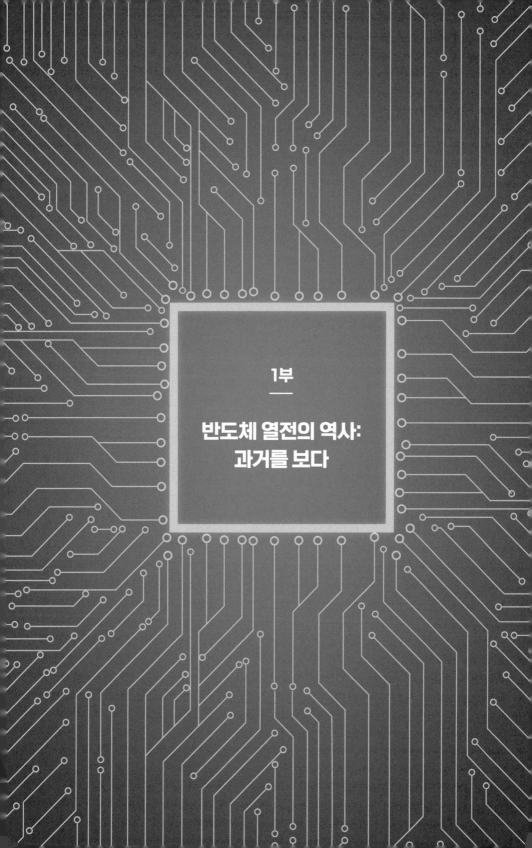

1부

—

반도체 열전의 역사:
과거를 보다

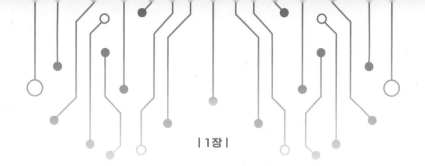

1장

"돈 먹어 치우는 산업"
비관 딛고 세계를 호령한 한국 반도체

반도체 산업의 영원한 강자는 없다. 초창기 세계 시장을 선도했던 곳은 미국이었다. 그러나 1980년대부터 일본 기업들이 메모리반도체인 D램 분야에서 추격을 시작하자, 미국의 인텔은 시스템반도체인 CPU 분야로 방향을 틀게 된다. 1980년대 후반부터 1990년대 초까지 세계 반도체 시장에서 일본 기업들은 10위권에서 절반 이상을 차지할 정도였다. 한국 기업들의 추격은 1990년대 중반에 들어서면서 시작됐고 이내 세계를 호령했다. 하지만 이제는 중국의 거센 추격에 직면해 있다. 요컨대, 세계 메모리반도체 시장의 주도권은 미국에서 일본으로 이동했고, 마침내 한국으로 이동했으며, 이제는 중국으로 이동할지도 모르는 위기에 놓여 있다고 정리할 수 있다.

한국 반도체 산업의 역사는 1965년 시작된다. 당시 미국계 기업들이 국내에 진출하면서 반도체 산업이 우리에게 처음 잉태했다. 이때 트랜지스터 생산을 위해 설립한 합작기업 '코미전자산업'은 한국의 첫 반도체 회사였다. 다만 1960년대 당시의 한국 반도체 업체들은 저렴한 노동력으로 단순 조립을 하는 회사에 불과했다.

● 대한민국, 1980년대 들어 반도체 산업에 본격 진출

1970년대는 한국 정부가 반도체 산업을 육성하면서 기반을 구축한 시기다. 두 번의 오일쇼크로 외국계 투자업체들의 투자가 줄면서 국내 기업들은 기술 개발에 온 힘을 다했다. 1976년에는 민·관이 공동출연해 '한국전자기술연구소(KIET)'를 세워, 드디어 반도체와 컴퓨터 등 첨단 전자 분야의 기술 지원과 연구를 진행했다. 이 연구소는 초소형 컴퓨터의 Unix OS기술, 8비트 마이크로프로세서, VCR용 바이폴라IC 등의 기술을 보급하는 데 크게 기여했다.

1980년대는 한국 정부와 대기업들이 반도체 산업에 본격적으로 진출한 시기다. 1982년 상공부에서 반도체 시장에 대한 개별 산업 지원정책인 '반도체공업육성세부계획'을 수립했다. 이어 노태우 정부 때는 김종인 당시 경제수석의 주도하에 꾸준한 연구개발 투자가 뒷받침되면서 글로벌 수준으로 도약하는 데 성공한다. 한국 대기업들은 대량 생산체제와 자립 연구개발 체제를 갖추어 나간 것이다.

1982년 1월 삼성전자는 반도체연구소를 설립하고, 선진 기술을 도입하는 등 사업 본격화에 착수했다. 이병철 회장은 초대규모 집적회로 개발을 본격화하기 시작하면서 사업을 확대했다. 1983년 2월에는 삼성그룹이 반도체 사업 진출을 공식적으로 선언했고, 세계에서 3번째로 64K D램을 개발하는 데 성공한다.

현대그룹은 해외건설 수주와 중공업·자동차 산업 등 중공업에 집중된 사업 체제를 바꾸기 위해 전자산업에 진출한다. 당시 정주영 회장은 1982년부터 매주 전자사업 회의를 주관하고, 미국의 반도체 기술자들과 면담했다. 정주영 회장은 한국의 기술자들이 미국의 선진 기술을 받아들인다면 반도체 산업의 미래가 유망해질 것으로 판단, 1983년 2월 현대중공업(주) 산하에 전자사업팀을 설치했다.

금성사는 1970년대 대한전선의 대한반도체를 인수하고, 미국의 AT&T와 합작해 금성반도체를 설립했다. 이후 1984년 KIET의 반도체 설비를 인수해 반도체 사업을 진행했다. 1989년 9월에는 각 계열사의 반도체 사업부가 통폐합된 금성 일렉트론을 설립했다.

하지만 한국 반도체 기업들은 1997년 외환위기를 맞이하면서 어려운 시기에 직면한다. 정부가 국제통화기금(IMF)으로부터 구제 금융을 받게 되면서, 대부분의 산업 분야에서 전면적인 구조조정을 시작했고, 결국 1998년 9월 현대전자와 LG반도체의 합병안이 체결된다. 2001년 LG반도체를 합병한 현대전자는 하이닉스반도체가 되고, 이후 SK에 인수된다. 이와 같은 과정을 거쳐 현재 메모리반도체를 생산하는 한국 반도체 업체는 삼성전자와 SK하이닉스로 이어지게 됐다.

잠시 1970년대 당시의 삼성전자 상황을 좀 더 살펴볼 필요가 있다. 이건희 전 삼성그룹 회장은 아버지인 이병철 선대 회장의 반대에도 불구하고 1974년 오일쇼크 여파로 파산 직전에 몰린 한국반도체의 지분 50 퍼센트를 개인재산을 털어 50만 달러에 인수했다. 당시 삼성그룹 이사회와 이병철 회장은 반도체 기술이 일본과 최소 27년 이상 격차가 나고 있어, 따라잡기 힘들 것이라는 판단하에 삼성의 반도체 사업 진출을 반대했다. 이병철 회장은 반도체 사업에 대해, "돈을 먹어 치우는 산업"이라 할 정도로 비관적인 견해였다. 초기 투자비가 많이 들고 교체 주기도 짧아 조금만 뒤처져도 승산이 없다고 바라보았던 것 같다. 삼성 경영진 역시 TV 하나도 제대로 만들지 못하는 상황에서 최첨단 기술의 집약체인 반도체를 만드는 건 꿈같은 이야기라며 반대했다 한다. 지금 삼성전자가 반도체 산업에서 갖는 위상을 생각하면 쉽게 믿기지 않지만, 당시는 분명히 그랬다. 그렇다면 이런 비관은 어떻게 낙관으로 바뀌었을까.

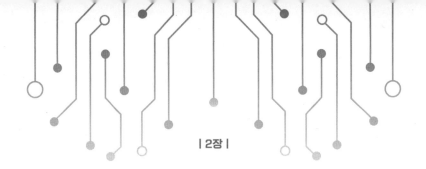

2장

반도체, 그기 돈이 됩니까?

● **〈재벌집 막내아들〉이 보이지 않은 이면의 역사**

이병철 회장의 관점이 바뀌는 계기는 1982년 미국 방문 이후였다. 그는 조그마한 지하실에서 고작 자본금 1000달러로 시작한 휴렛팩커드 (HP)의 성장성에 주목했다. 여기에 미국 IBM 공장까지 둘러본 후, 반도체 사업에 대한 의지를 굳힌 것으로 전해진다. 그는 1983년 일본 도쿄에서 반도체 사업 진출을 알리는 그 유명한 '도쿄선언'을 하게 된다. '도쿄선언'을 두고, 당대에는 73세 나이에 노망이 났다는 평가도 있었다. 실제로 인텔은 이병철 회장을 과대망상증 환자라고 비꼬았고, 일본 언론들은 무모한 도전이라며 평가절하했다.

그리고 이때 나의 선친 유제완이 계셨다. 선친께서는 1970년대 말에서 1980년대 초까지 당시 모은 재산 대부분을 삼성반도체에 투자했다. 삼성반도체 입장에서 아버지는 주요 주주인 셈이어서, 삼성 오너 일가를 제외하고는 회장직까지 오른 유일한 인물이기도 한 강진구 전 회장은 직접 아버지를 불러 조언을 들을 정도였다.

당시 선친께서 누누이 강조한 말은 이랬다. "반도체는 산업의 쌀이고, 이 사업은 반드시 성공한다"라고. 확신에 차 얘기하는 아버지를 향해 강회장은 반문하기도 했다. "진짜 그렇게 될 것 같냐?"고 말이다. 아버지의 대답은 한결같았다. 그때 아버지의 확신은 무엇에 근거했을까? 훗날 아버지는 내게 말씀하셨다. "모든 가전제품의 자동화를 위해 반도체가 필수적으로 쓰일 수밖에 없는 시대가 올 것으로 내다 봤었다"고. 이 확신은 과연 적중했다.

또 다른 대한민국 반도체 히어로로, 강진구 회장 얘기를 좀 더 하겠다. 그는 삼성전자의 기술자립을 진두지휘하며, 1969년 창립 이후 5년간 적자이던 삼성전자를 1년 만에 흑자로 전환시켰다. 삼성전자 상무로 부임한 지 3개월 만에 대표이사 전무로, 전무가 된 지 다시 9개월 만인 1974년 대표이사 사장으로 초고속 승진했다. 그는 삼성에서 CEO로 25년간 장수하며 '샐러리맨의 신화'로 불렸으며, 대한민국 전자산업을 세계적인 수준으로 발전시킨 개척자적 경영인이라고 평가받고 있다. 선친께서 가지셨던 확신은 그가 이와 같은 업적을 남기는 데 도움을 주었으리라.

다만 이후에 아버지는 삼성과 결별했다. 삼성반도체가 삼성전자로 합병되는 것을 반대했기 때문이다. 당신의 생각은 이랬다. "세단차에 소달구지를 다는 형국이다. 그럼 둘 다 망가진다. 반도체는 멋진 세단이고 백색가전은 소달구지인데, 세단에 소달구지를 달고 다니면 세단도 망가지고 소달구지도 망가진다. 둘은 따로 가야 한다." 그렇다. 소달구지는 소가 끌고, 세단차에는 소달구지 대신 고속도로를 더 쌩쌩 달릴 수 있는 성능 좋은 엔진을 달아야 한다. 아버지의 투자는 '삼성반도체'나 '삼성전자'에 대한 것이 아니었다. '반도체 사업을 하는 회사'에 투자했던 것이다. 그러니 세단차(삼성반도체)에 소달구지(삼성전자)를 달려는 삼성의 시도에 반기를 들고 나설 수밖에 없었던 것 아닌가?

삼성그룹 입장은 이랬을 것으로 짐작한다. 반도체 사업에 너무 많은 자금이 들어가기 때문에 삼성전자를 통해 그 자금을 충당하려는 목적이지 않았을까 하는. 하지만 아버지는 그런 '꼼수'로써가 아니라 정직하게 반도체 사업의 발전을 바랐다.

삼성반도체의 주요 대주주였던 아버지가 삼성전자와의 합병을 강하게 반대하던 당시에는 황당한 일도 발생했다. 누군가가 아버지가 지닌 돈의 출처가 수상하다며 신고해 경찰서에 잡혀간 적이 있다. 영문도 모르고 경찰서에 잡혀간 아버지는 경찰로부터 이런저런 추궁을 받으며 조사를 받으셨다고 한다. 조사 말미에 경찰이 "데리고 갈 기사를 불렀느냐?"고 물었다고 한다. 아버지는 버스 토큰을 튕기며, "이게 전부"라고 답했다. 그러니까 형사가 혀를 차며, "아직까지 차도 없느냐?"면서 놀렸다고 한다. 이후에 알게 된 일이지만, 경찰은 아버지가 당연히 차에 기사까지 있을 줄 알았는데, 버스 탈 토큰을 내미는 모습을 보고, "아 이 사람은 특별히 나쁜 일 할 사람이 아니다"라고 생각했다고 한다. 이후 경찰 조사를 적당히 받고 풀려나셨다고 한다.

지금 삼성전자가 세계 반도체 시장에서 위상을 뽐내고 있지만, 합병

당시 아버지의 의견을 좀 더 반영했다면 더 좋은 결과를 내고 있을지도 모르겠다는 생각이 든다. 아버지는 결과도 중요하게 생각했지만, 과정도 허투루 생각하지 않으셨기 때문이다. 실제로 삼성전자는 최근 들어 백색 가전의 비중을 줄여가고 반도체 중심으로 사업을 재편하고 있다. 지금의 '삼성전자'는 사실상 '삼성반도체'와 같은 느낌이다. 그러니 반도체 사업의 가능성과 중요성을 내다본 아버지의 혜안은 수십 년이 지난 지금 와서 봤을 때 더욱더 빛을 발하고 있다.

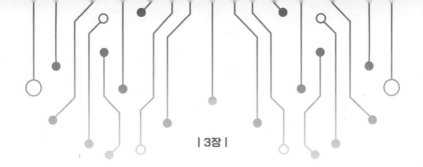

3장

아버지가 미국 대통령을
만나고 싶어 했던 이유

● **미국의 시스템반도체 + 한국의 메모리반도체, 협력이 답**

선친께서 가졌던 확신은 또 있었다. 이미 그는 미국의 시스템반도체와 한국의 메모리반도체가 서로 협력해야 한다는 답을 내렸다. 생전에 그는 이 구상을 전하기 위해 당시 도널드 트럼프(Donald Trump) 미국 대통령을 꼭 만나야 한다고 했다.

하지만 곰곰이 생각해 보면, 전 세계에서 가장 만나기 어려운 사람 중, 한 명인 미국 대통령을 어떻게 만날 수 있단 말인가. 국가 대 국가 간 공식적인 업무가 있어도 쉽지 않은 만남인데, 국가를 대표하는 것도 아닌 그가, 트럼프와의 대면이라니, 그것은 누가 생각해도 더욱 불가능한 만남이라는 것을 알면서도 말이다.

그럼에도 아버지는 실제로 트럼프를 만나기 위해 온갖 노력을 다하셨다. 일반 사람이라면 "트럼프가 일개 한국 사람 한 명을 만나주겠어? 말도 안 되는 헛소리야"라며 감히 생각지도 못할 일이다. 하지만 당신은 달랐다. 아버지는 서로 의견과 이익이 맞다면 못 만날 것도 없다고 생각했다. 트럼프가 아닌 트럼프보다 더 만나기 어려운 사람이라도 말이다.

뜻을 이루기 전 돌아가시는 바람에 끝내 만남은 성사되지 못했지만, 아버지께서는 트럼프에게 반도체와 관련해서 꼭 이 이야기를 하고 싶어 하셨다. 반도체를 매개로 한국과 미국의 협력과 동반자적 관계가 더욱 발전해야 한다는 것이었다. 아버지는 한-미 간 반도체 협력을 통해 우리나라의 미래 먹거리가 해결될 것으로 내다보셨다. 지금으로부터 5년 전쯤이었다. 미국의 반도체 회사가 반도체 굴기에 한참 열을 올리던 중국의 메모리반도체 산업을 우회적으로 지원하려는 시도가 보이던 시기였다. 아버지는 이를 보며 한국 반도체 산업이, 마치 1990년대 일본이 그랬던 것처럼 미국의 견제로 쇠퇴의 길로 들어설 수 있다는 느낌을 받으셨었다.

다시 돌아와서, 트럼프를 만나기 위한 아버지의 노력을 회고해 본다. 뉴질랜드에 계시던 아버지는 2019년 말 뉴질랜드 측 경제협력 사절단의 일원으로 한국을 방문하셨다. 오셔서 내게 하신 말씀은 트럼프와의 연결고리를 찾아보라는 것이었다. 인텔, 삼성전자 등 세계 유수 기업에서 반도체 분야를 오랫동안 담당한 나라면 방법이 없지 않으리라고 당신께서는 생각하셨던 모양이다.

나는 당시 주한 미국대사였던 해리 해리스(Harry Harris)에게 여러 차례 아버지의 생각을 정리해 트럼프 대통령과의 면담을 신청하는 이메일을 보냈다. 약간은 무모할 수도 있었지만 나는 시도했다. 절실하게 부탁하는 아버지께 효도하려는 마음만은 아니었다. 1970~80년대 이미 세계 반도체 산업 전반의 흐름은 물론이거니와, 이제 2010~20년대의 흐름까지 꿰뚫어 보시는 아버지를 아들로서가 아닌 반도체 전문가로서도 존경하고 따랐기 때문이었다. 애초에 그의 인사이트에 공감하지 않았으면 할 수 없던 일이었다. 아버지의 부탁이라는 것보다도, 그 인사이트의 내용이 나를 먼저 움직였다. 같은 인사이트를 바탕으로 같은 부탁을 아버지가 아닌 다른 분이 해왔다 해도, 같은 이유에서 나는 그와 같이 시도했을 것이다.

결국, 나는, 트럼프는 아니지만 해리스 대사를 직접 만날 수 있었다. 해리스 대사가 내게 처음으로 건넨 말은 "당신은 재미있는 사람, 괴짜"라는 거였다. 그는 호쾌한 웃음을 지으면서, "당신 같은 사람은 처음 본다"고도 했다. 도대체 어떻게 트럼프 대통령을 만나게 해 달라는 말을 그렇게 쉽게 건넬 수 있느냐면서.

그 말이 쉬웠던 것은, 그렇게 함으로써 꼭 전해야만 하는 말이 있었기 때문이었다. 한국과 미국 사이 서로 이익이 맞고 뜻이 맞는 반도체 협력 말이다. 해리스 대사에게 나는 말했다. 트럼프에게 전하고 싶었던 바로 그 말이다.

"한국이 강점을 보이는 메모리반도체 분야와 미국이 강점을 보이는 시스템반도체 분야 간 협력이 결국 양국이 서로 '윈-윈' 할 수 있는 모델이 될 것이라고 판단합니다. 한국과 미국이 어떠한 정치적인 상황에 처하더라도 말입니다. 한미 사이 '韓 메모리반도체 + 美 시스템반도체'라는 틀의 견고한 협력, 이것이 제 아버님께서 트럼프 대통령께 전하고자 하는 말씀이십니다."

미국은 과거 성장하고 있던 일본 반도체 산업을 견제하기 위해 메모리 반도체 산업을 한국으로 옮기는 전략을 구사했다. 하지만 우리나라의 반도체 산업이 예상을 뛰어넘는 발전을 거듭하고 막대한 이윤을 챙기자, 글로벌 IT 기업들을 중심으로 한국 반도체 산업에 대한 견제가 시작되었다. 미국 반도체 업체들은 자국을 제외한 나머지 반도체 생산 국가들이 '치킨 게임'에 빠지도록 다시 중국으로 기술을 이전하는 전략을 취했다.

실제로 메모리반도체는 글로벌 금융위기 이전인 2008년부터 세계 수요가 급감했다. 이 때문에 가격 인하를 앞세운 '치킨 게임(Chicken Game, 어느 한쪽이 이길 때까지 피해를 무릅쓰며 경쟁하는 게임으로서 '겁쟁이 게임'이라고도 한다)'이 치열하게 펼쳐졌다. 그러나 승자는 한국 업체들이었다. 메모리 업계는 치킨 게임을 통해 생산을 늘려 결국 독일의 키몬다(Qimonda)와 일본의 엘피다(Elpida)가 파산했고, 노어플래시 메모리(NOR Flash Memory, 직렬로 연결된 '낸드 플래시'와 달리 병렬로 연결된 플래시 메모리의 한 종류)의 강자였던 미국의 스팬션(Spansion) 사도 문을 닫았다.

이는 트럼프가 대통령이 되기 직전까지의 일이었다. 트럼프가 대통령이 된 이후는 달라졌다. '아메리카 퍼스트(America First, 미국 우선주의)'를 외친 트럼프와 비약적으로 신장된 국력을 바탕으로 '굴기(屈起, 우뚝 서다)'의 뜻을 숨기지 않았던 시진핑이 마주하면서 미-중 갈등이 심화했다. 트럼프는 반도체 관련 기술을 1급 비밀처럼 분류해 중국으로 넘어가는 생산장비, 원천기술 등을 봉쇄하면서 중국 반도체 산업이 위기를 맞았다. 한국으로서는 천만다행인 상황이다.

　결국 아버지는 이 같은 반도체 산업의 갈등과 위기 상황을 오히려 '韓 메모리반도체+美 시스템반도체' 협력을 통해 상생하는 모델을 만들어야 한다고 생각하신 것이다. 반도체 산업에서 미국을 이기지 못한다면, 반드시 '컬래버(Collaboration)'라도 해야 우리 민족이 다시 반도체를 통해 살길이 열리리라는 것이 아버지가 내다보는 미래였다. 그리고 아버지께서 돌아가신 2020년 가을로부터 불과 1, 2년 사이에 이와 같은 전략이 우리의 것이 되어야 한다는 아버지의 통찰력은 현실화됐다.

　지금부터는 아버지가 반도체 산업의 미래를 내다보셨던 것처럼, 내가 감히 반도체 산업의 미래를 내다보고자 한다. 먼저 반도체의 미래상을 짧게 알아보고, 실리콘밸리와 한국 유수의 기업에서 가졌던 반도체 전문가로서의 경험들을 서술한 뒤, 반도체를 비롯한 온갖 첨단 산업의 산실인 실리콘밸리를 본보기로 삼아 우리 기업문화가 어떤 미래에 도달해야 하는지를 말하고자 한다. 마지막으로 제20대 대통령 인수위원으로서 정부에 제안했던, 전 세계적인 '반도체 전쟁' 속에서 우리의 반도체 정책이 어떤 것이어야 하는지에 대하여 살펴볼 것이다.

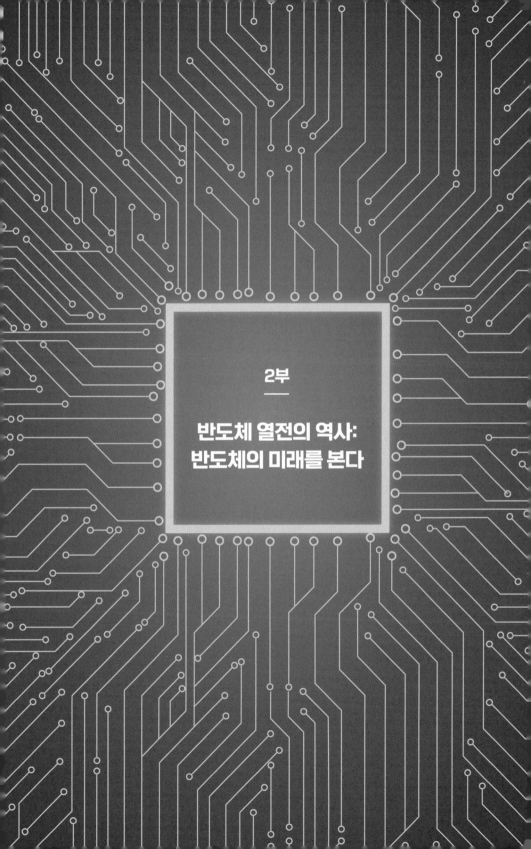

2부

—

반도체 열전의 역사:
반도체의 미래를 본다

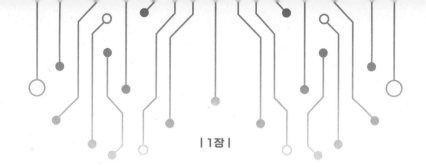

1장

'4초 시대' 열렸다…
초연결·초저지연·초지능·초실감 눈앞에

4차 산업혁명 시대가 오면 더 많은 반도체 수요가 있을 것이라고 내다보셨던 분이 나의 아버지다. 한국과 미국의 '韓 메모리+美 비메모리' 협력을 중시한 이유이기도 하다. 미국과의 협력을 통해 4차 산업혁명 이후 우리나라의 더 강력한 미래 먹거리가 될 반도체 산업을 확실히 다져야 한다는 말씀이셨다. 중국의 추격을 따돌리면서 미국과 더 굳건한 파트너십을 유지해 '퍼스트 무버(First Mover, 새로운 분야를 개척하는 선도자)'로서 반도체 산업의 지배력(Dominance, 전체를 통합해 통일감을 주도록 지배하는 것)을 계속 유지할 수 있도록 노력해야 한다는 것이다.

나는 더 나아가 '노드(Node)'를 점령하는 기업 또는 국가가 최후의 승자가 될 것이라 진단한다. 노드는 데이터 통신망에서, 데이터 전

송하는 통로에 접속되는 분기점이나 단말기의 접속점을 이르는 말이다. 스마트폰, 컴퓨터는 물론이고 현금자동입출금기(ATM, Automated Teller Machine), 자동차 등 통신이 이루어지는 모든 기기(Device, 디바이스)와 그 디바이스를 연결하는 경로가 있다. 앞으로 디바이스 간에 초연결(통신)할 수 있는 노드(경로)는 더 늘어날 것이다. 새롭게 탄생하는 디바이스에는 반드시 반도체가 들어간다. 반도체 수요가 늘어나지 않을 수 없다.

반도체 산업은 정보통신기기의 발전과 궤를 같이 한다. 우리는 개인용 데스크톱 컴퓨터(PC)에서 모바일로 정보통신기기의 패러다임이 바뀌는 것을 보아왔다. 이제는 모바일 다음의 '에지(Edge)'로 넘어가는 흐름이 보인다. '가장자리'란 뜻을 가진 에지는 컴퓨터·자동차·통신 등에 정보가 처음 들어오는 접속점을 뜻하는 말이다. 그리고 에지는 4차 산업혁명 시대와 맞물려 기하급수적으로 그 숫자가 늘어날 것이다.

이들이 연결되면서 '초연결 사회'가 구현된다. '초연결'은 네트워크를 이용해 사람-사람, 사람-사물, 사물-사물끼리 커뮤니케이션할 수 있는 상태다. 인간과 인간을 둘러싼 환경적 요소들이 서로 연결되기 때문에 시공간의 제약을 넘어 새로운 성장 기회와 가치가 창출될 수 있다. 초연결 시대가 어떻게 흘러왔는지를 구체적으로 살펴보면 다음과 같다.

● 초연결 시대 시초는 윈텔 시대

초연결 시대의 시작은 PC와 PC를 연결하는 '윈텔 시대'부터다. '윈텔 (Wintel)'은 마이크로소프트 사(社)의 윈도우(Windows)와 인텔(Intel) 의 합성어로 컴퓨터가 윈도우라는 운영체제를 만나 본격적으로 상호 간 연결이 가능해졌다. 윈텔 시대가 열리면서 'PC to PC'로 연결이 늘어 관련 기기들은 매년 수천만 대 증가하는 시장으로 급성장했다.

다음은 모바일 시대가 도래했다. 한때 수천만 대 수준이었던 모바일 기기는 올해 판매분만 15억 대에 다다를 것으로 예상된다. 전 세계 10대 기업 가운데 7개 기업이 이동통신 및 클라우드 기반의 글로벌 테크 기업들이다. TSMC·페이스북·애플·아마존·구글 등이 이에 해당한다. 이 모바일 시대에는 'PC to PC'를 넘어 '사람 대 사람'으로 연결이 확대되면서 연간 수십억 대의 시장이 형성되었고, 노드(Node)의 확장도 본격화되었다.

초연결 시대는 '사람 대 사람'의 노드가 점차 늘어나는 '하이퍼 커넥티드(Hyperconnected)' 시대로 이어졌다. 하이퍼 커넥티드란 미국 시장조사업체 가트너(Gartner)가 2008년 새로운 트렌드를 반영하기 위해 사용한 용어다. 모바일 시대를 맞아 사람과 사람, 사람과 사물, 사물과 사물이 연결되는 상황을 뜻한다. 하이퍼 커넥티드 시대에 오면서 노드는 수십억에서 수십조 단위로 급격하게 늘어났으며, 모든 디바이스들의 연결이 가능해졌다. 특히 하이퍼 커넥티드 시대에는 노드 간 연결이 가능해지면서 노드의 급격한 증가가 일어났다.

'초연결 시대'는 초기에는 주로 사람과 사람 사이 상호소통이 가능한 시대로만 정의됐지만, 최근에는 사람과 사람의 연결을 초월한 범위까지를 일컫는다. 사람과 사람의 연결 소통은 스마트 기기 및 SNS 등의 등장과 활용으로 이미 활발해졌다. 지금 우리 사회에서는 사람과 사람을 넘어 사물인터넷(IoT: Internet of Things)과 사물지능통신(M2M: Machine to Machine) 등 IT 기술 발전에 따라 인간과 사물, 그리고 사물과 사물 등으로 연결의 범위가 확대되고 있다.

초연결 시대에는 방대한 양의 정보와 지식 등이 생산되고 교환되면서 수많은 사업적 기회가 창출된다. 전문가들은 빈부의 격차가 해소되고 효율적인 자원을 사용할 수 있는 등 여러 사회적 문제를 능동적으로 대처할 수 있다고 전망한다. 다양한 경제 주체와 산업 영역·구조, 학문, 사회문화, 계층·세대, 국가 등으로 연결 범위가 넓어지고, 이를 기반으로 부를 창출할 기반과 구조를 마련할 수 있다. 미래는 기술의 발전으로 현재보다 다양한 방법들로 수많은 대상을 연결하게 된다.

초연결 시대의 기반이 되는 네트워크는 사물인터넷과 클라우드, 빅데이터, 모바일로 대표된다. 이들 네트워크로 데이터의 수집, 저장, 분석, 활용 과정이 원활하게 이루어지는 시대다. 모든 사물에 컴퓨터를 내재하고 그 데이터를 융합하는 초연결사회는 인공지능(AI)과 머신러닝(Machine Learning, 기계 학습) 등과 함께 초지능사회로 발전한다. 이제 사물과 사물끼리 상호작용을 하는 과정에서 인간의 개입이 최소화된다는 의미다. 이제는 사물이 스스로 판단하고 통제하고 학습해 개선할 수 있는 능력까지 갖추게 됐다.

초연결 기술은 와이파이·블루투스·GPS·4G·LTE-A 등을 거쳐 5세대 이동통신(5G)과 사물인터넷까지 진화한 다양한 네트워크 기술로 다양한 기기 간에 인터넷 연결성을 제공해 새로운 서비스를 창출하는 기술적 개념이다. 이미 정보통신기술(ICT: Information and Communication Technologies)은 '언제든지(Anytime)' 그리고 '어디든지(Anyplace)'를 제공하고 있다. 여기에 '무엇이든지(Anything)'라는 요소까지 추가된 '만물 연결' 시대가 열렸다.

초연결 네트워크는 '상시 접속(Always-on)', IoT 등으로 사람과 사물, 자연, 사이버 세계 등을 밀접하게 연결한다. 특히 모바일 네트워크의 가속화는 전체 미래 기술에서 가장 큰 트렌드를 주도하고 있다. 지난 2007년 아이폰이 등장한 이후 ICT 분야 전반에 영향을 미치면서 급속히 진화하고 있다.

● **아이폰 등장으로 ICT 분야 전반에 영향**

현재의 모바일 기기는 스마트폰·태블릿에서 스마트 안경, 스마트 시계 등 웨어러블 컴퓨터로 범위가 확대되고 있다. 각종 모바일 기기와 해당 기기에 내장된 스마트 센서의 증가로 초연결 네트워크 기술을 기반으로 한 사물인터넷 시대로 빠르게 진입하고 있다.

4차 산업혁명과 함께 등장한 개념이 '4초 시대'다. 여기서 '4초'는 숫자 초(秒)가 아니다. 바로 초연결·초저지연·초지능·초실감의 시대를 뜻한다. 이로 인해 이제까지 시장에 없던 새롭고 다양한 ICT 소재·부품이 필요해졌다. 전문가들은 AI와 빅데이터, IoT를 구현하는 데, 1000억 개의 스마트 디바이스와 100조 개의 스마트 센서가 필요하다고 예측한다.

관련 기업들은 디스플레이, 지능형 반도체, 에너지 전력반도체, 센서,

신기능 소재·공정, 광소자·부품, RF(Radio Frequency) 소자·부품, 테라헤르츠 소자·부품, 양자소자·시스템 등의 첨단 소재·부품 개발에 주력하고 있다.

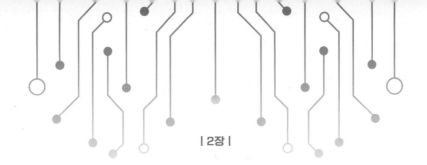

2장

사람·환경 친화적 AI반도체
기술에 미래 좌우

반도체 시장조사업체 'IC인사이츠'에 따르면, 2021년 삼성전자는 3년 만에 인텔을 제치고 세계 반도체 매출 1위에 올랐다. SK하이닉스는 4위였다. 두 회사를 중심으로 대한민국 반도체는 그 한 해 1280억 달러를 수출해 666억 달러 흑자를 기록했다. 전체 무역흑자가 295억 달러였으니, 반도체 흑자가 없었다면 대한민국은 무역적자를 기록했을 것이다.

이 정도로 반도체는 우리 산업과 경제에서 중요한 역할을 차지하고 있지만, 대한민국 반도체는 메모리 부문에만 편중되어 있고, 시스템 부문(팹리스+파운드리) 세계 시장점유율은 미미하다. 앞선 자료에서 상위 17개 반도체 기업 중 TSMC는 순수 파운드리만으로 3위에 올랐다. 이외에도 팹리스 반도체 기업이 상위 17개 반도체 기업 중 6개를 차지했다.

시스템반도체가 차지하는 비중이 2030년 70퍼센트 이상 커질 것으로 예상되는 가운데, 대한민국은 현재 불안한 반도체 강국인 셈이다.

● 시스템반도체 부문 세계 시장점유율 미미

미래의 반도체 산업은 사물인터넷(IoT) 성장과 인공지능(AI) 반도체 개발 가속, 신메모리 시대 진입 등과 발을 맞출 것으로 보인다. IoT 기술이 지금보다 널리 도입되면 반도체 산업도 가파른 성장세를 띨 수 있다. 세계 모든 나라에서 IoT 기술을 도입해 인구 증가와 고령화 등 사회 문제를 해결하는 정책을 펼치기 때문이다.

AI반도체 개발도 가속화된다. 인간의 뇌처럼 정보를 처리한다는 게 중요하다. 하지만 현재 방식인 노이만 아키텍처* 방식으로 뇌를 모방한 컴퓨터를 구축할 경우 원자력 발전소 1기에 해당하는 소비 전력이 발생한다. 흔히 기술 개발의 장밋빛 꿈만 꾸는데, 사람이 하루에 0.5킬로그램만의 탄소 배출만으로도 많은 일을 하는 것에 비하면 막대한 탄소 배출량으로 인한 문제가 발생할 것이 분명하다.

우리는 이세돌이 알파고를 단 한 번만 이겼을 뿐 전체 나머지 네 번은 졌다고 알고 있다. 과연 그럴까? '탄소 배출량'을 기준으로 다시 계산해 보자. 이세돌은 한 번만이 아니라 전체적으로도 알파고를 이긴 것이나 다름없다.

---

* 프로그램 기억 방식에 기초를 둔다. 프로그램과 데이터를 주기억 장치에 저장하여 두고 주기억 장치에 있는 프로그램을 하나의 명령어마다 수행하는 방식이다.

이처럼 ESG(환경·사회·지배구조, Environment·Social·Governance) 요소를 감안할 수밖에 없고, 저소비 전력이 가능하게 하려면 AI반도체 및 그 서브 시스템 개발을 가속화할 수밖에 없다. 현재 IBM에 이어 다수의 대학이나 기업들이 연구개발을 진행하고 있다.

마지막으로 신메모리반도체 시대가 도래하게 된다. 현재 주력 메모리인 D램과 낸드플래시 등은 미세화 가공의 한계점이 있어 3D형의 칩 적층으로 진화하고 있다. 인텔·삼성 등 글로벌 업체들은 3차원 패키징 후단공정 기술을 활용해 반도체의 단위 면적당 계산 능력이나 성능, 용량 및 파워 문제를 해결하기 위해서 노력하고 있다.

신메모리로서 기대되는 품목은 FeRAM(강유전체 메모리), STT-MRAM(스핀 주입형 자기저항 메모리), PRAM(상변화 메모리), ReRAM(저항 변화형 메모리), FeFET(강유전체 게이트 전계효과 트랜지스터) 메모리 등이다. 이 중에서 지난 2022년 1월 삼성전자 연구진이 '네이처(Nature)' 지(誌)에 발표한 내용이 주목된다. MRAM을 기반으로 한, '인-메모리(In-Memory) 컴퓨팅'을 세계 최초로 구현했다는 내용이었다. 최첨단 칩 기술인 '인-메모리 컴퓨팅'은 메모리 내에서 데이터의 저장뿐 아니라 데이터의 연산까지 수행한다. 메모리 내 대량의 정보를 이동하지 않고도 메모리 내에서 병렬 연산하는 원리로 전력 소모를 현저히 적게 한다. 차세대 저전력 AI칩을 만드는 유력한 기술이 될 것이다.

인텔과 마이크론이 개발한 3DXP(3-D Cross Point) 비휘발성 메모리(NVM)도 주목할 필요가 있다. 모바일과 클라우드에 의해서 메모리 수요가 급격히 증가했듯이 앞으로의 시대는 가상현실(VR)·증강현실(AR), 자율주행, 로보틱스, 클라우드 게임 등 초저지연 지능형 엣지 클라우드를 활용한 서비스들이 큰 폭으로 증가할 것이다. 여기에 제일 적합한 메모리 형태로 3DXP가 쉐어드 메모리(Shared Memory) 형태로 DRAM+SSD 기능을 대신할 가능성이 있다. 3DXP는 D램과 비슷한 성능이지만, 가격이 비교적 저렴하고 비휘발성 메모리라 SSD 기능도 할 수 있는 장점을 지닌다. 단, 적층할 때, 수율이 떨어지는 단점을 가지고 있다.

시대의 흐름에 따라 반도체는 계속 진화해왔다. 조금 더 편해지고자 기술이 발달하고 기계는 진화한다. 여기에 핵심은 반도체 기술의 성장이다. 1980년대만 하더라도 메모리반도체 소형화가 세계 반도체 업체들의 핵심 기술이었다. 1990년대에는 고속화 기술이 수요 제품을 선도해 나갔다. 2000년대에는 녹색성장 정책과 맞물려 저소비전력화 기술이 주목받았다. 초연결시대가 현실화하는 지금은 사람·환경 친화적인 AI반도체 기술을 누가 얼마나 어떻게 고도화하느냐가 핵심으로 떠오르고 있다.

AI반도체, 즉 인공지능 반도체란 학습·추론 등 인공지능 서비스 구현에 필요한 대규모 연산을 높은 성능과 높은 전력 효율로 실행하는 반도체를 뜻한다. 시스템반도체는 데이터의 수집→전송→연산 등 모든 과정에 활용된다. 이 가운데 AI반도체는 데이터의 학습·추론 등 인공지능의 핵심 연산을 담당한다. AI반도체는 인간의 뇌처럼 낮은 전력으로 대량의 데이터를 동시에 처리해 기존 반도체보다 약 1000배의 인공지능 연산 전력 효율을 구현할 수 있다. AI반도체를 만들기 위해서는 고(高)집적·AI최적화 '설계', 저전력 '신소자', 원자 수준 '미세공정화' 등 총체적 기술 혁신이 필요하다.

맥킨지는 오는 2030년 세계 70퍼센트의 기업이 AI를 활용할 것이며, AI가 세계 국내총생산(GDP)에 이바지할 금액이 무려 13조 달러에 달한다고 바라보았다. 응용 분야별로 살펴보면 소비자 디바이스(스마트폰·가전 등)와 서버(데이터센터 등) 분야가 초기 시장을 주도한 뒤 자동차·IoT 분야로 확대 적용될 전망이다. 이러한 AI반도체 시장은 아직 지배적 강자가 존재하지 않는 초기 단계다. 영국 팹리스 ARM에 대한 전 세계적인 쟁탈전이 벌어진 것도 이 때문이다. 마침 미국 스타트업 '오픈AI'가 출시한 이래 선풍적인 인기를 끌고 있는 '챗GPT'가 AI반도체의 중요성을 더 크게 일깨워주고 있기도 한데, 지금부터의 국가적 대응 노력이 AI반도체를 포함해 반도체 시장의 글로벌 주도권 경쟁의 성패를 좌우할 것이다.

● **AI반도체 시장에 지배적 강자 아직 없어**

미국의 경우 지난 2019년부터 'NEXT 캠페인'을 통해 인공지능과 이종 칩의 적층·통합, 뉴로모픽 칩(Neuromorphic Chip: 사람의 뇌 신경을 모방한 차세대 반도체로 딥러닝 등 인공지능 기능을 구현 가능) 등 정부 주도의 차세대 R&D 및 기업의 장기 투자를 지원하고 있다. 인텔, 엔비디아, 구글, 애플과 같은 글로벌 기업들은 M&A와 R&D 투자 등을 본격화하고 있다. 이 중 인텔의 경우 2017년 모빌아이를 153억 달러에, 2019년에는 이스라엘 AI반도체 스타트업 하바나랩스를 20억 달러에 인수했다.

중국의 경우 지난 2017년 차세대 AI 발전 계획 등을 세우는 등 정부의 육성 의지에 더해 화웨이·알리바바와 같은 주요 기업의 인공지능 기술 혁신으로 AI반도체 경쟁력 강화에 나서고 있다. 대만은 2018년부터 2021년까지 1억3200만 달러를 투자해 정부 주도로 AI 프로세서 칩과 차세대 반도체 설계·공정기술 등에 투자하기로 했다. 대표 파운드리 업체인 TSMC는 미국의 팹리스와 협업을 통해 경쟁력을 강화하고 있다.

마지막으로 AI반도체 시대 DDR5와 함께 중요성이 커지는 고성능 메모리 솔루션인 고대역폭메모리(HBM: High Bandwidth Memory)를 언급하고자 한다. 데이터 전송률을 높이기 위해 D램에 실리콘광통전극(TSV) 기술을 적용해 집적회로(다이)를 적층하는 기술이 적용됐는데 최신 제품인 HBM3의 경우 현존 D램 중 최고 속도를 가능케 한다. CPU, GPU 등의 성능에 비해 메모리 반도체의 성능 향상이 뒤쳐져 있어 왔기 때문에 HBM은 그 중요성이 더욱 커지고 있다.

다행히도 HBM은 우리 반도체기업이 이점을 갖고 있다. 시장조사업체 트렌드포스는 올해와 내년 삼성전자와 SK하이닉스의 HBM 시장 점유율이 46~49% 정도로 엇비슷할 것으로 보고 있다. 실질적으로 글로벌 시장을 양분하고 있다 해도 과언이 아닌 셈이다.

SK하이닉스는 2013년 세계 최초로 HBM을 개발했고 2021년 선보인 HBM3는 현재 챗GPT에 활용되고 있기도 하다. SK하이닉스 HBM의 장점은 HBM2부터 품질 개선을 위해 적용된 독자적인 방열 기술에 있다. 고속동작하는 D램은 전력소모가 늘고 열이 더 발생하게 되는데, 이 열이 반도체의 성능을 저하시키곤 한다. HBM D램은 적층된 구조를 가지고 있다 보니 열의 방출이 원활하지 않은 문제가 있었다. 이를 SK하이닉스 측은 매스리플로우-몰디드언더필(MR-MUF) 공정을 적용해 해결했다. 수직으로 D램을 쌓으며 사이 공간을 특수 소재로 채워서 붙여주는 공정이다. 이 공정에서의 관건은 사이 공간을 채워 붙여주는 특수 소재에 있다. 소부장, 즉 반도체 산업에서 중소기업이 대다수인 소재·부품·

장비 산업와의 협업이 중요해지는 이유 중 하나가 되겠다.

한편 삼성전자는 HBM-PIM(Process In Memory) 개발에 주력중인데 이는 메모리만 있는 게 아니라 메모리 내부에 시스템반도체가 하는 연산 작업에 필요한 프로세서 기능을 더한 신개념 융합기술이다. 이 기술은 기존에 HBM과 GPU가 별도로 있는 것보다 AI모델의 생성 성능이 약 3.4배 이상 개선될 것으로 삼성전자는 보고 있다. 사람의 뇌가 데이터 저장뿐 아니라 데이터 연산 기능도 담고 있다는 점을 생각하면 이와 같은 기술의 개선을 통해 반도체는 사람의 뇌와 비슷해지는 뉴로모픽 반도체로의 길로 더욱 가까워질 것으로 전망된다. 아직은 시장 형성 초기 단계로 전체 D램 시장에서 가지는 비중이 높지 않음에도 HBM을 우리가 주목해야 하는 이유다.

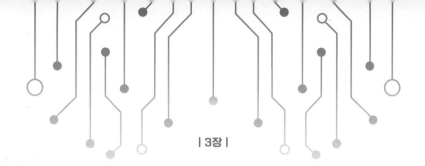

3장

코로나 팬데믹이 바꿔놓은 일상, 노드를 선점하라

2020년 전 세계는 아노미 상태가 됐다. 코로나19 바이러스가 팬데믹으로 걷잡을 수 없이 확산했기 때문이다. 국가 간 이동이 통제되고 마스크 착용과 사회적 거리 두기가 강화됐다. 우리는 예상보다 빠르게 비대면 시대에 돌입했고, 반도체의 수요는 걷잡을 수 없을 정도로 늘어났다. 새로운 생존 패턴에 정착하는 데 필요한 기기와 서비스들이 확대되면서 이에 적합한 반도체를 생산해야 하기 때문이다.

가장 가까운 사례부터 살펴보자. 일정 기간 재택근무와 원격교육을 진행하면서, 개인 PC와 관련 기기들의 수요가 잠시 늘었다. 스마트폰 사용으로 잠시 쪼그라들었던 PC 수요가 늘어나면서 반도체 매출도 증가한다.

집에 머무르는 시간이 늘어나고 배달 서비스 확대가 일상이 되었다. 무인배달 서비스도 새로운 과제로 떠올랐다. 전염병에 취약한 식당이나 호텔, 병원 등으로 이 서비스가 도입될 가능성이 크기 때문이다.

이 무인배달 로봇이 배달업무를 차질없이 마무리하려면 높은 수준의 자율주행 기술이 탑재되어야 한다. 그러려면 카메라 센서와 컴퓨팅 반도체, 통신모뎀, 구동 반도체 등이 로봇에 장착된다. 이 반도체들끼리 원활하게 작동시키려면 D램 탑재량도 증가한다.

의료와 관련된 반도체 수요 역시 늘어날 것이다. 이번 코로나19 이외에도 신종 바이러스로 발생하는 전염병에 대비하기 위해 자동 체온 감지 기계나 기저질환 측정 기계 등 생체인식 기술이 빠르게 확산할 전망이다. 생체인식 기술은 보행자 체온을 감지하거나 감염자의 동선을 추적할 때 쓰인다. 특히 비대면 시대에 원격진료까지 일상이 된다면, 스마트폰과 웨어러블(Wearable, 착용할 수 있는) 기기 등 개인용 의료기기 시장이 확대되면서 의료용 반도체와 모바일 D램의 수요가 늘어난다.

● **노드를 점령하는 자가 최후의 승자**

앞서 노드의 중요성을 말했다. 과거에는 'PC to PC'로 접점이 되는 노드가 수천만 단위에 불과했지만, 모바일 시대, 즉 '사람 to 사람'으로 수십억 노드로 늘었고, 4차 산업혁명으로 사물과 사람, 사람과 사람, 사물과 사물까지도 연결되는 초연결 시대가 오면서 노드가 수조, 수십조 단위로 급증할 것이다. 이 과정에서 엄청난 통신장비와 디바이스

(Device) 등이 필요하게 되고, 관련 시장의 성장 속도도 가늠하기 힘들 정도로 늘어날 것이라고 말이다. 당연히 반도체 수요는 점점 더 늘어날 수밖에 없고, 반도체 산업은 갈수록 중요성이 커질 것이라는 전망이 아버지의 판단이셨다.

한마디로 우리의 디바이스(갤럭시 등 휴대폰, 현대차 등 자동차 커넥트 기기) 등이 노드를 점령하면, 결국 삼성 혹은 SK하이닉스 등의 반도체 수요가 증가할 것이고, 여기서 우리나라의 지속적인 먹거리가 생겨난다는 뜻이다.

게다가 미국은 보안상의 문제로 중국을 신뢰할 만한 파트너로 생각하기 어렵기 때문에 우리나라가 각 노드를 선점할 경우, 하드웨어적인 '韓 메모리+美 비메모리' 파트너십에 그치지 않고, 더 많은 컬래버를 이어갈 수 있다.

아버지는 결국 PC로 시작된 반도체 시장이 모바일로, 더 나아가 4차 산업혁명 시대의 초연결 사회까지 이어져 엄청난 규모와 속도로 발전할 것을 내다보고 계셨다. 그래서 반도체 치킨 게임의 역사를 다시금 살펴보게 된다.

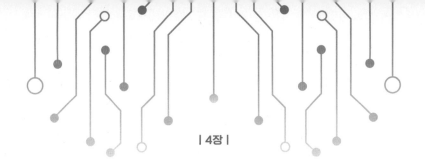

4장

반도체 치킨 게임의 역사에서
보게 되는 미래

'치킨 게임(Chicken Game)', 겁이 많은 닭의 습성에서 유래한 이 말은 어느 한쪽이 양보하지 않으면 모두가 파국으로 치닫게 되는 게임 이론이다. 최근 몇 년간 메모리반도체 한국의 아성을 무너뜨리려는 중국의 거센 추격세는 치킨 게임을 연상시킨다. 중국은 DDR4·LPDDR5라는 D램 반도체를 이미 양산하는 등 로엔드(Low-End, 보급형 또는 중저가) 분야에서는 3~5년 내 한국을 따라잡을 것으로 전망된다.

그런데 알고 보면 반도체 분야는 1980년대부터 약 10년 주기별로 한 번씩 거대한 치킨 게임을 겪어 왔다. 시장점유율을 높이기 위해 가격을 급격히 인하하는 방식으로 연이어 이뤄지면서, 업계에는 적자의 늪 혹은 파산으로 이어지는 기업들이 생겨났다.

● 1980년대 미국 패권에 일본 저가 공략

반도체 치킨 게임의 서막이 오른 1980년대, 당시 시장의 패권은 미국이 잡고 있었다. 미국 인텔은 1970년대 세계 최초로 D램을 생산하면서 반도체 시장점유율 1위를 유지했다. 그러나 NEC와 도시바·히타치 등 일본 기업들이 저가 정책으로 인텔을 압박하기 시작한다.

이들 일본 기업들은 미국보다 저렴한 가격으로 반도체를 시장에 내놓기 시작했다. 1980년대 4달러 정도였던 64K D램 가격이 30센트까지 떨어진다. 1달러 70센트 정도였던 생산원가와 비교해 보면 판매 가격이 턱없이 낮았다. 결국, 인텔은 D램 생산을 포기한다.

인텔이 D램 생산을 포기한 것은 D램 시장의 가격 경쟁 이외에도 사업 전략도 영향을 미쳤다. 인텔은 해당 사업의 마진율이 50퍼센트 이상은 되어야 사업을 유지한다. 만약 마진율이 그 밑으로 떨어지면 해당 사업 부문을 매각하거나 철수를 고려한다. 인텔 내부적인 마진율 기준에 미치지 못하면 미래 지향적인 사업이나 먹거리가 아니라고 판단하고 해당 사업을 중단하는 것이다.

인텔은 애플처럼 완제품을 팔지 않는 전략을 고수하고 있다. 직접 제조까지 나서 완제품을 팔면 오히려 마진율이 떨어진다는 것이 인텔의 생각이다. 즉 인텔은 전통적인 칩과 칩에 딸린 솔루션으로 부가가치를 높이겠다는 기존 전략을 구사하고 있다.

메모리반도체를 접은 인텔은 시스템반도체 회사로 거듭난다. 당시 삼성전자는 반도체에서만 무려 2000억 원의 적자를 냈다. 1차 반도체 치킨 게임은 일본의 NEC와 도시바의 승리로 끝난다. 치킨 게임의 승자 일본은 세계 D램 반도체 시장에서 80퍼센트 정도 점유율을 장악하며 10년 정도 반도체 시장의 우위를 누리게 된다.

● 1990년대 PC 보급에 올라탄 한국 질주

1990년대에는 개인형 컴퓨터(PC) 보급이 늘면서 D램 수요도 급격히 증가했다. 기업으로서는 PC용 D램을 저렴하게 생산하는 게 중요했다. 이 시기를 삼성전자는 놓치지 않았다. 저렴한 D램을 주로 생산하면서 메모리반도체 시장의 강자가 된다. 2000년대 초가 되면 삼성전자가 일본 기업들을 완전히 따돌리며 한국이 반도체 시장의 승자로 올라서게 된다.

일본 기업은 이에 맞서 경쟁력을 키우기 위해 기업 간 통합 절차를 밟았다. 1999년 12월 히타치 제작소와 NEC의 D램 사업부가 통합돼 'NEC 히타치 메모리'가 생겨난다. 다음 해 5월에는 엘피다메모리 주식회사로 사명을 바꾸고, 2003년 미쓰비시전기의 DRAM 사업 부분까지 양도받아 일본 내 유일한 D램 업체가 되었다.

● 2007년 일본 전열 가다듬었지만 파산

2007년, 그해는 대만 D램 업체들이 생산량을 급격히 늘리며 세 번째 반도체 치킨 게임이 시작된다. 세계 각 업체는 가격 인하 경쟁에서 지지 않기 위해 반도체 가격을 낮추기 시작했다. 이에 512메가바이트(MB) DDR2 D램의 평균 가격은 6.8달러에서 2009년 0.5달러까지 내려간다. 비슷한 시기에 1기가바이트(GB) DDR2 D램 가격도 0.8달러로 떨어진다.

이때 치킨 게임의 결과는 앞선 두 번의 치킨 게임보다 훨씬 더 참혹했다. 대표적인 예는 독일의 '키몬다'와 일본의 '엘피다'다. 키몬다는 인피니온테크놀로지스AG에서 분사한 메모리 기업으로, 2006년 출범 당시 세계 2위 D램 생산업체였다. 이곳은 300밀리미터 제조 분야의 선두를 달렸고, 개인용 컴퓨터와 서버용 D램 공급사 가운데 상위를 차지했다. 그러나 치킨 게임의 결과로 2007년 3분기부터 2008년 4분기까지 누적적자 25억 유로(약 3조3000억 원)를 기록하며 2009년 파산의 길로 접어든다.

엘피다는 가격 인하 전쟁 속에서 새로운 기술을 선보이고자 무리수를 뒀다. 치킨 게임의 와중에서 엘피다는 2007년에서 2008년 사이 영업이익 2014억 엔의 적자로 파산할 뻔했다. 일본 정부가 300억 엔, 일본 채권은행이 1000억 엔을 투자하면서 겨우 살아날 수는 있었다. 회생한 이들은 2009년 의욕적으로 40나노와 2010년 30나노 개발을 발표했지만, 두 번 다 출시하지 못하고, 주력 상품으로 50나노 D램을 생산하는 데 그쳤다.

2010년에는 대만과 일본 기업들이 다시 생산설비에 투자하고 증산이 이어지면서 D램 가격이 하락하기 시작했다. 1기가바이트 DDR3 D램 가격은 10월에는 1달러 아래로 떨어졌다. 이후 엘피다는 2011년 초 25나노미터급 D램을 개발해 7월부터 양산을 개시할 예정이라고 발표했지만, 이마저도 실현하지 못했다. 심지어 관련된 시설 투자에 관한 내용도 확인되지 않으면서 엘피다의 기술 개발 계획이 거짓으로 밝혀져 시장의 신뢰를 잃고 말았다.

이와 같은 과정을 거치면서 세계 D램 시장점유율 3위였던 일본 엘피다는 2011년 4분기 1100억 엔의 영업이익 적자를 기록한다. 엘피다는 2012년 2월 27일 법정관리 요청을 하고 끝내 파산한다. 이후 2012년 7월 25억 달러에 마이크론 테크놀로지에 인수되고 마이크론메모리 재팬으로 변경된다.

한편 엘피다의 파산은 SK하이닉스에는 기회가 됐다. 공급 증가가 제한적이던 상황에서 경쟁 업체가 줄어든 한편, 스마트폰 시대가 열려 수요가 폭증했기 때문이다. SK하이닉스는 2015년 매출액 18조7980억 원, 영업익 5조3361억 원의 최대 실적을 달성하기도 했다.

● 중국의 부상과 반도체 춘추전국시대

2010년대 중국은 '반도체 굴기(堀起, 부흥을 뜻하는 중국식 표현)'를 외치며 반도체 산업에 뛰어든다. 이때부터 본격적인 춘추전국 시대가 열린다. 중국은 한국을 반도체 시장 우위에서 끌어내리겠다며 대규모 투자를 나선다. 중국은 오는 2025년까지 반도체 산업에 1조 위안(약 170조 원)을 투자할 계획이라고 밝혔다.

'반도체 굴기'의 선봉장은 칭화유니그룹이 맡았다. 칭화유니그룹은 중국 최고의 이공계 명문대인 칭화(淸華)대학에서 세운 중국의 대표적 반도체 기업이다. 자오웨이궈 칭화유니그룹 회장은 "10년 안에 글로벌 메모리반도체 제조사 5위 안에 드는 게 목표"라고 밝히기도 했다.

1988년 설립된 칭화유니그룹은 2013년 중국 반도체 기업 잔쉰(展訊)을 인수하면서 집적회로 산업에 진출했다. 2014년 중국 최초로 28나노미터 SoC 스마트 반도체 개발에 성공하면서 중국 반도체 업계 선두를 지켜왔다. 2015년부터 집적회로 분야를 기업 핵심 사업으로 정하고 반도체 연구개발에 속도를 냈다. 같은 해 국가 집적회로산업투자펀드와 국가개발은행 등과 300억 위안 규모의 전략적 협력 양해각서를 체결하는 등 중국 정부에서도 전폭적으로 지원했다.

● 미·중 반도체 전쟁

최근에는 미국과 중국의 반도체 패권 싸움에 전 세계가 집중하고 있다. 미·중 반도체 전쟁은 지난 2018년 도널드 트럼프 전 미국 대통령의 중국 무역 제재부터 시작된다. 트럼프 대통령은 2018년 7월과 8월 총 500억 달러(약 55조1500억 원) 상당의 중국산 제품 관세율을 25퍼센트로 올렸다. 이후 9월 2000억(220조6000억 원) 달러 어치의 중국산 제품에 10퍼센트 관세를 추가로 부과했다.

이에 중국 정부는 1100달러(121조3300억 원) 분량의 미국산 제품에 5~25퍼센트의 관세를 부과해 맞불을 놓았다. 2020년 1월 1차 무역협정으로 두 나라의 무역전쟁은 일단락되었다. 그러나 7개월 뒤인 8월 미국 상무부가 화웨이의 반도체 조달망을 사실상 원천 봉쇄하는 규제안을 발표하면서 반도체 전쟁 서막이 올랐다. 규제안은 미국 기업의 기술로 해외에서 제조한 반도체를 화웨이에 판매하려면 미국 정부의 허가를 받아야 한다는 내용이 골자다. 즉 그동안 화웨이는 미국에서 생산된 반도체를 공급받을 때만 제한을 받았지만, 앞으로 전 세계 반도체 업체로부터 미국의 소프트웨어와 장비를 사용해 만든 반도체를 공급받을 수 없게 된 셈이다.

이처럼 치킨 게임의 역사를 살펴보면서 앞으로 펼쳐질지 모르는 치킨 게임을 우리가 극복할 방법이 무엇일지 여러분은 궁금할 것이다. 그 힌트가 될 만한 것을 나는 실리콘밸리의 문화에서 찾고 싶다. 그리고 그에 앞서, 한국에서 나고 자라며 교육받은 토종 한국인이 실리콘밸리에서 제안받게 된 사정을 이야기하지 않을 수 없다. 반도체 전문가 유응환의 실리콘밸리 입성기는 실리콘밸리의 문화를 이해하는 데 힌트를 줄 것이다.

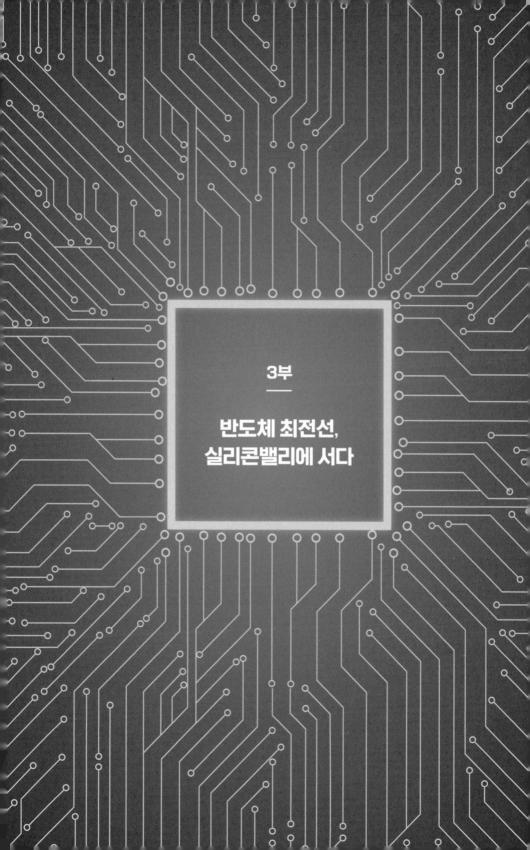

3부

반도체 최전선,
실리콘밸리에 서다

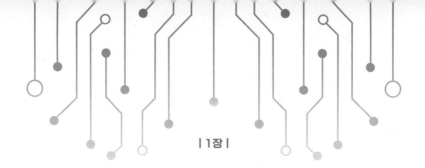

1장

실리콘밸리에 첫발을 뗀
30대 청년

2001년 8월 27일을 똑똑히 기억한다. 이날은 한국에서 나고 자란 이립(而立)의 한 청년이, 미국 땅에서 그것도 세계적인 IT 기업들이 모인 실리콘밸리에서 직장생활을 시작하게 된 감격스러운 날이다. 그 당시의 나는 여느 청년이 그렇듯 확실하지 않은 미래에 불안감을 지니기도 했다. 다행히도 회사들을 설득해 냈고, 실리콘밸리의 인텔이라는 내가 일할 곳을 얻어냈다.

시간이 지나 이미 30대의 나이에 관리자가 되어 후배들의 꿈을 독려하고 함께 이루어가는 역할을 하기도 했다. 그리고 실리콘밸리에서 10년여, 30대의 전부를 보낸 나는 거의 불혹(不惑)의 때가 되었을 즈음 한국으로 돌아왔다. 삼성에서는 한 사람 한 사람의 꿈을 모두의 꿈으로, 때로는 모두의 꿈을 한 사람 한 사람의 꿈으로 만드는 한 조직의 책임자로서 일하기도 했다. 이어 세계 유수의 자동차 기업들과 경쟁하고 있는 현대자동차 연구소에서 일하면서 차세대 미래형 자동차 개발에 박차를 가하기도 했다.

이처럼 대략 20여 년의 시간을 보내며 나는 확신했다. 한국의 젊은 청년들이 세계의 인재들과 겨루어도 결코 뒤처지지 않는 실력과 태도를 갖고 있다는 것을 말이다. 그래서 지금 나의 실리콘밸리 입성기가 그들에게 힌트가 되어주기를 바란다.

사실 처음부터 실리콘밸리가 내 인생의 목표였던 것은 아니다. 대학원 다닐 때만 해도 대한민국이 아닌 다른 나라에서 직장을 구한다는 건 생각지도 못한 일이었다. 당시 나는 학회에 연구를 발표하고, 논문 준비를 하던 평범한 대학원생이었다.

기회는 작은 인연들에서 비롯되었다. 국내외 학회에 참석하며 만난 연구자들과 돈독한 관계를 유지한 게 큰 도움이 된 것이다. 친분이 있던 해외 연구원들에게 인턴으로 일할 수 있는 곳을 알아보고자 이메일을 보냈는데, 놀랍게도 그들은 마치 자기 일인 것처럼, 발 벗고 나서 나의 일자리를 알아봐 주었다.

얼마 후 나는 싱가포르 국영 연구소에서 1년간 객원 연구원으로 일할 수 있었다. 싱가포르 연구소의 근무 환경은 매우 합리적이고 체계적이었다. 무엇보다 개인의 자율성과 창의성을 존중해주었다. 이런 분위기에 매료된 나는 점차 해외로 눈을 돌리기 시작했다.

나는 생각했다. '해외 기업의 문을 두드려 보는 건 어떨까?' '세계 각지의 젊은이들이 모인 실리콘밸리에서 일을 할 수도 있지 않을까?' '나의 꿈을 세계라는 무대에서 펼칠 수 있다면 더 신나지 않을까?' 이렇듯 싱가포르에서 체류를 시작한 지 7개월 정도가 되었을 무렵, 나는 본격적으로 실리콘밸리 진출을 계획하게 되었다. 나는 어느덧 이름만 들어도 가슴이 설레던 기업들에 이력서를 돌리고 있었다. 그리고 마침내 내가 원했던 회사들로부터 나를 직접 만나보고 싶다는 대답을 받을 수 있었다.

설레는 마음에 잠을 설쳐가면서 면접 일정을 세웠다. 총 10박 11일간의 미국 방문 기간 동안 모든 일정을 소화하기 위해서는 아주 세세한 일정표를 만들어야 했다. 나는 일정표의 맨 위에 '드림 트립(Dream Trip)'이라는 제목을 써넣었다. 비행기에서는 잠을 이룰 수 없었다. 아마도 꿈이 현실이 될 수도 있겠다는 기대감 때문이었을 것이다. 일정표에 맞춰 한 회사 한 회사를 방문했다. 떨리는 마음으로 면접을 마쳤다. 몸은 녹초가 되었지만, 이상하게도 지치지는 않았다.

면접의 결과부터 먼저 말하자면, 일부 회사를 제외하고는 면접이 끝나고 하루 이틀 내에 합격 통보와 함께 오퍼가 왔다. 러브콜이다. 인텔, 필립스반도체, 컴팩, IBM 왓슨, 마이크론 테크놀로지, 옵트로닉스 등의 회사들이 그들과 함께 일해줄 것을 원했다. (사실 직접 얼굴을 맞대고 진행되는 현지 면접은 지원자에 대한 어느 정도의 검증 절차를 마친 후에 진행한다. 오히려 기업의 매니저들이 자기 회사에 대한 소개와 홍보를 더 적극적으로 해오는 경우가 많았다.)

글로벌 취업 과정을 좀 더 설명해 보려 한다. 실리콘밸리를 기준으로 했을 때 크게 두 종류의 인터뷰(면접)를 거쳐야 한다. 하나는 전화 인터뷰고, 다른 하나는 현지의 회사 사무실에서 직접 인터뷰를 받는 '온 사이트 인터뷰(On-site Interview)'다. 많은 미국계 기업들이 비용 절감을 위해 전화 인터뷰를 다단계로 진행하고, 최종적으로 지원자를 현지로 불러 면접을 본다. 나 역시 미국에 가기 전까지 싱가포르에서 무려 5개월이란 시간 동안 전화 인터뷰를 해야 했다.

이때 인텔 산타클라라 사이트에서 근무하는 관리자(매니저)와의 전화 인터뷰는 진행되는 순간 내게는 황당함 그 자체로 다가왔다. 그는 시종일관 상대의 숨통을 조르듯 질문 공세를 퍼부었다. 무방비 상태로 공격을 받던 중, 이성을 잃었던 것인지 나는 부모에게 반항하는 사춘기 소년처럼 대들기 시작했다. 곰곰이 생각해 보니 상대방의 패가 그리 좋지 않다는 것을 직감했던 것 같다. 그래서 그에게 나는 되려 질문을 퍼부었다. 당신들 회사의 신조와 비전은 무엇이며, 부서 규모는 어느 정도며, 성장 가능한 부서인지 등등. 응당 논리적인 질문이어야 했지만 약간의 감정이 섞였음은 부인하지 않겠다.

그럼에도 결과는 합격이었다. 한국식 인터뷰에 길들여진 사람들은 미국계 기업들과의 전화 인터뷰에서 당혹스러워한다. 한국의 인터뷰가 면접관의 질문에 지원자가 대답하는 일방향적 면접이라면, 그들의 인터뷰는 양방향적이라는 점을 기억해둘 필요가 있다.

면접이란 나의 꿈을 피력하는 자리다. 자신에게 그 꿈을 이룰 수 있는 능력과 열정이 있음을 상대에게 설득하는 자리다. 그리고 회사는 회사의 꿈을 이루는 데 필요한 사람을 찾기 위해 옥석을 가린다. 이뿐만이 아니다. 지금 나를 면접하고 있는 이 회사가 나의 꿈을 펼칠 수 있는 곳인지 확인하는 자리이기도 하다.

전화 인터뷰 결과는 만족스러웠다. 필립스반도체, 인텔, 마이크론 테크놀로지, IBM 왓슨 연구소, 옵트로닉스, 컴팩 등으로부터 전화 인터뷰 합격 통보를 받았다. 그중에서 인텔은 폴섬(Folsom), 산타클라라(Santa Clara), 피닉스(Phoenix) 사이트 세 군데 모두 합격하는 믿기지 않는 일이 벌어졌다.

　여기서 한 가지 해프닝이 발생했다. 전화 인터뷰만 놓고 보면 인텔의 세 군데 사이트의 각기 다른 매니저와 전화 인터뷰를 했고, 그 세 곳으로부터 모두 합격 통지를 받았다는 것은 앞서 설명한 대로다. 하지만 인텔의 세 사이트에 동시 '최종' 합격한 최초의 한국인으로 기록되지는 못했다. 그 이유는 다음과 같다.

　전화 인터뷰에서 합격했으니, 그다음은 온 사이트 인터뷰 일정을 잡아야 한다. 인텔의 폴섬 사이트가 먼저 일정을 잡기를 권했다. 인텔에서는 해외 취업 지원자를 위해 글로벌 서비스 데스크를 운영하고 있는데 이 부서는 취업 지원자들이 질문을 하면 친절하게 대답해주는 일종의 콜센터와 같은 역할을 하는 곳이자 온 사이트 인터뷰 일정을 조정해주는 곳이기도 하다. 그런데 이 부서로부터 나의 문어발식 인터뷰 진행이 발각된 것이다. 폴섬 사이트의 온 사이트 인터뷰 일정을 확인하면서 산타클라라와 피닉스 사이트의 온 사이트 인터뷰 일정도 조율하려다 보니 덜컥 덜미가 잡혔다. 나는 담당자로부터 세 군데 모두 인터뷰를 진행하는 건 불가능하다는 통보를 받았다.

　인텔 각 사이트의 매니저들도 당황했다. 그들은 한 부서에서 오퍼를 받기 전까지는 다른 부서의 온 사이트 인터뷰 진행이 불가능한데, 도대체 넌 무슨 생각으로 그랬냐는 듯 다그쳤다. 나는 "해외 체류 중이다. 미국에 가는 김에 모두 인터뷰를 하고 싶었다"며 사정해 보았지만, 결과는 좋지 않았다. 결국 가장 먼저 온 사이트 인터뷰 일정을 조율한 폴섬에서

만 인터뷰가 가능하다는 답변이 돌아왔다. 인텔의 경우에는 사내 부서 간의 경쟁을 방지하고자 한 사람이 동시에 여러 부서에서 인터뷰를 진행하는 것을 금지하고 있었는데 말이다. 그 일로 나는 한동안 적잖은 충격과 당황, 부끄러움에 시달려야 했다.

물론 동시다발적인 지원으로 이득을 본 부분도 없지 않았다. 여러 회사에 문을 두드리고 수차례 전화 인터뷰를 하면서 인터뷰 자체에 대한 두려움을 극복할 수 있었다. 업계의 동향과 현지에서 필요로 하는 역량이 무엇인지 파악할 수도 있었다. 회사별로 장단점을 비교해볼 수 있었던 것도 나름의 수확이었다.

하지만 글로벌 취업을 꿈꾸는 후배들을 위해 조언하자면, 뚜렷한 목표가 없는 상태라면 일생일대의 기회를 그냥 지나쳐버릴 수도 있다. 막연히 회사의 이름값만 생각하고 이곳저곳 지원해서 적성에도 맞지 않는 부서에서 일하게 된다면, 그 피해는 회사를 비롯해 지원자 본인에게 고스란히 돌아오기 마련이다.

직장을 구하는 것도 어렵지만, 직장을 바꾸는 것도 결코 쉽지는 않은 일이다. 한 직장을 그만두고 새 직장을 구하려면 반드시 전 직장을 왜 그만두는 것인지 소명해야 한다. 그리고 새로운 회사는 이 직원이 우리 회사와 맞지 않는다고 또 그만두면 어떡할까 걱정을 하기 마련이다. 게다가 직종, 즉 업을 바꾸기란 더욱 어렵다.

그래서 나의 꿈을 가다듬는 것이 중요하다. 나는 무엇을 하고 싶은지, 나는 무엇을 할 때 즐거운지, 무엇을 해야 보람이 있고 스스로 만족할지, 그리고 나는 무엇을 잘하는지, 조금 더 거창하게는 내 계획의 비전은 무엇인지, 묻고 또 물어야 한다. 그리고 그 답에 부합하는 길을 찾고 그려야 한다. 그러니 흔들리지 말자. 현혹되고 미혹되지 말자. 불안해서 떼 지어 흐르는 물처럼 흘러가지 말자. 그럴수록 사람은 나약해진다. 꿈이 단단한 사람이 척박한 세상을 버티는 힘도 세다.

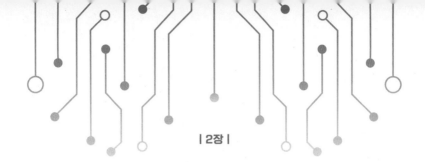

2장

험난한 실리콘밸리의
벽을 두드리다

미국으로의 '드림 트립'을 가기 전, 전화 인터뷰들에서 합격 통보를 받은 시점으로 되돌아가 보자. 나는 얼마 지나지 않아 너무 일찍 샴페인을 터트려버렸다는 걸 깨달아야 했다. 어쩐 일인지 "미국으로 건너와서 온 사이트 인터뷰를 하자"고 제안하는 회사가 없었다. 처음에는 넋 놓고 전화기만 바라보면서 그 말을 먼저 꺼내 주기만을 기다렸다. 나중에 몇 군데에서 전화가 왔는데, 매니저들이 하나같이 "미국에 올 일이 있으면 인터뷰를 했으면 좋겠다"라는 모호한 말만 남겼다. 그 행간의 의미를 파악하지 못해서 한동안은 공연히 먼 산만 쳐다보았다. 이건 온 사이트 인터뷰를 하자는 건지, 말자는 건지…. 도무지 감이 오지 않았다.

돌이켜 생각해 보면, 실리콘밸리에서 한국인들, 그것도 미국에서 유학한 사람도 아닌 나 같은 엔지니어를 무턱대고 초대할 이유가 없었을지도 모른다. 실제로 전화 인터뷰에서 호감을 가졌다고 해도 일면식도 없는 사람을 위해서 선뜻 왕복 비행기 티켓 비용과 숙박비까지 지불할 대범한 회사는 많지 않다. 나중에 매니저로 일하면서 경험한 바인데, 실제로 어느 부서에 공석이 생겨서 채용 공고를 내면 하루에 100명씩 지원자가 불어난다. 게다가 미국 현지에도 인재들이 넘쳐나는데 구태여 해외에서 찾을 필요가 있겠는가.

결국 해답을 알아냈다. 수동적인 나의 자세가 문제였다. 내가 직접 미국에 가는 것만이 유일한 해답이었다. 나는 자비를 쓰지 않으면서도 회사의 정식 절차에 어긋나지 않는 온 사이트 인터뷰 방법을 스스로 모색해야만 했고, 결론을 내렸다. '한 번의 미국 여행으로 모든 면접을 해결하자!' 바로 내가 명명한 '드림 트립'의 시작이었다.

생각해 보자. 한 기업이 나를 부르려면 당시 내가 체류하고 있던 싱가포르에서 미국 현지까지의 왕복 비행기 티켓과 온 사이트 인터뷰 진행 기간의 호텔 숙박비가 필요했다. 그래서 아이디어를 떠올려 봤다. '면접에 드는 경비를 각 회사에 적당히 분담하라고 하면 어떨까?' 이 아이디어에서 시작해, 구체적인 계획표를 만들어 가면서 실제로 제안서를 작성해 보았다. 어차피 밑져야 본전이었다.

최종적으로 나온 10박 11일의 여행 일정은 이렇게 나왔다. 그리고 5개 회사에게 경비를 분담해 달라고 제안했다. 특별히 내게 호의적이었던 두 군데 회사에 각각 싱가포르에서 미국까지의 왕편 비행기 비용과 미국에서 싱가포르까지의 복편 비행기 비용 지불을 부탁했고, 나머지 세 군데의 회사들에는 미국 국내선 비행기 비용을 부탁했다.

내 계획서는 요일별로 이동 경로와 숙박 장소를 구체적으로 기록했기에 각 회사 매니저들로부터 긍정적인 반응을 얻었다. 회사 입장에서는 최소 비용으로 나를 부를 수 있어서 좋았을 것이고, 나는 모든 회사로부터 인터뷰 기회를 얻었으니, 이것이야말로 '윈-윈(Win-win)' 전략이었던 셈이다.

물론 이러한 인터뷰 방식이 하나의 표본이 될 수는 없다. 나는 가끔 미국 취업을 목표로 하는 후배들에게 조언을 부탁받는데, '가급적 현지에 머무를 수 있는 방법을 찾으라'고 권유한다. 전화 인터뷰 단계가 지나면 언제 어디로 지원자를 부를지 모르기 때문이다. 단기적으로는 여행 비자로 가는 방법도 있지만, 어학연수 등을 하면서 미국에 머무르는 것도 하나의 방법이다. 무리한 일정 속에서 릴레이 인터뷰를 하는 건 육체적으로나 정신적으로 무리다.

그렇지만 여건이 허락하지 않는다면, 아쉬운 쪽에서 보다 적극적으로 방법을 찾아야 한다. 적극적인 사람을 싫어하는 회사는 없다. 게다가 지원자가 찾아낸 방법이 합리적이고 매력적이라면, 그 지원자에 대한 호감은 더욱 상승하기 마련이다.

온 사이트 인터뷰를 하기에 여건이 불리한 지원자라면 최소한의 동선 내에서 담당 매니저와 만날 방법을 생각해 보는 게 좋다. 이를테면 인터뷰 담당자의 출장 스케줄이나 학회 일정 등을 따져 보아 양쪽 모두가 편한 장소에서 만나는 방법을 구상해 보는 것도 인터뷰를 성사시키는 방법 중 하나다. 인터뷰를 성사시키는 것이 급선무 아닌가. 전략 및 기획력도 인터뷰의 평가 지표 중 하나라는 걸 기억하길 바란다.

미국행 비행기에 몸을 싣고 도착한 캘리포니아주 세크라멘토 카운티 폴섬에서 인텔과의 인터뷰가 예정되어 있었다. 폴섬의 인구는 약 7만 명 가량으로, 이 중 노동 인구의 상당수는 인텔 또는 인텔과 협력 관계를 맺고 있는 회사에서 일하고 있다. 폴섬에 두 개의 심장이 있다면 그중 하나는 분명 인텔일 것이다.

역사적으로 폴섬은 금광과 목장으로 유명한 곳으로 금광을 두고 다툼을 벌이는 서부 개척자들의 이야기를 다룬 하워드 혹스 감독의 1967년 작품인 〈엘도라도〉의 실제 배경이 된 엘도라도가 지척에 있었다. 지리적으로 서부 개척과 골드러시의 상징이었던 곳인 만큼 주변 풍광을 쳐다만 보아도 낭만에 잠길 수 있다. 특히 폴섬 호수에서 시작된 아메리칸 리버를 따라 줄지어 늘어선 야트막한 언덕 위로 한가로이 풀을 뜯는 소들을 보고 있노라면 당장이라도 뛰쳐나가 들판을 내달리고 싶은 충동을 느끼게 된다.

그러나 현실에서는 낭만도 사치에 지나지 않았다. 공항에 도착해서 숙소로 가는 길에서부터 고난의 연속이었다. 해는 서산으로 기울어 어둑해지고 있는데, 나는 마치 고추잠자리처럼 한 자리를 맴돌고 있었다. 운전과 길 찾기는 타고났다고 자부했는데 공항에서 구한 작은 지도 한 장만으로는 역부족이었다(당시에는 내비게이션이 없었다). 지리 정보를 충분히 숙지하지 않은 것은 변명의 여지가 없는 초보 여행자의 실수였다. 결국 밤하늘에 빛나는 별들의 위로를 받으면서 숙소에 들어오자마자 침대에 쓰러져 잤다.

다음 날 아침, 드디어 결전의 날이 밝았다. 이날은 인텔 폴섬 사이트에서 총 일곱 명의 매니저들과 인터뷰 일정이 잡혀 있었다. 가장 먼저 만난 인사과 직원이 회사의 역사, 복지 정책 그리고 추후 비자 문제 해결 방법 등에 대해서 일러주었고, 마지막으로 당일 인터뷰 일정을 꼼꼼하게 체크해 주었다. 그러고 나서야 매니저들의 면면을 확인했는데, 그 명단을 보자마자 나는 침을 꿀꺽 삼키고 심호흡을 할 수밖에 없었다. 면접관 중 일부는 당시 'IBIS(I/O Buffer Information Specification)'*라는 모델을 세계 최초로 개발해 반도체 시장의 이목을 집중시킨 장본인들이었다.

만만치 않은 인터뷰가 될 것 같다는 생각에 인터뷰 시작 전부터 다리에 힘이 풀리고 말았다. 나는 약간의 흥분과 긴장이 섞인 몽롱한 상태에서 인터뷰를 시작했다. 감사하게도, 전체적으로 분위기는 호의적이었다. 전화 인터뷰 때처럼 기술적인 질문을 심도 있게 하는 사람은 없었다. 매니저들 대부분은 나를 동양에서 온 천재 엔지니어마냥 대접해 주었다. 아마도 내 논문 실적을 보고 그런 판단을 했던 게 아닐까 생각한다. 그들이 정말 내 논문들을 질적으로 평가했는지의 여부를 내가 확실히 알 방법은 없지만 뭐 어떤가. 나는 박사 과정 중에 기회가 주어질 때마다 학회에서 발표하거나 논문을 발표했는데, 그렇게 차곡차곡 쌓은 논문이 대략 50편이 넘었으니 분명 양적인 수준에서 인터뷰 담당자들을 압도할 만했다는 점은 적어두고 싶다.

졸지에 천재 엔지니어 대접을 받았던 나의 첫 실적 인터뷰는 이처럼 어색한 공기 속에서 시작되었다. 그럼에도 환대를 받고 있다는 느낌은 확실히 받았다. 공격적인 질문도 많지 않았고, 또 질의응답 자체가 회사 이야기를 중심으로 흘러가면서 화기애애한 분위기가 조성되었다. 그들은 이미 나를 자신들의 동료이자 같은 회사 식구로 받아들이는 것 같았다.

---

* 회로 설계를 위한 칩의 기본적인 정보를 담는 것

진정 인텔이라는 세계 굴지의 기업이 나를 원한단 말인가! 그때 이미 나는 인텔의 사원증을 가슴에 단 것만 같았다.

고용 담당 매니저와 저녁 식사를 할 때도 같은 기분이었다. 나와 함께 저녁을 먹은 그 매니저는 이미 다른 매니저들이 작성한 인터뷰 평가서를 들고 있었다. 그는 내게 다른 회사로부터 오퍼를 받은 게 있는지, 또 다른 회사와 계약을 이행해야 하는 사항이 있는지 물었다. 나는 대답했다. "미국에 오기 전에 필립스반도체와 인터뷰를 했으며, 이미 그 회사로부터 오퍼를 받은 상태"라고 말이다. 이것 말고도 더 있었다. "삼성에서 5년간 장학금을 받아서 10년 동안 그 회사에서 근무해야 하며, 계약 불이행 시 지불해야 할 금액이 대략 6만 달러 정도 된다"는 것도 말이다.

그러자 그가 결단을 내리듯 내게 조건을 제시해 주었다. 그는 정식 오퍼가 나오기 전에 구두로 오퍼를 작성하겠으며, 계약 조건은 고용 보너스 12만 달러, 이주비 4만 달러, 거기에 8천 주의 주식을 주겠다고 말했다. 예상치 못했던 높은 금액에 한 번 놀랐다.

하지만 내게는 아직 한 번 더 놀랄 일이 남아 있었다. 그가 제안한 또 다른 조건 때문이다. 보통 인텔 엔지니어의 직급은 3~13단계로 구분하고 있는데 나는 7단계, 그러니까 한국으로 치면 차장급 정도에서 일을 시작할 수 있게끔 배려해주겠다고 했다(인텔은 보통 박사 학위를 받고 오면 이 단계에서 시작한다고 했다). 오퍼를 주는 것만으로도 감사한데, 과분할 정도의 대우여서 아연실색할 지경이었다. 아직 다른 회사 인터뷰 일정이 한참 더 남아 있었지만 이런 좋은 조건을 놓치면 안 된다고 생각했다. 어쩌면 그때 나는 이미 인텔의 직원이 되겠다는 결심을 하고 있었는지도 모르겠다.

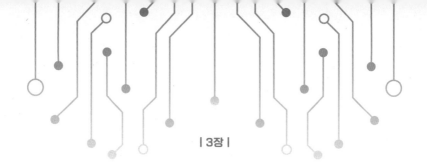

3장

인연의 시작은
고난으로 시작된다

인텔의 조건이 마음에 들었던 것과는 별개로, 원래 계획한 '드림 트립'의 일정은 이어가야 했다. 나는 마이크론 테크놀로지(Micron Technology)와의 인터뷰를 위해 북쪽에 위치한 아이다호주의 보이시로 갔다. 지리적으로는 아이다호 남서쪽에 위치한 보이시는 해발 고도만 825미터에 이르는 고산지대다. 도심은 평지에 위치하고 있으나, 그 주변으로 산들이 병풍처럼 두르고 있다. 특히나 로키산맥의 끝자락이 북동쪽에서 남동쪽 방향으로 뻗어 있어, 겨울이 되면 산을 뒤덮은 눈이 도시 전체를 하얗게 비추면서 한 폭의 그림 같은 장관이 펼쳐진다.

첫인상은 그다지 좋지 않았다. 내가 갔을 때가 12월이었으니 이미 곳곳에 눈이 쌓여 있었다. 쌀쌀한 날씨는 차치하고 높은 지형과 시야를 가로막는 산들이 답답했다. 타지로 나가려면 비행기를 이용하는 편이 좋을 정도로 고립된 곳이라는 생각에 숨이 턱 하고 막히는 기분이었다.

외부 세계로부터 조금은 동떨어진 곳이라서 그런지 사람들의 모습에서 느긋함을 볼 수 있었다. 그들은 남들보다 느리게 걷고 남들보다 느긋하게 일하면서 누구보다 여유롭게 살아가고 있는 듯했다.

이날 인터뷰를 하기로 했던 마이크론 테크놀로지는 1978년 설립된 유서 깊은 메모리반도체 회사로 해당 분야에서 삼성과 세계 1, 2위를 놓고 경쟁을 벌이던 곳이었다. 그 때문인지 인터뷰 전부터 내심 마이크론 테크놀로지와 삼성을 저울질해 보고 있었다. 사실 그런 짓궂은 생각은 면접을 앞두고 긴장감을 해소하기 위한 자기 치료에 가까웠다. 대한민국은 반도체 시장에서 최강국으로 군림하고 있고, 나로 말할 것 같으면 그런 나라에서 교육받은 엔지니어이기 때문에 괜히 면접관 앞에서 주눅들 필요가 없다는 식으로 자기 최면을 걸었던 것이다.

총 7명의 매니저와 인터뷰를 했다. 대체로 호의적인 분위기를 넘어서내 집 안방에 있는 것처럼 편안한 느낌을 받았다. 그들은 나를 회사 곳곳으로 안내하면서 자신들이 시뮬레이션한 도구나 측정 장비를 보여주었다. 이런 여유 있는 대화 분위기 때문에 역으로 나 자신을 적극적으로 홍보할 틈도 생겼다. 나는 인터뷰 중간중간 미리 준비해 간 자료나 샘플들을 꺼내 놓으며 즉석에서 자기 홍보를 하기도 했다. 그곳의 매니저들은 내 이력을 훑어보면서 어떻게 한국 박사들은 단기간에 그렇게나 많은 실험과 연구를 할 수 있는지 이해할 수 없다는 눈빛을 보였다. 입을 다물지 못하는 그들의 모습을 보자 저절로 어깨가 올라갔다.

화기애애한 분위기는 점심 식사 시간으로 이어졌다. 당시 크리스마스를 보름 정도 남겨둔 상황이었는데, 매니저들은 모두 크리스마스 연휴를 어떻게 보낼지에 대해서 이야기를 나누었다. 사내 파티를 열자는 이야기가 나오면서, 크리스마스 트리를 만드는 방법에 대한 대화가 오갔고, 한 술 더 떠서 가족 선물로는 뭐가 좋을지를 두고 갑론을박을 벌이기도 했다. 밥 먹는 시간 내내 업무와 관련된 이야기는 단 한마디도 나오지 않았다. 알고 봤더니 마이크론 테크놀로지는 크리스마스 약 보름 전부터 회사 전 직원이 휴가에 들어간다고 했다. 보이시라는 도시에 처음 왔을 때 느꼈던 아늑함과 여유를 마이크론 테크놀로지 안에서도 느낄 수 있었다. 반도체 분야에서 세계 최고라고 해도 어색하지 않을 그런 기업의 직원들이 일에 대한 강박감을 가지고 있지 않다는 게 마냥 신기했다. 놀 줄 아는 사람이 일도 잘한다는 말처럼, 그들은 노동과 삶의 균형을 유지하는 비법을 알고 있는 듯했다. 그들의 여유로운 모습이 내게는 문화적 충격이었고, 또 그렇게 일을 하는 그들의 모습이 매력적으로 보였다.

이날 만났던 마이크론 테크놀로지의 테리 리(Terry Lee)라는 매니저 또한 매력 덩어리였다. 그는 메모리 분야에서 활발히 활동하고 있는 엔지니어 중 한 명이었으며, 당시에는 고용 담당 매니저로 일하고 있었다.

훤칠한 키와 깔끔한 외모 덕에 실제 나이보다 젊어 보였고 행동 하나하나에서 신사 같은 분위기가 흘렀다. 그가 거둔 기술적인 성과만으로도 아우라를 뿜어내는데, 거기에 더해 사람 됨됨이까지도 좋으니 자석처럼 끌릴 수밖에 없었다.

인터뷰가 끝나고 테리 리와 오퍼에 관한 이야기를 나누었다. 인텔에서 구두 오퍼를 받을 때 그랬던 것처럼, 그도 내게 다른 회사에서 오퍼를 받은 게 있는지, 그리고 다른 곳과 계약으로 묶여 있는지 물었다. 실제로 그는 곧바로 오퍼를 주겠다는 확답을 주었는데, 그런 결단력 있는 모습을 보면서 매니저가 채용에 있어서 전권을 행사할 수 있는 위치에 있다는 걸 알게 되었다. 아마도 그날 테리 리가 보여주었던 결단력과 리더십이 장차 내가 매니저로 일하는 데 조금이나마 영향을 주었던 것 같다.

나와 마이크론 테크놀로지와의 인연은 그 후로도 계속되었다. 나중에는 학회에서 마이크론 테크놀로지의 매니저들을 만나는 경우도 많았고, 또 실제 업무에서 마이크론 테크놀로지가 협력 관계인 경우가 있어서 그들과 지속적인 교류를 할 수 있었다. 진심인지 농담인지 몰라도 그들 중 한 명은 나를 놓친 게 그들의 큰 실수였다는 말을 해주기도 했다. 비록 작은 인연으로 시작했지만, 마이크론 테크놀로지와는 오랜 시간 동안 같은 분야에서 선의의 경쟁자이자 또 마음속으로는 서로를 응원하는 친구 이상의 관계를 유지할 수 있었다.

나의 드림 트립은 서부에서 동부로 이어졌다. 같은 미국이었지만 서부의 끝에서 동부의 끝은 시차만 세 시간. 아침 9시에 비행기를 타자마자 시계를 오후 12시에 맞추었다. 뉴욕 공항에 도착했을 때는 저녁 6시였고, 숙소로 출발할 때 해가 지고 밤이 찾아오고 있었다. 터널을 가로지르듯 밤공기를 가르고 울창한 숲을 헤쳐 나가던 중에 한줄기 빛을 만났다. 그 길의 끝에서 IBM 왓슨 연구소를 만날 수 있었다.

IBM 왓슨 연구소(IBM T.J. Watson Research Center)는 일단 시각적으로 보는 이를 사로잡는다. 사계절 옷을 갈아입는 나무들이 즐비해 있는 수풀 한가운데 서 있는 IBM 왓슨 연구소의 외관은 초승달 모양에 가까웠다. 흡사 달이 바닥에 사뿐히 내려와 앉아 있는 것 같은 우아한 모습이었다. 1961년 완공된 이 연구소 건물은 세계적인 건축가 에로

사리넨(Eero Saarinen)이 설계한 것으로 총 3층 높이에 벽면 전체를 유리로 둘러 내부를 훤히 들여다볼 수 있다.

그리고 철제 구조물을 활용한 기하학적인 형상은 마치 건물이 하나의 생명체 같기도 했다. 건물의 주요 자재인 유리와 철의 모던함 그리고 연구소 내부의 조명이 일으키는 착시 효과로 인해서 깜깜한 밤중에 바라본 연구소는 흡사 미래 도시의 일부와 같이 느껴졌다.

IBM 왓슨 연구소는 노벨상 수상자를 다수 배출할 만큼 세계 최고의 두뇌들이 모이는 곳으로 명성이 자자하다. 또 그만큼 취업 과정에서 까다롭기로도 악명이 높다. 당초 이곳에서의 온 사이트 인터뷰는 1박 2일간에 걸쳐 총 17명의 매니저와의 일대일 인터뷰로 진행될 예정이었다.

그러나 체류 기간이 짧았던 내 사정상 모든 인터뷰를 하루 만에 소화해야 했다. 본의 아니게 오전부터 저녁때까지 1명당 30분꼴로 총 8시간 30분에 걸친 마라톤 인터뷰를 할 수밖에 없었다.

게다가 인터뷰 직전에 논문 발표를 해야만 했다. IBM 왓슨 연구소에는 지원자가 자신의 연구 분야에 대해서 공개적으로 발표하는 전통이 있었다. 아침에 도착하자마자 당시 최종 심사만을 남겨두고 있던 내 박사 학위 논문을 가지고 약 30분에 걸쳐 발표를 했다. 어눌한 영어로 겨우 발표를 끝내고 객석에 앉은 연구원들의 고강도 질문에 가까스로 응답하고 퇴장할 때였다. 앞서가던 수석매니저가 자신보다 한 단계 아래에 있는 매니저에게 "저 사람 전화 인터뷰한 것 맞아?"라고 묻는 걸 우연히 들었다. 순간 심장에 총 맞은 것처럼 그 자리에 곧추서 버리고 말았다. 어눌한 내 영어가 문제였는지, 아니면 내 연구의 질이 낮았는지 확실하지는 않지만, IBM 왓슨 연구소의 문턱이 높다는 것을 뼈저리게 느낄 수 있었다.

첫 단추를 잘못 채웠다는 생각에 인터뷰 하나하나가 모두 고역이었다. 잠시 쉴 틈도 없이 한 직원의 안내에 따라서 각 방을 돌아다니면서 인터뷰를 했다. 점심도 대충 음식물을 위로 밀어 넣겠다는 생각으로 빨리 해치워야 했다. 그러던 중에 문득 마이크론 테크놀로지에서 여유롭게 즐겼던 점심 식사가 생각이 났다. 천국에 있던 게 분명 엊그제인데. 그렇게 정신없이 온갖 모욕과 굴욕을 삼켜가면서 천신만고 끝에 인터뷰를 모두 마쳤을 때다. 이제는 진짜 쉴 수 있겠지 하는 마음으로 발걸음을 옮기는데 한 매니저가 다가와서는 저녁 식사가 남았다고 했다. 물론 그 저녁 식사도 인터뷰의 연장이었다.

매니저들이 부부 동반으로 참석해 지원자와 함께 식사하는 것이 인터뷰의 마지막 관문이었다. 이 또한 IBM 왓슨의 전통으로, 일상적인 식사 자리를 통해서 지원자의 사교력과 친화력을 평가하는 것이다.

나와 같은 지원자에게 가장 힘든 부분은 매니저의 아내들과 대화를 나누는 것이었다. 모든 엔지니어가 자기 전공 분야에 관해서는 책 한 권 분량의 이야기를 꺼낼 수 있겠지만, 미국 여성들과의 대화에서는 속수무책으로 벙어리가 되기 쉽다. 평소 여성들이 즐겨 보는 드라마에 대한 배경 지식을 늘어놓고, 옷과 액세서리, 그리고 자녀 교육에 관한 시시콜콜한 대화에 능청스럽게 낀다는 것 자체가 엔지니어로서 반평생을 살아온 사람에게는 불가능한 일에 가깝다. 혹여 IBM 왓슨 연구소에 지원할 요량이라면 이러한 비공식적인 인터뷰가 있다는 사실도 기억해두길 바란다.

IBM 왓슨 연구소의 인터뷰는 체력전이다. 논문 발표에서부터 매니저들과의 긴 인터뷰는 지원자를 발가벗겨 놓기 때문에 행여나 준비가 부족한 사람은 망신당하기에 좋다. 그래도 이때의 경험으로 배운 게 하나 있다. 살아가면서 모욕과 굴욕의 순간은 언제 어디서든 찾아오기 마련이며, 그 순간을 이겨내면 전에 비해 더 단단한 사람이 될 수 있다는 것이다. 인간은 '그럼에도 불구하고 웃을 수 있는 힘'을 가진 유일한 동물이다.

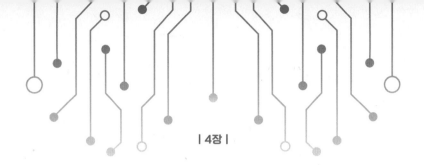

4장

투자와 도전보다
자리 잡기에 전력을 다하다

다음날 찾아간 곳은 펜실베이니아주 앨런타운에 위치한 '옵트로닉스(Optronics)'였다. 지금은 없어진 이 회사는 당시 벨 연구소 출신의 엔지니어들이 모여 만든 광통신 분야의 회사였다. 1925년에 세워진 벨 연구소는 전 세계 정보통신 분야의 혁신을 주도해온 곳으로 그 명성과 역량만큼은 IBM 왓슨 연구소와 자웅을 겨루어도 손색이 없다. 옵트로닉스는 벨 연구소의 이름값을 등에 짊어지고 있었기 때문에 비록 회사 규모는 작아도 내실은 튼튼할 것이라는 믿음을 가질 수 있었다.

옵트로닉스는 앨런타운의 한적한 전원도시 내에 있었다. 여유로움은 있으나 때로는 그 여유가 적막감으로 다가올 정도로 조용한 곳이었다. 회사에 들어갔을 때는 직원들의 환대에도 불구하고 어딘가 모르게 불안한 기운이 스쳤다. 회사 체계도 덜 갖추어진 상태였다. 심지어 인사과 직원 한 명이 모든 지원자의 채용 과정을 조정하고 있었다. 그는 내 인터뷰 일정과 안내를 거의 전담하다시피 했다. 인터뷰 과정 자체는 무난했다. 회사 규모가 작고 인력이 부족했던 탓인지 생각보다 빨리 오퍼를 주겠다는 결정이 내려왔다. 다른 회사에서는 구두로 오퍼를 주고도 연봉 협상 등에 대한 상부의 결정이 있어야 정식 오퍼가 나오는데, 옵트로닉스는 모든 게 속전속결이었다.

당시 벤처 회사의 인기는 실로 대단했다. 도전적으로 출범한 신생 회사들의 잠재력은 일순간에 폭발해 천문학적인 경제적 보상을 안겨다 주었기 때문이다. 상당수의 엔지니어나 갓 대학을 졸업한 사람들이 창업하는 일이 잦았고, 그러한 신생 회사의 잠재력만을 보고 투자자들이 몰려들었다. 대부분의 벤처 회사들은 초기 멤버들에게 주식을 다량으로 주고 있었다. 당시 옵트로닉스도 신규로 채용한 엔지니어들에게 약 3만 주 정도의 주식을 배당해주었다. 만약 이 회사가 거대 기업으로 성장했다면 초기에 입사한 사람들은 돈방석에 앉았을지도 모른다.

하지만 나와 같은 해외 취업 준비생에겐 당장 손에 잡히지도 않는 일확천금의 돈보다 안정적으로 정착하기 위한 비자, 영주권, 시민권이 더 절실하다. 확실한 미래 보장이 없는 주식은 한낱 종잇조각에 불과하다. 벤처기업을 선택했을 때는 이득에 비해 손실이 더 큰 경우가 많다는 사실을 염두에 두어야 한다. 행여나 비자 문제가 해결되기 전에 회사가 파산이라도 한다면 영락없이 국제 미아 신세가 된다.

취업을 위해서 미국으로 간다면 벤처기업에 대한 환상을 경계할 것을 충고하고 싶다. 페이스북과 같은 기업을 예로 들며, 초기에 가능성을 보고 벤처기업에 참여하는 것도 좋다고 생각하는 사람도 있을 것이다. 분명 그 말에도 일리는 있다. 실제로 벤처 회사에 초기 멤버로 참여한 많은 이가 고속 승진을 보장받고 주식 부자가 되었던 사례 또한 부지기수이기 때문이다. 그러나 그와 같은 성공 신화는 인생을 건 도박에서 승자가 되었을 때만 잡을 수 있다는 걸 기억해두길 바란다. 현실은 냉혹하다. 미국에 갓 진출해 체류 보장 없이 일해야 한다면 하루하루가 풍전등화와 같기 때문이다. 미래에 대한 투자와 도전은 자리를 잡고 해도 늦지 않다.

10박 11일간의 긴 여정의 대미는 컴팩(Compaq)이 장식했다. 앨런타운에서 비행기로 3시간이나 더 떨어진 보스턴에서 컴팩과의 인터뷰가 남아 있었다. 돌이켜 생각해 보면 당시 인터뷰에 대한 기억보다 한 마음씨 착한 매니저에 대한 기억이 더 강하게 남아 있다. 그가 내게 베푼 호의와 배려는 지금도 잊을 수가 없다.

컴팩은 1982년 로드 캐니언(Rod Canion), 짐 해리스(Jim Harris), 빌 머토(Bill Murto)가 공동으로 설립한 곳으로 2000년 기준으로 업계 2위의 컴퓨터 판매 수익을 올렸던 회사였다. 단순히 판매량 부분만이 아니라 기술적인 부분에서도 시장을 선도하고 있었다. 당시에는 누가 더 빠른 컴퓨터를 만드느냐가 업계의 승부를 판가름하는 기준이었다. 그런 점에 있어서 1기가헤르츠(GHz) 칩을 업계 내에서 가장 먼저 개발한 컴팩은 속도 경쟁만큼은 타의 추종을 불허하고 있었다.

인터뷰를 하면서 말로만 듣던 엔지니어들을 눈앞에서 보고 있으니 나도 모르게 설렜다. 그때나 지금이나 엔지니어란 일상의 작은 혁명을 일으키는 사람이 되어야 한다는 것이 내 신조였다. 실생활에 적용 가능한 기술을 개발하여 사용자의 삶의 질을 높이고, 더 나아가서는 문명의 발전에 공헌하는 엔지니어가 이상적이라고 한다면, 컴팩의 엔지니어들은 그 이상의 표본이었던 것이다.

인터뷰는 녹록지 않았다. 당시만 해도 컴퓨터는 시장 변화에 민감했던 탓에 컴팩은 현장에 당장 적용 가능하며 시장 동향에 민첩하게 대응할 수 있는 실무적인 인재를 찾고 있었다. 또한, 컴퓨터 업계는 경쟁이 치열했기 때문에 남들과 비슷한 수준의 기술이 아니라 남들보다 빼어난 기술을 지닌 인재를 필요로 하고 있었다. 인터뷰 분위기 자체는 나쁘지 않았지만, 지원자를 압박하는 긴장감은 상당했다.

하지만 이런 공식적인 인터뷰의 딱딱함에도 불구하고, '데이브'라는 이름을 가진 한 매니저의 배려는 시종일관 나를 즐겁게 했다. 데이브와는 보스턴 공항에서 처음 만났다. 다른 회사의 경우 인터뷰에 앞서 매니저가 직접 공항까지 마중 나오는 경우는 없었다. 그런데 컴팩의 고용 담당 매니저였던 데이브는 예고도 없이 보스턴 공항에 나와 주었고, 그런 배려가 반가웠던지 나도 모르게 막역지우를 만난 것처럼 격한 인사를 나누었다.

공항 밖으로 나오자 허리춤까지 쌓인 눈이 가장 먼저 보였다. 매서운 날씨는 금방 내린 눈도 얼어버리게 만들 정도였다. 설상가상으로 내가 타고 가야 할 차량 위에 내린 눈이 얼어붙어 공항에서 옴짝달싹 못 하는 신세가 되어버렸다. 발을 동동 구르며 걱정하던 나와는 달리 데이브는 보스턴에서 이런 일쯤은 대수롭지도 않다는 듯이 태연했다.

보스턴에도 사계절이 있지만, 봄과 가을이 짧으며 상대적으로 여름과 겨울이 길다. 특히 겨울에는 눈 폭풍이 몰아치는 일이 잦은데, 한 번 폭설이 오면 일대 교통이 모두 마비될 정도다. 익숙한 건지 아니면 이골

이 나서 그런지는 몰라도, 데이브는 능숙하게 차 주변의 눈들을 치우기 시작했다. 그는 자기 와이프가 눈을 좋아하고 또 겨울과 눈이 보스턴의 자랑이라고 하면서 내 불안과 긴장을 풀어 주려고 노력했다. 그리고 눈을 긁어내는 도구를 가져와 혼자 땀을 뻘뻘 흘리면서 차창 위를 덮은 눈들을 치웠다. 사소한 배려이긴 하지만 살갑고 정겨웠던 그의 말과 행동에 적지 않은 감동을 받았다.

그의 배려는 내가 미국을 떠나 싱가포르로 돌아왔을 때에도 계속 이어졌다. 수시로 이메일을 보내어 나의 안부를 묻던 그가 하루는 이메일로 수십 장의 사진을 첨부해서 보내주었다. 그 사진은 죄다 보스턴의 눈 내린 정경을 담고 있었다. 데이브는 자기 와이프가 사랑하는 보스턴의 눈이라고 말했지만, 내심 그 사진은 눈 때문에 고역을 치른 나를 걱정하는 차원에서 보내준 것이었다.

한 사람이 한 회사의 이미지를 대변할 때가 있다. 한 사람의 성정이 마치 그 회사의 인격으로 느껴질 때가 있다. 나는 컴팩을 따뜻하게 기억한다. 보스턴의 그 무자비했던 폭설과 추위에도 불구하고.

나는 데이브가 남들보다 특별하게 선량한 마음을 가졌기에 그토록 친절한 것이었다고 생각하지 않는다. 그는 일을 삶으로 여긴 사람일 것이다. 연구가 자신에겐 일이 아니라 삶이었다고 말하는, 현대 진화 생물학의 거장 스티븐 제이 굴드처럼 말이다. 나는 어떤 회사에서 일하게 되건 데이브와 같은 사람이 되고 싶었다.

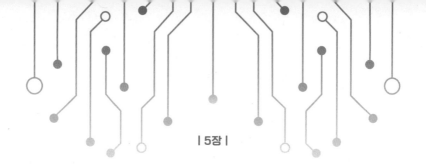

5장

인생의 새 출발,
시작할 수 있는 사람이 되다

　총 10박 11일의 미국 인터뷰 여행을 마치고 다시 싱가포르로 돌아왔을 때 내 손에는 필립스반도체, 인텔, 마이크론 테크놀로지, 옵트로닉스, 컴팩으로부터 받은 오퍼가 있었다. 바다는 채워도 사람 욕심은 못 채운다고 했던가. 아직 오퍼를 주지 않고 뜸을 들이고 있던 IBM 왓슨 연구소로부터 연락을 기다리는 내 모습이 딱 그랬다.

　사실 나와 같은 상황에 처한다면, 모든 엔지니어가 IBM 왓슨 연구소에 욕심을 낼 확률이 높다. 그 이름값만으로도 세계적인 엔지니어 반열에 오를 수 있고, 또 전적으로 연구에만 몰두할 수 있는 환경이 제공되기 때문이다. 그 연구소에 입성하는 것만으로도 탄탄대로를 보장받을 수 있다. 또한, 한국 출신 매니저로 당당히 세계적인 무대에 도전해 보고 싶었다. 당시 IBM 왓슨 연구소에는 7명 정도의 한국인 엔지니어들이 있었는데, 그들 대부분은 미국에서 유학생활을 했거나 포스트닥터 과정을 거쳐 정식 직원이 된 경우였다. 그래서인지 한국에서 곧장 연구소로 직행한 선례를 만들어보고 싶다는 도전 정신이 불타오르기도 했다.

결과적으로 IBM 왓슨 연구소로부터도 오퍼를 받았다. 고용 담당 매니저가 배려를 많이 해준 덕분인지 몰라도 오퍼를 받을 때부터 리서치스태프 멤버로 일하게 해주겠다고 했다. 보통 박사 과정을 마치면 포스트닥터 과정을 2년 정도 진행하고 난 다음, 리서치 스태프 멤버로 진급하는 것이 관례다. 인텔로부터도 나와 비슷한 조건의 지원자들보다 한단계 높은 직급을 약속받았다. 싱가포르 국영연구소까지 포함하여 총 7개의 회사로부터 오퍼를 받은 것도 놀라운데 일반 엔지니어들보다 직급을 높여준다는 게 도무지 믿기지 않았다.

아마 두 가지 이유 때문인 것 같았다. 내가 연구하던 분야는 당시 업계에서 시급하게 필요로 하는 핵심 기술과 관련이 깊었다. 2000년대 초반까지만 해도 CPU 경쟁은 곧 속도 경쟁이었다. CPU가 처리하는 데이터 용량을 기가헤르츠(GHz)로 끌어올릴 수 있느냐가 업계의 초미의 관심사였는데, 정작 그와 같은 속도를 높여줄 수 있는 칩 개발에 주력해온학교, 연구소, 연구자들의 숫자는 소수에 불과했다. 미국 내에서도 조지아텍, MIT, 버클리 등과 같은 몇 개 학교 출신의 엔지니어들만이 그러한분야의 기술을 보유하고 있었다. 자연스럽게 미국 기업들은 해외 엔지니어들에게 눈을 돌려 태평양 너머에서 공부한 나와 같은 외국인에게도관심을 보인 것이다.

게다가 전략적인 인터뷰 준비를 한 덕에 좋은 직급으로 오퍼를 받을 수 있었다. 한 회사에서 인터뷰가 끝나고 나면 고용 담당 매니저들로부터 가장 많이 받은 질문 중 하나가 다른 회사로부터 오퍼를 받은 게 있냐는 것이었다. 당시 나는 미국 인터뷰 트립 일정을 짜면서 6개의 회사에 양해를 구해 경비를 분담해줄 것을 요청했고, 그러면서 자연스럽게 각 회사의 매니저들에게 내가 지원한 회사에 대한 정보를 노출했다. 의도하지는 않았지만 나를 사이에 두고 회사 간에 경쟁이 벌어지는 우스꽝스러운 상황이 연출되었던 것이다.

급기야 회사가 나를 선택하는 게 아니라 내가 회사를 선택해야 하는 어처구니없는 일이 벌어졌다. 행복에 겨워 즐거운 비명을 지르면서 고민도 함께 시작되었다. 인터뷰 트립을 마치고 돌아와 크리스마스와 연말을 보내고 해가 바뀌어서도 쉽사리 결정을 내리지 못했다. 연봉이나 직급 면에서는 몇 개의 회사가 비슷한 조건을 제시했기 때문에, 결국에는 내 미래를 믿고 맡길 수 있는 회사를 고르는 게 최선의 길이라 생각했다.

엔지니어 대부분의 장래는 학계와 현장이라는 두 가지 길로 나누어진다. 순수하게 연구자로서의 길을 걷고 싶다면 연구소가, 현장에서 기술 및 제품 개발에 참여하고 싶다면 기업이 좋을 것이다. 모교에 있는 교수님들은 더 넓은 안목을 가지고 내가 한국에 돌아왔을 때까지 고려해 보라고 조언해 주셨다. 당시 나는 학교보다는 현장에서 내 기술을 적용해 보고 싶다는 바람이 컸다.

최종적으로 나는 인텔을 선택했다. 전화 인터뷰에서부터 온 사이트 인터뷰를 거쳐 최종 결정까지의 대장정의 시간만 6개월이었다. 2001년 1월, 인생의 새 출발을 하기에 더할 나위 없이 좋은 타이밍이었다.

나는 실리콘밸리 첫 출근일인 2001년 8월 27일을 잊지 못한다. 그날

아침에 일어나서 잠자리에 들기 직전까지 모든 일과 내 일거수일투족을 지금도 세세하게 기억할 수 있다.

아침에 일어나 아버지가 사준 양복을 꺼내 입었다. 그 양복으로 말할 것 같으면, 미국으로 출국하기 직전 부친께서 당신 아들의 첫 출근을 기념하기 위해 사주신 맞춤 양복으로 30년 이상 외길을 고집해온 전문 재단사가 한 땀 한 땀 정성 들여 만든 옷이었다. 거기다 아내가 손수 다려준 와이셔츠를 입고 한국 백화점에서 새로 산 구두까지 신었으니 웬만한 영국 신사도 부럽지 않을 만큼 말쑥하게 차려입었던 것이다. 당시 내 복장은 전장에 나가는 병사처럼 물샐틈없이 완벽했고, 내 마음가짐은 소풍 가는 아이처럼 들떠 있었다. 꿈에 그리던 미국 실리콘밸리 회사의 정식 직원으로서의 첫 출근은 그렇게 요란했다.

그런데 설렘은 사무실에 들어서자마자 산산조각이 났다. 인사과에 가서 간단하게 몇 가지 서류를 작성하고 개인 노트북을 받아들고는 배정받은 부서로 갔다. 사무실 문을 열고 들어서는 순간 내 복장이 어색하다는 걸 직감했다.

동료 중 누구도 정장을 갖춰 입은 사람이 없었다. 누군가는 반바지 차림이었고, 또 누군가는 그냥 주말에 흔히 볼 수 있는 평상복 차림이었다. 군인에게는 전투복, 농부에게는 작업복, 운동선수에게는 유니폼이 어울린다면 엔지니어에게는 그냥 평상복이 어울렸던 것이다.

나를 한 번 더 당황케 했던 것은 한 엔지니어와의 만남이었다. 내가 배치받은 부서에는 아시아계 사람들이 많았다. 일본인, 중국인, 인도인 등. 눈으로 동료들의 얼굴을 훑는 동안 유독 내 시선이 한 명에게 못 박혔다. 그 주인공은 바로 인텔에서 IBIS(I/O Buffer Interface

Specification) 모델을 창시한 알파드 무라니(Arpad Muranyi)였다. 반도체 분야에서 일하는 사람치고 그를 모르면 간첩이라고도 할 수 있다. 그런 세계적인 개발자와 한 부서에서 일하는 건 기적 같은 일이었지만, 그가 직급상 나보다 한 단계 아래였다는 건 재앙과 같았다. 그렇게 입사 첫날부터 인텔이라는 기업의 입지와 위상을 뼈저리게 실감할 수 있었다.

저녁에는 인텔 폴섬 사이트에서 근무하고 있던 한국인들이 나를 위해서 조촐한 환영회를 마련해주었다. 인텔 폴섬 사이트의 전 직원은 6천 명 정도였고, 그중 한국인은 고작 7명에 불과했다. 한국인 구경하기가 하늘의 별 따기였던 곳에 새로운 사람이 왔으니 다들 얼마나 반가웠을까. 나 또한 머나먼 이국땅에서 동향 사람을 만난다는 사실이 반가웠다. 그런데 막상 환영회 자리에서 나를 처음 본 한국 동료들의 얼굴에는 반가움보다는 당황한 낯빛으로만 가득했다.

사건의 전말은 이랬다. 내가 미국에 도착하기 전부터 한 선배가 나에 대한 근거 없는 소문을 퍼뜨렸다고 한다. 한국에서 곧 도착할 미지의 사나이가 큰 키에 건장한 체구를 자랑하며 나름 수려한 외모에 매너까지 갖추었다고 입소문을 냈던 것이다. 어떤 연유로 그런 소문을 냈는지 알 수 없지만, 덕분에 사람들은 나에 대해 온갖 상상의 나래를 마음껏 펼치고 있었다. 상상에 비례해 실망도 컸던 까닭에 한국인 동료들은 나를 보자마자 환영의 인사 대신 나훈아라는 별명을 지어주고는 한동안 나를 골려 먹었다. 단지 내가 곱슬머리라는 이유로 말이다.

실로 화려한 출근이었다. 그날 하루는 롤러코스터와도 같았다. 아침에 집을 나설 때만 해도 설렘으로만 가득했다가 회사에서 내내 충격적이고 황당한 일을 겪으면서 정신이 오락가락했다. 그래도 해가 뉘엿뉘엿 저물어갈 무렵에 휘황찬란하게 빛나는 인텔의 로고를 뒤로하고 집에 귀가할 때는, 가슴 한구석에서 뜨거운 불꽃이 피어오르는 걸 느낄 수 있었다.

이제 시작이다. 나는 시작을 할 수 있는 사람이 되었다. 그것도 내가 원하던 곳에서, 내가 원하던 일을 시작할 수 있는 사람이 된 것이다.

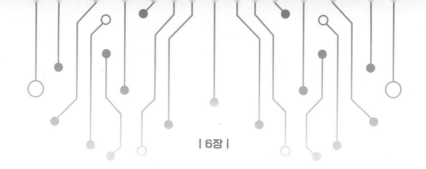

6장

메모리반도체 D램의 시작,
DDR1이 탄생하는 현장에서

이제 내가 인텔에서 했던 일을 설명하자면 먼저 DDR 얘기를 안 할 수가 없다. 한국이 강점을 갖고 있는 메모리반도체 최신 기술과 관련해 언론에 자주 등장하는 것이 바로 DDR5이다. 가령 2023년 6월 'AI 인기에 뜨거워진 DDR5'라는 뉴스 헤드라인이 주요 언론을 장식하는 식이다. 그렇다면 누구나 자연스럽게 DDR1이 있었을 것이고, 그것이 차례로 DDR2, DDR3, DDR4를 거쳐 최신 기술인 DDR5까지 이어졌을 것을 쉽게 짐작할 수 있을 것이다. 실리콘밸리에서 나는, 이 기술들의 발전 과정과 함께해 왔다.

DDR5를 설명하려면 현재 한국에서 생산되는 메모리반도체가 크게 D램 부문과 낸드 부문으로 나뉜다는 것에서 시작해야 할 것 같다. D램 부문은 내용을 자유롭게 읽고 쓰고 지울 수 있는 기억장치인 RAM(Random Access Memory)을 설명할 필요가 있다. 흔히 '휘발성 메모리'라고 불리는데 단기간에 메모리를 저장하고, 전원이 꺼지면 삭제되기 때문에 붙은 이름이다. 이 램의 성능이 높을수록 한 번에 많은 일을 처리할 수 있으며 여러 종류가 있지만 D램이 대표적이다.

낸드 부문을 알기 위해서는 '휘발성메모리'인 RAM과 달리 '비휘발성 메모리'인 ROM(Read Only Memory)을 기억해야 한다. 메모리에 정보를 저장하고, 전원이 꺼져도 지속적으로 정보를 유지하기 때문에 RAM과 다른 '비휘발성메모리'가 되는 것이다. ROM의 발전 과정에서 다양한 종류가 있었지만, 현재는 낸드(NAND)가 주로 생산되고 있다고 보면 되겠다.

그리고 DDR5는 최첨단 D램이다. D램 규격을 말하는 DDR(Double Data Rate)은 그 이름 자체에서 드러나듯 반도체가 저장하거나 변경하기 위한 데이터의 재생률(Refresh Rate)을 두 배로 하는 방식으로, 기본적으로 속도에 중점을 둔 설계 기술이다. DDR 뒤에 붙는 숫자가 1에서 2, 2에서 3… 이렇게 하나씩 높아질수록 그 이전보다 두 배 정도 속도가 빨라지고, 전력 소모량은 이전보다 30퍼센트 이상 줄어든다고 보면 된다.

인텔에서 나의 첫 번째 프로젝트가 바로 DDR1이었다. DDR이라고 하면 1998년 출시되어 전국의 오락실을 강타한 코나미의 게임 Dance Dance Revolution을 떠올리시겠지만, 바로 그와 같은 해인 1998년 태평양 건너 실리콘밸리에서는 또 다른 DDR이 개발되었다. 바로 목표 데이터 처리 속도를 333Mbps로 삼았던 DDR1이었다. 이 개발 프로젝트에 참여하던 내 도전적 목표는 그 속도를 400Mbps까지 확장하는 것이었다. 이를 달성해서 회사에서 상도 받을 수 있었다.

DDR1에 이어 DDR2가 자리 잡는 과정에서 문제가 발생했다. 어쩌면 반도체 아키텍처(설계도에 해당)를 완전히 다 바꿔야 할 정도의 문제였다. 이미 DDR1에서 DDR2로 바뀌는 과정에서 산업계가 막대한 비용을 투자해 새로운 아키텍처를 도입했음에도 가능한 최고 속도가 533Mbps에 불과했다. 이래서는 반도체 업계에서 더 이상의 투자대비 효과(ROI)가 나올 수가 없었다. 회사는 DDR2e TF(이 TF의 이름에서 'e'는 '확장'을 뜻하는 'extension'을 의미한다)를 구성했고, 내게는 TF팀의 수장을 맡겼다. 이 임무를 맡아서 할 만한 다른 사람을 회사가 찾기 어려웠을 것이다. DDR1 개발 과정을 성공적으로 완수한 나였기에 맡긴 것으로 이해한다. 우리 TF의 목표는 667/800Mbps까지 속도를 확장하는 것이었다. 기존 DDR 기술을 연구하는 데 수년이 걸렸던 것을 생각하면 더 시간이 걸릴 수도 있었겠지만, 나는 불과 2~3개월 만에 이 문제를 해결해 냈다.

그럴 수 있었던 비결에는 여러 가지를 들 수 있겠지만, 특별히 언급하고 싶은 것은 '협업'이다. 인텔 소속이었던 내가 삼성 및 SK하이닉스(당시에는 '하이닉스'였다)과의 협업에 열려 있지 않았다면 시간은 더 많이 걸렸을 수도 있다(이런 경험들을 바탕으로 나는 이 책의 5부에서 경쟁하는 회사들이라 하더라도 협업에 열려 있어야 한다는 의미의 '코피티션'의 중요함을 다뤘다). 나는 기술 문제 때문에 테스트 칩으로 삼성 제품을 사용하려고 했는데, 회사 측에서는 직접적으로 말은 안 했지만 원치 않는 기류가 느껴졌다. 삼성이 시장점유율 1위다 보니 인텔의 테스트베드(Test Bed, 새로운 기술·제품·서비스의 성능 및 효과를 시험할 수 있는 환경 혹은 시스템, 설비)로는 배제하려 했던 것이 아니었을까. 하지만 나는 해당 TF장의 권한으로 삼성의 것을 메모리 테스트 칩으로 사용했다. 이때 인텔의 시스템에 장착했을 때 삼성의 칩이 동작하는 것을 증명했기 때문에, 삼성은 DDR2e, 그러니까 667/800Mbps까지 속도가 나오는 시제품을 의도치 않게 성공할 수 있었다.

이 당시의 성과를 바탕으로 세계 반도체 표준을 정하는 제덱(JEDEC, 국제전기전자표준화기구)을 거쳐 업계의 표준을 바꿔낼 수 있었고, 이로써 667/800Mbps는 물론 이 표준을 적용한 대만의 일부 회사는 1066Mbps까지 속도를 낼 수 있는 스펙이 나왔다. 이 실적에 대해서도 역시 사내에서 주식을 포함해 큰 상을 받게 되었다. 2001년 8월에 들어온 내가 2003년 1/4분기에 상을 받게 되었으니 불과 1년 반 만에 거둔 성과였다.

스스로 밝히기 부끄럽지만, 그래도 청년 유웅환이 이 과제를 성공적으로 수행한 후 리더로부터 받은 칭찬을 기록하지 않을 수 없다. 이때 받은 칭찬은 고래를 춤추게 하듯 그 이후 내 성공적인 임무 수행에 영향을 미쳤기 때문이다. 나를 고용했던 매니저가 이렇게 말했다. "너를 고용하기 위해 비용을 제일 많이 들였던 것을 알고 있지?" 이 말은 사실이었다. 일반적인 엔지니어들이 일종의 계약금 조로 받는 금액이 잘해야 3~5만 달러 수준인 것을 감안하면, 내가 받은 17만 달러가량은 박사 졸업생 레벨에서는 인텔 역사상 가장 높은 수준이었기 때문이다. 이어 그가 얘기했다. "그런데 이제 나는 너를 뽑은 것에 굉장히 만족한다. 온갖 수고를 들이며 너를 뽑을 수 있던 것이 가치 있는 일이었다고 느낀다." 이것은 말에서 그치지 않고 나에 대한 일종의 평판조회서(추천서)에도 일정 부분

반영되었다. 나는 이 글을 읽는 독자 여러분 역시 '돈값 한다'는 평을 들을 수 있기를 바란다.

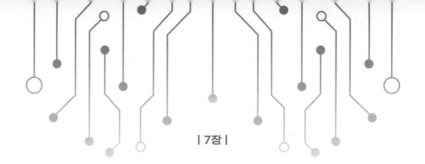

7장

인텔의 시스템반도체 플랫폼 부서장이 되다: 시스템반도체는 왜 중요한가

한편 DDR2e의 성공 이후 그 전까지는 부각되지 않았던 '크로스토크(Crosstalk, 누화)'라고 하는 보드의 잡음 문제가 대두되었다. 당시 우리 팀에서 맡아서 했던, 1066Mbps까지 속도를 내는 것에서는 크로스토크 문제가 없었다. 하지만 인텔의 '오리건(Oregon) 팀'이 맡아서 했던, 최소 1333Mbps부터 시작하게끔 속도를 올리는 작업에서 바로 그 크로스토크 문제가 발생하기 시작한 것이다. '네할렘(Nehalem)'이라고 하는 CPU 플랫폼에서 발생한 이 문제를 해결하는 것은 중요했다. '네할렘'은 훗날 우리의 주력 제품이 될 정도였으니 말이다. 이미 이것은 1년이 걸려 설계됐었고 또 추가로 1년이 이것의 '밸리데이션(Validation, 타당성 검증)' 작업을 위해 필요했다. 인텔은 계획된 1년 중 9개월 동안 밸리데이션 작업을 이어가며 이 문제를 다뤘지만 크로스토크가 발생하는 근본 원인(Root Cause)을 찾지 못해 전전긍긍했다. 캘리포니아주에 있던 내게 도와달라는 요청이 들어왔다. 나는 이 일에 급파돼 오리건 팀이 있는 오리건주로 향했다.

이 일을 함께한 동료는 밸리데이션 작업의 1인자였던 대만 출신의 폴 양(Paul Yang)이었다. 그는 메모리 실험에 탁월했다. 둘이서 함께 불과 한 달이 채 못 되어 이 문제를 찾아냈다. 나는 그에게 어떤 부분을 실험해야 할지를 일러주었고, 그는 실험을 수행하고 문제점을 찾아냈다. 우리는 환상의 콤비였다. 내가 이 문제에 대한 해결책을 찾아낸 뒤 만들어진 DDR3의 설계 표준은 현재까지도 인텔 플랫폼의 디자인 가이드라인에 들어가 있다.

이 일을 성공시킨 내게 인텔 초창기 멤버의 부사장이었던 스티브 스미스(Steve Smith)가 무엇을 갖고 싶냐고 물어 왔다. 나의 성공을 보고 대단하다면서 말이다. 그는 인텔의 플랫폼을 총괄하는 인물이었다. 그런 그가 원하는 것을 다 들어주겠다고 했으니 백지수표를 달라고 했었다면 어땠을까? 여러분들은 이런 상황에서 무어라고 답하시겠는가? 지금 생각해도 어떻게 이렇게 답했는지 놀라울 정도인데, 나는 이때의 나 자신이 대견하게 여겨지는 답을 했다.

"부사장님과 미팅을 한 달에, 한 번, 1대 1로 하고 싶습니다. 당신의 한 시간은 백만 달러의 가치가 있습니다. 저는 이 가치 이상을 만들 수 있도록 준비를 철저히 해서 당신과 미팅을 가지려 합니다."

그는 감동한 듯한 모습이었다. 나 자신에게도 이때의 이 답은 최고의 답이 되어주었다. 이후 그와 한 달에 한 번씩 미팅을 가지면서 나는 회사

경영의 가장 높은 수준에서 이루어지는 전략적인 사고와 방향성 설정 등에 대해 그에게 많이 배우게 되었기 때문이다.

이내 나는 '시스템반도체(SoC: System on a Chip) 플랫폼 전기적 설계'의 부서장이 될 수 있었다. 이 자리는 회사 임원의 바로 아래 단계에 해당했다. 내가 서른다섯일 때의 일이었다. 그리고 이 자리에서 나는 DDR4 개발 작업을 시작했다. 시작은 '패스파인딩(Pathfinding)'부터였다. DDR4의 플랫폼 하드웨어 아키텍처를 정하는 것부터 우리 팀이 개발의 전권을 소유하게 됐다. 우리 부문은 DDR4 모든 플랫폼의 인터페이스의 표준과 디자인 방법인 룰 등을 설정했다.

내가 시스템반도체 플랫폼 전기적 설계의 부서장이 된 것이 중요한 이유는 여기에 있다. 시스템반도체 안에 각종 컴포넌트(Component, '부품')들이 들어가는데, 이것들 각각의 스펙을 정해야만 하기 때문이다. 시스템반도체를 다루는 것이 중요한 것은, 시스템 전체의 컴포넌트 스펙을 정하는 '주도권'을 가지기 때문이다. 컴퓨터의 중앙처리장치인 CPU만도 아니고, 스마트폰의 중앙처리장치인 AP(Application Processor)만도 아니며, 그것들 각각의 서브 시스템(Sub System)에 이르기까지 전체적이고도 통합적인 솔루션을 주는 작업이었다. 이를 통해 내가 속한 인텔은 반도체 생태계를 통제할 수 있는 범위(Room)가 더욱 넓어졌다. 한국 반도체 업계가 메모리반도체뿐 아니라 시스템반도체를 해야 하는 이유도 여기에 있다. 시스템반도체는 대기업 홀로 할 수 없고 경쟁력은 벤처/중소 기업 및 대학교 등을 포함하는 반도체 생태계가 중요하다.

앞서 DDR2e의 개발 과정에서 나는 삼성 칩을 테스트베드에 사용했다고 말한 바 있다. 어떤 칩이 테스트베드 플랫폼에 처음 사용될지 역시,

전 세계적인 반도체 전쟁하에서 컴포넌트 회사에는 굉장히 중요한 이슈가 된다. 자국/자사 입장에서 더 유리하게 작용할 회사의 칩을 쓸 수 있으며, 칩에 대해 테스트를 먼저 해서 해당 회사가 시스템반도체 속 최적의 컴포넌트 스펙을 제일 많이 알게 되고, 그것도 먼저 알게 되는 것이다. 테스트 과정에서 얻은 데이터를 독점적으로 우선해 가지고 있으니 다른 컴포넌트 회사들이 당해낼 재간이 없다. 이처럼 시스템반도체에서는 '시스템'을 알고 있어야 하지, 전체에 해당하는 '시스템'을 모르는 상태에서 부분에만 해당하는 '컴포넌트'만 알고 있어서는 전체 시스템하에서 그 컴포넌트가 제대로 작동할지 아닐지 알 수가 없다. 시스템반도체의 '주도권'을 가진다는 것은 이처럼 중요하다.

내가 부서장으로 있으면서 인텔 전체에는 '고속 설계'에 대한 전체적인 이해(Visibility)가 생겼다. 이는 '주파수도메인 워킹그룹(Frequency Domain Working Group)'을 만들어 유지함으로써 가능했다. 이것은 지금도 인텔 내에서 가장 많이 알려진 기술포럼 중 하나다. 당시 기준으로는 이 포럼처럼 수년간 매주 열리는 포럼이 없었으니 말이다. 또한, 나는 1년에 한 번씩 가지는 '인텔 내부 컨퍼런스(Intel Internal Conference)'를 만들어서 인텔 구성원 300~500명가량을 모이게 했다. 이들을 통해서 고속 플랫폼 설계에 대한 것을 동료 기술자들에게 전파할 수 있었고, 그 설계 기법 쪽 역량이 전반적으로 향상될 수 있었다. 이렇게 역량이 향상되면 문제가 생길 때마다 그때그때 땜질 처방하는 식 수준에서 그치지 않을 수 있게 되고, 그 이상의 성과를 기대할 수 있게 된다.

다시 돌아와 '주파수도메인 워킹그룹'의 목적을 설명하자면, 인텔의 시스템 안에서 주파수의 한계(Frequency Limit)를 극복하게 하는 '이네이블러(Enabler)'들을 찾아내게끔 하는 것이었다. 다시 표현하자면, 속도를 더욱 끌어올리는 데 있어서 특정 주파수에서 물리적인 특정한 현상이 발생해 문제가 되는 경우가 있으며, 이를 극복하기 위한 이네이블러를 넣어야만 한다. 주파수의 한계를 극복하는 이네이블러를 찾는 것은 반도체 플랫폼의 한계를 극복하는 것이기도 하고, 결과적으로 칩의 속도를 결정짓는다. 다소 어렵게 들린다면, 이를 설명하기 위해 이런 예시를 들고 싶다.

동영상 품질 스펙으로 풀HD(1080p)를 넘어 4K(2160p), 8K(4320p) 등을 한 번쯤 들어보셨을 것이다. 그런데 동영상 품질을 올렸을 때 영상이 바둑판 모양처럼 깨지는 상황을 겪어보시지 않으셨는가? 이게 4K에서 8K로 두 배 좋아지게 되려면, 그만큼 '일정 시간 내에 처리해야 할 데이터량(스루풋, Throughput)'이 많기 때문에 동시에, 빨리, 데이터를 뿌려주는 기술이 중요해진다. 이때 뿌려주는 데이터는 메모리반도체에서 가져오기도 하고 시스템반도체인 CPU가 계산하기도 하는데 이것들 모두 빨라야만 한다. 하여간 데이터가 들어오고 나가는 가운데 병목(Bottelneck) 현상에 걸려서 속도가 느려지는 경우가 있다. 이때는 필요한 만큼의 데이터가 빠르게 전송되지 않기에, 특정 순간에 데이터 일부분만 시현(示現)된다. '영상 깨짐' 현상은 이렇게 발생한다. 그리고 이것을 극복하려는 게 반도체 성능 향상에 있어 가장 중요한 이슈 중 하나다.

이 이전까지 인텔은 이처럼 빠른 병렬(Parallel) 인터페이스 시스템을 설계할 역량이 많이 부족했다. 하여간 2006년 당시의 내가 '시스템 반도체 플랫폼 전기적 설계'의 부서장으로 있으면서 기울였던 노력에 힘입어 결국 DDR은 1600~3200Mbps의 초당 데이터 전송속도를 가진 DDR4로 한 세대 더 발전하게 되었다.

DDR4는 불과 작년인 2022년까지도 대한민국 반도체 산업을 이끈 핵심 주력 상품이었다. 차세대 D램 규격인 DDR5가 이미 2009년 말에 개발되었음에도 2023년 지금 현재도 DDR5는 전 세계적으로 DDR4의 자리를 아직 완전히 대체하지 못하고 있다. 그것은 지금으로부터 십수 년 전 만들어진 DDR4임에도, 문제가 발생하는 일이 거의 없게끔 전반적인 설계가 탄탄했었기(Robust) 때문이다. 내가 반도체 전문가로서 지금도 자부심을 느끼는 이유다.

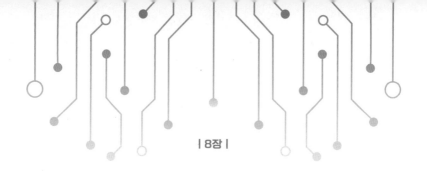

8장

실리콘밸리 다섯 사람이 할 일을
혼자서도 해내는 한국의 인재들, 그리고…

나는 이와 같이 인텔에서 PC 및 서버 쪽과 관련된 반도체 일을 하다
가 한국으로 돌아왔다. 삼성 모바일 반도체 쪽으로부터 들어온 제안을
수락한 것이 계기였다. 삼성에서의 나는 스마트폰의 중앙처리장치인 AP
및 그 서브 시스템들을 담당하게 되었다. 원래는 AP 칩만의 솔루션을
찾는 임무를 맡았으나, 나는 인텔에서와 마찬가지로 고속 설계 플랫폼을
삼성전자에서도 찾아 나갔으며 서브시스템에 대한 설계 역량을 강화시
켰다.

처음 내게 주어진 임무는 전 세계에서 가장 빠른 메모리를 장착한,
해상도가 가장 높은 '크롬 태블릿(Chrome Tablet)'과 관련한 거였다.
여기서 화면이 바둑판처럼 깨지는 현상이 발생했다. 이 문제는 삼성이

구글(Google)과 함께 해결해야 하는 프로젝트이기도 했다. 이 프로젝트의 이름은 '가이아(Gaia)'였다. 내가 삼성전자에 온 지 3개월도 안 된 시점에 나는 이 프로젝트에 투입돼 TF를 구성했는데, 우리에게 주어진 시간은 많아야 한 달이었다. 나는 함께한 동료들과 2주도 채 안 돼 원인을 알아냈다. 이미 인텔에서 겪었던 것과 유사한 문제였기에 빠르게 해결이 가능했다. PC에서 생기는 문제가 모바일에서도 똑같이 생겼던 것인데, 물리적인 내용은 거의 같았다. 더구나 PC보다도 모바일에서는 물리적인 길이가 짧기 때문에 문제를 더욱 빨리 해결할 수 있었다.

참고로 자동차에 쓰이는 반도체의 경우를 보자. 모바일보다 PC에서 물리적인 길이가 늘어나듯, 자동차의 경우는 PC보다도 물리적인 길이가 훨씬 더 늘어난다. '물리적 길이'가 늘어난다는 것은 '전기적 길이' 역시 같이 늘어난다는 것을 의미한다. 에쿠스만 해도 3200개 정도의 반도체가 들어갔다. 이렇게 되면 설계하는 입장에서는 굉장히 까다로워진다. 따라서 더 많은 노하우가 필요한 것은 당연하다. 나는 이후 현대자동차 연구소에서 일하게 되었을 때, 이 당시 축적한 노하우를 바탕으로 자동차 기술을 발전시키는 데 많은 노력을 기울이게 되었다. 반도체가 잘 작동하는지 신뢰성 검증 등을 맡았으며, 제어기 쪽의 '고속 설계'나 미래의 멀티미디어 커넥티비티(Connectivity: 차량을 다른 것과 연결함으로써 AI, IoT 등의 기능을 이용할 수 있게 함) 등에 관심을 기울였다. 훗날 SK텔레콤에 와서는 여러 가지 통신용 시스템과 통신 분야에 쓰이는 반도체에 대해서도 많이 볼 기회가 있었다. 반도체 전문가로서의 본능과도 같았던 모양이다.

다시 돌아와 삼성 시절 이야기를 이어가겠다. 삼성에는 '삼성기술상'

이라는 이름의 내부 시상식이 있다. 회장이나 부회장이 초청되어 시상에 나서고, 상금은 최대 1억 원가량 되는 그런 행사다. 그 자리에 가이아 TF를 통해서 기술적 문제를 해결한 것이 출품되었다. 태블릿이 고속으로 동작하는 가운데, 해상도가 가장 높은 화면을 띄우는 식이었다. 나는 인텔에서와 마찬가지로 삼성에서도 내부 테크 시상식에서 주요 상을 받아 나갔다.

설계를 잘하면 비용을 최소화할 수 있다. 그러면서 퍼포먼스는 유지해야 한다. 그 이후에 내가 맡은 또 다른 과제는 갤럭시S4의 3G 글로벌 제품에서 생긴 문제를 해결하는 것이었다. 150~200달러가량 되는 보드가 삽입돼 사흘간 생산된 340만 대 가량의 휴대전화였는데, 그 문제가 해결되지 않은 상태라면 회사는 약 7, 8천억 원 가량의 손해를 피할 수 없었다. 이 문제가 발견된 것이 토요일의 일이었기에 나는 우리 팀을 모아 자장면을 사줘 가며 함께 문제를 풀어냈다. 이 기술적인 문제를 해결함으로써 제품에 생긴 문제를 해결하는 데 7, 8천억 원가량의 손해를 단 2천만 원의 비용만으로 메꿀 수 있었다.

이와 같은 회사에 한 기여 이외에도 실리콘밸리로부터 배워온 '워크 스마트'를 종합적으로 인정받은 나는 삼성전자의 반도체 분야에서 최연소 상무가 될 수 있었다. 보통은 칩 분야(Chip Owner)에서 상무로 승진하곤 했지만, 플랫폼 분야(Platform Owner)에서 거의 최초로 상무가 될 수 있었다. 나는 그렇게 삼성의 모바일 고속 설계 부문을 이끌었다.

또 핵심 부서인 디자인 테크놀로지(DT) 팀을 맡았다. 반도체 디자인에서 기술 공정까지의 '설계기술 공동최적화(DTCO, Design Technology Co-Optimization)'가 여기에 포함돼 있으며, IP, 디자인 방법론(DM, Design Methodology), 플랫폼 솔루션, '일하기 좋은 직장(GWP, Great Work Place)' 등 '워크 스마트(Work Smart)'를 위해 굉장히 노력했다.

그러면서 느낀 것은 삼성전자의 구성원 한 사람이, 인텔에서 다섯 사람이 하는 일을 해낸다는 것이었다. 나는 실리콘밸리에도 있었지만, 한국의 젊은 인재들의 역량에 감탄을 금치 못했다.

내가 감탄한 사례를 들자면 이런 것이다. 반도체 분야의 국제적 학술대회로 '글로벌 디자인콘(DesignCon)'이라는 것이 있다. 이 대회에는 논문이 제출되었다고 해서 다 받아들여지는 것은 아니고 굉장히 채택률이 낮은 편이다. 세 편 중에 한 편 정도가 되는 정도다. 전 세계에서 유력한 글로벌 기업들도 그렇다. 그런데 삼성전자는 이 대회의 첫 데뷔 무대에서 여덟 편 중에 다섯 편이 채택됐으니 다른 회사들에 비하면 채택률이 매우 높은 편이었다. 이는 굉장히 의미 있는 성과였다. 삼성전자는 이후 '베스트 페이퍼 어워드'도 여러 건 계속해서 수상했다. 다만 이런 훌륭한 구성원들이 있는 것에만 만족하면 안 된다. 이들의 실력이 유지되고 그런 실력을 지닌 인재들을 우리가 끌어올 수 있으려면 기업문화만큼은 실리콘밸리에서 배워올 필요가 있다. 예컨대 한국에서는 이것이 어렵다. "It's OK to say NO", "It's OK to be sad", "It's OK to be different", "It's OK to ask for help", "It's OK to change my mind" 들이 말이다. '노'라고 말해도 괜찮을 수 있어야 하고, 더러는 슬픔과 같은 솔직한 감정을 표현해도 괜찮을 수 있어야 하며, '다름'이 인정되어야만 한다. 자연스럽게 도움을 요청할 수 있는 분위기도 만들어져야 할 것이다. 생각이 바뀌었다고 해서 눈치 볼 필요도 없다.

그런데 위와 같은 영어 문구는 내가 새로 만들어낸 것이 아니다. 미국의 유치원 교실에 붙어 있는 것들을 옮겨온 것이다. 고속성장 시대를 겪어온 기성세대에게 저런 것들은 쉽지 않았을 것이다. 안전지향적으로 접근할 필요성에 대해서도 나는 이해한다. 하지만 이제 그 기성세대는, 새로운 세대가 새로운 성장동력을 찾아갈 수 있도록 저것들을 가능하게 만들어야 한다. '예스맨'만 양산할 수는 없지 않은가.

'3요'라는 말이 있다. '이걸요?' '제가요?' '왜요?'라는 요즘 세대(MZ세대)의 질문에 기성세대들은 당황한다. 하지만 이것은 버릇없는 것이 아니다. 오히려 되게 중요하다. 나는 새로운 시대에 맞춰 인재를 끌어들일 만한 기업문화 혁신으로 'TOPIG 모델(Talent, Organization, Passion, Individual Develop, Great Work Place)'을 5부에서 제안하고자 하는데, '3요'를 여기에 맞춰 설명하면 다음과 같다. '3요'는 그 사람이 할 수 있는 일인지, 스킬을 가지고 있는지(Skillset)를 묻는 질문이다. 이는 TOPIG 모델의 재능(Talent)과 관련된다. '3요'는 조직(Organization)에 얼마나 기여할 수 있는지를 묻는 질문이기도 하며, 동시에 그 일에 열정(Passion)을 불어넣을 수 있게 만들어달라는 요구이기도 하다.

따라서 우리는 '3요'에 당황할 것이 아니라, 왜 그 일에 당신이 적합한지를(Right Person) 토론하고 설득할 수 있어야 한다. '까라면 까라'는 식이 통하는 시대는 지났다. 오히려 대한민국의 미래, 벤처스타트업을 육성하기 위해서 필요한 정신이 아니지 않을까. 이들을 통해 만들어지는 일자리가 희망이고, '창조적 파괴'를 동반한 산업 발전과 혁신이 희망이다. 벤처스타트업이 선진화된 직장 문화 속에서 좋은 인재들을 빨아들이게 되면, 대기업 역시 회사 문화를 바꿀 수 있을 것이다. 나는 그래서 다음 장에서는 우리 한국 사회가 배워야 할 실리콘밸리의 문화를 본격적으로 다뤄보고자 한다. 그것은 내가 반도체 열사로서 실리콘밸리에서 배워온 것이 반도체 분야에만 국한된 것이 아니라는 점과, 전 세계적인 반도체 전쟁의 와중에서 대한민국 반도체가 승리하기 위해 무엇을 염두에 둬야 할지를 알려줄 것이다.

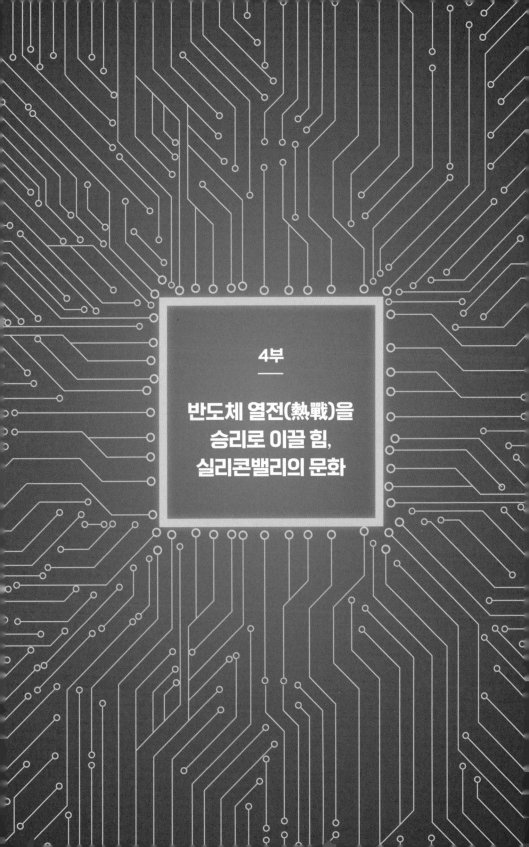

4부
—

반도체 열전(熱戰)을
승리로 이끌 힘,
실리콘밸리의 문화

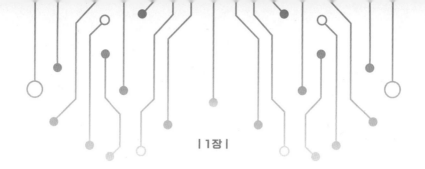

1장

실리콘밸리에서
맹자를 생각하다

　수차례 반도체 치킨 게임 속 부침은 있었지만, 실리콘밸리는 지금도 건재하다. 그 비결은 무엇일까? 10여 년 전, 삼성전자의 스카우트 제의를 받아 10년 동안의 실리콘밸리 생활을 마무리하고 한국으로 돌아오는 비행기 안에서 나는 맹자 말씀을 떠올렸다.

　그는 전쟁론을 설파하면서 '천시(天時)는 지리(地理)만 못하고 지리는 인화(人和)만 못하다'고 했다. 하늘의 뜻보다도 성곽을 탄탄히 쌓는 것이 중하며, 그보다 더 중요한 것은 지도자를 따라줄 민심이라는 말이다. 풀어서 쓰면 모든 일에는 때가 있으니(天時), 그것을 위한 만반의 준비를 갖춘 상태에서(地理) 사람들을 귀하게 여기는 마음가짐을 가지라는(人和) 말이 될 것이다. 비록 혼자 힘만으로는 천시와 지리를 극복할 수는 없겠지만, 인화는 마음만 먹으면 얼마든지 실천할 수 있을 것이다. 몸소 동료와 후배들에게 이로운 일을 행함으로써, 조직 내에서부터 조용한 혁명을 일으키겠다는 나의 마음가짐은 실리콘밸리에서 배운 것이다.

고대 동양철학자라니, 최첨단을 달리는 실리콘밸리와 어울리지 않아 보인다고 할지도 모르겠다. 하지만 실리콘밸리 전반에 확고하게 흐르는 전통을 알면 이해가 될 것이다. 바로 인재, 즉 사람을 귀히 여기는 문화다.

● 인재를 귀하게 여기는 문화

골드러시 시대에 서부에서 금광으로 부를 축적하고 철도회사를 운영했던 릴런드 스탠퍼드(Leland Stanford)는 1891년 '세상에 직접적으로 유용한 사람을 만들어야 한다'는 설립 원칙 아래 스탠퍼드 대학을 세웠다(이 설립 원칙을 들으며 내가 삶의 신조로 삼기도 하는 '널리 인간세계를 이롭게 하라'는 홍익인간(弘益人間)을 떠올렸다). 특히 스탠퍼드는 공학에 집중적으로 투자함으로써 대학과 연구소, 기업 간의 삼각편대를 구축했는데, 이를 바탕으로 대학이 산업 역군 및 인재를 길러내는 인큐베이터로서 기능할 수 있음을 몸소 보여주었다. 그리고 세상에 이로운 사람을 만든다는 그들의 교육관은 실제 결과로 나타났다. 1939년 HP를 창립한 윌리엄 휴렛과 데이비드 패커드는 스탠퍼드 전기공학과 출신이었다. 이들은 차고에서 시작해 회사를 창립했는데, 이는 후일 우리가 귀가 따갑도록 들었던 실리콘밸리의 수많은 '차고 창업 신화'의 원전(原典)과도 같다. 스탠퍼드는 구글의 두 창업자인 래리 페이지와 세르게이 브린 역시 배출했다.

지금도 스탠퍼드의 강의실에는 실제 창업을 해봤거나 실무 경험이 있는 교수진들이 강의를 하고 있다. 이곳에서는 투자자들이 학부생들의 졸업 프로젝트 발표회를 보고 현장에서 바로 계약을 맺는 진풍경이 펼쳐지기도 한다. 스탠퍼드의 반도체 분야 연구소들은 대학과 기업의 공생을 가능케 하는, 산학협력의 전통적이고 대표적인 모델이다. 여기서 대학과 기업의 관계를 단순한 전략적 동반자 정도로만 보아서는 안 된다. 그 이상이다. 끈끈한 정으로 이어져 있는 운명 공동체라는 말이 적합할지 모른다.

그걸 보여주는 대표적인 사례가 현직 경제계를 주름잡는 창업자 및 기업가들이 교육계에 기부하는 문화다. 스탠퍼드의 경우 동부의 아이비리그 대학들과 견주어도 남부럽지 않을 만큼의 재정을 확보하고 있는데, 이는 동문들이 자발적으로 낸 기부금 덕분이다. 선배들이 후배를 위해서 기부한 돈은 학생들에게 양질의 교육, 우수한 교원의 확충, 연구 지원 및 장학제도의 혜택으로 돌아오고 있다. 이와 같은 도움의 손길 덕분에 실리콘밸리 내의 대학들이 현장에서 요구하는 인재들을 지속적으로 배출할 수 있는 것이다.

학교와 기업 간의 선순환 구조가 갖는 저력은 수치로도 나타난다. 우선 취업률이 안정적이다. 구글은 매년 평균 5000명 정도의 신규 인력을 뽑는데, 이 중 스탠퍼드 대학교에서 1800명가량, 캘리포니아 대학교 버클리캠퍼스에서 1600명가량, 카네기멜론 대학교에서 900명가량을 뽑는다. 스탠퍼드 대학교는 구글 인력 충원의 핵심인 셈이다. 기부금 현황을 보면, 2010년 이후로 미국 고액 기부자 명단에서 실리콘밸리 출신의 기업가들의 이름이 다수를 차지한다. 페이스북의 마크 저커버그, 구글의 공동 창업자인 세르게이 브린과 래리 페이지는 빈곤 및 사회공헌에 이바지할 목적으로 기부금을 내놓고 있다. 또 2014년에는 현재 페이스북에서 일하고 있는 잔 코움이 왓츠앱을 매각하고 난 후 500만 달러를, 그리고 고프로의 창업자인 니콜라스 우드먼이 500만 달러를 실리콘밸리 지역재단에 기부해 화제를 불러 모은 바 있다. 이처럼 실리콘밸리의 성공한 기업가들은 자신들의 성장 발판이 되어주었던 지역 사회와 학교를 나몰라라 하지 않고 계속해서 재정적인 지원과 애정 어린 관심을 보내고 있으며, 이는 끊임없는 인재들을 배출하는 저력이 되고 있다.

● 대한민국, 제2의 실리콘밸리를 위해

지금 이 시간에도 전 세계 각국은 '제2의 실리콘밸리'를 목표로 미래를 선도할 산업단지를 조성해 가고 있다. 우리도 중앙정부와 여러 지자체가 '테크노밸리' 등의 이름을 붙이며 적극적으로 나서고 있다. 반도체에 초점을 맞춰 보면, 삼성전자와 SK하이닉스 등 관련 산업시설이 성남, 수원, 화성, 용인, 평택 등에 퍼져 있고 알파벳 K의 모양이 나와 'K-반도체 벨트'라 이름 붙여졌다. 다만 대한민국의 반도체 역량이 수도권에 집중되다 보니 수도권 밖 지자체들을 중심으로 앞다퉈 그 K의 크기를 수도권에서 국토 전체로 확장하려는 노력 역시 진행 중이다.

다만 피상적인 모방만으로는 실리콘밸리가 반세기 이상에 걸쳐서 이루어낸 족적을 따라잡지 못할 것이다. 무엇보다 앞서 살펴본 대로 실리콘밸리 경쟁력의 핵심을 이루는 것은 바로 산학연 협업이다. 이 산학연 협력은 민관 협업으로 뒷받침되어야 한다. 미국의 반도체 산업 역시 산업계만의 자체적인 노력으로 지탱되지 않는다. 통과를 앞둔 미국의 반도체 관련 법안(Chips Act)은 반도체 산업계에 약 69조 원을 지원하는 것을 골자로 한다.

산학연 협업과 이를 뒷받침하는 민관 협업은 대한민국 반도체 산업이 메모리반도체 또는 대기업 위주에서 벗어나 대중소 상생 생태계를 만들어 비메모리 분야이자 시스템반도체를 구성하는 팹리스와 파운드리의 동반성장도 가능하게 할 것이다.

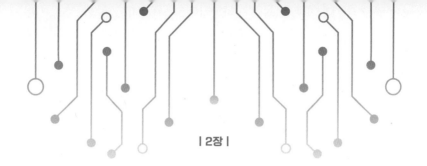

2장

산업의 꿈에
소비자가 반하게 하라

지금까지 세계 경제를 선도해온 산업에는, 그리고 지각변동을 일으켜온 기술에는 모두 인간다움에 대한 깊은 사색과 인간의 욕망이 담겨 있다. 구글이 그랬고, 애플이 그랬으며, 페이스북이 그랬다. 날개가 그러했고, 바퀴가 그러했으며, 휴대전화가 그러했다.

사람이 사람의 꿈에 반하듯, 앞으로의 산업 역시 그 산업의 꿈에 소비자가 반할 때 폭발할 것이다. 지금 내가 가지고 있는 역량이, 그리고 기술이, 지금 내가 고민하는 그 무엇이, 내가 품고 있는 비전이 사람들의 꿈과 고민과 해결되지 않는 욕망과 어떻게 연결되는지 보다 더 구체적으로 깊이 고민해야 한다. 그 뜨거운 고민의 결정체가 인문정신이다.

현재 실리콘밸리는 모바일 산업이 이끌고 있다. 2007년 스티브 잡스가 아이폰을 선보였을 때, 업계의 질서는 단숨에 애플을 중심으로 재편되었다. 그리고 2013년 애플, 구글, 인텔과 같은 회사들이 자동차 산업에 공식적인 참여를 선언하면서, 지금 실리콘밸리는 자동차를 중심으로 한 테크놀로지 혁명의 승기를 잡기 위한 각축전을 벌이고 있다.

2007년 아이폰의 출현은 전 세계 산업의 판도를 바꾸어 놓았다. 애플의 공격적인 사업 진출과 아이폰의 등장이 동시대에 미친 영향은 실로 광범위했다. 금속 재질의 물질성을 그대로 노출시키면서도 전화기의 디자인 원형은 그대로 살린 아이폰의 심플한 외관은 고객들의 심미적 욕구를 충족시켰고, 터치스크린 기술을 활용하는 촉각적 지각 방식의 인터페이스가 최적의 상태로 구현되었다. 뿐만 아니라 모바일 시대를 살아가는 대중들에게 상시 인터넷 접속의 꿈을 실현시켜 줌으로써, 스마트폰은 그 존재 자체만으로 인류의 새로운 신분증명서가 될 수 있었다. 이후 스마트폰 업계는 iOS 운영체제를 앞세운 애플과 안드로이드 운영체제를 앞세운 구글의 양강 구도 체제로 굳어졌다. 혹자는 애플의 아성이 예전만 못하다고들 하지만, 분명한 것은 아직도 모바일 혁명의 불길이 꺼질 기미가 보이지 않는다는 것이다.

좀 더 거시적인 안목으로 보았을 때. 실리콘밸리의 혁신은 크게 하드웨어 분야와 소프트웨어 분야로 나뉜다. 전통적으로 실리콘밸리는 하드웨어 플랫폼의 혁신으로부터 출발했다. 오늘날 일상의 조용한 혁명을 주도하고 있는 스마트폰이나 태블릿과 같은 스마트 기기에서부터 전기 자동차나 자율주행 자동차까지 하드웨어 분야의 영역은 날로 넓어지고 있다. 또한, 실리콘밸리는 소프트웨어와 애플리케이션 분야도 이끌고 있다. 애플리케이션 산업을 중심으로 갖가지 빛나는 아이디어들을 생산하는 엔지니어들이 매일 새로운 서비스 개발에 촉각을 곤두세우는 곳이 실리콘밸리다.

이러한 가운데 실리콘밸리에서는 새로운 혁명의 조짐이 보이고 있다. 이미 자동차 산업은 모바일 혁명을 이을 차세대 혁신 주자로 자리 잡았다. 미래 에너지원에 대한 관심에서 출발한 전기 자동차는 이제 IT 산업과 손을 잡고 자동차에 스마트폰 운영체제를 결합하는 단계에 도달했다. 자동차 사업에 애플, 구글이 본격적으로 뛰어들면서 이 분야는 장차 정보와 오락이 결합된 인포테인먼트(Infotainment) 산업으로 거듭날 것으로 보인다. 그럴 경우 자동차는 단순히 운송 수단이 아니라 자동차가 자율주행을 하는 가운데 사람들은 사무를 보거나, 음악을 듣거나, 독서를 하거나, 오락을 할 수 있는 복합적인 공간이 될 것이다.

자동차 산업이 각광받는 것은 제반 테크놀로지의 동반성장 덕분이다. 모든 사물이 항시 인터넷에 접속되는 사물인터넷(Internet of Things), 사물과 사물 간의 통신이 자유로운 사물통신(Machine to Machine)이 대표적이다. 이러한 기술적인 개념을 자동차에 도입한 커넥티드 카는 도로 교통 정보와 주변 지형 및 사람들의 움직임을 파악하여 스스로 주행로를 결정하고 속도를 조절할 수 있다. 바야흐로 자동차 산업은 또 다른 애플의 위상을 꿈꾸면서 도약을 준비하고 있다. 이것이 실리콘밸리를 현재진행형의 가능성이 있는 땅으로 보는 결정적인 이유다.

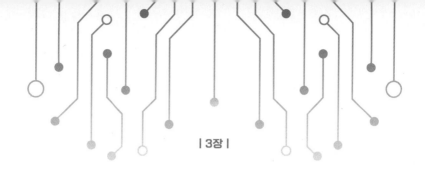

3장

경쟁의 기본 원리는
'파괴, 모방, 창조'

해외 유수의 산업단지들은 국가가 주도한 경우가 대부분이다. 이러한 계획 중심적인 산업단지는 대체로 수명이 짧다. 일례로 19세기 말 영국 산업혁명의 심장부 역할을 했던 트래포드파크(Trafford Park)는 1950년대까지 번성했으나, 새로이 나타난 지식 산업의 조류에 편승하지 못한 채 한동안 산업단지로서 제 기능을 다하지 못했다. 실제로 1980년대 말 무렵 민간, 정부, 기업들이 힘을 모아 트래포드 살리기에 나서기 전까지 사실상 이곳은 유령 도시와 다를 바 없었다.

실리콘밸리의 특징 중 하나는 자생성이다. 이곳에는 동종 업계들이 군집을 이루어서 유기적인 총체를 구성하고 있다. 비유컨대 원스톱 쇼핑이 가능한 곳이기도 하다. 소비자가 상품을 모두 한곳에서 구매하게끔 한다는 원스톱 쇼핑의 개념은 그 역사로 치자면 멀리 백화점이 최초로 등장했던 19세기 말부터, 온갖 잡다한 물품들이 모이는 상설 시장의 등장까지 거슬러 올라간다. 속된 말로 시장은 없는 것 빼고는 다 있는 별천지 세계다. 실리콘밸리도 마찬가지다. 멀리 타국의 기업들과 협력하지 않고도 실리콘밸리 내부의 기업들과 손잡아도 세계 경제를 호령하고 선도할 역량이 갖추어져 있는 것이다.

일례로 휴대전화 산업을 들여다보자. 휴대전화 사용을 위해서는 단말기, 플랫폼, 콘텐츠 등이 필요하다. 단말기라고 하면 애플의 아이폰과 같은 제품을 가리키며, 플랫폼은 애플의 iOS나 구글의 안드로이드처럼 휴대전화에서 사용하는 운영체제다. 마지막으로 콘텐츠는 우리가 휴대전화에서 사용하는 수많은 애플리케이션을 비롯한 각종 프로그램을 가리킨다. 물론 이외에도 네트워크가 갖추어져 있어야 하고, 휴대전화에 들어갈 각종 부품을 개발하는 회사들도 있어야 한다. 실리콘밸리 내부에는 모바일 혁명을 선도할 수 있는 제반 산업들이 모여 있다.

한국이 단말기와 네트워크 분야에서는 두각을 나타내면서도 운영체제와 콘텐츠 면에서 아직 세계 일류라는 찬사를 받기에는 부족한 면이 있다는 점을 고려해 본다면, 실리콘밸리 내부의 산업군이 만들어내는 국제적 경쟁력의 힘을 어림잡을 수 있다.

더 무시무시한 사실은 제각기 다른 목소리를 낼 것처럼 보이는 기업들이 실제로는 한목소리를 낸다는 것이다. 스티브 잡스가 아이폰으로 스마트폰 시대를 열었을 때, 그 결과는 모바일 시장에서 두 가지로 나타났다. 스마트폰 기술이 시기상조라고 생각했던 노키아는 침체의 길을 걸었고, 스티브 잡스를 견제하고 질투하면서도 그의 길을 따랐던 많은 이가 살아남았다. 애플이 iOS를 내놓자, 구글은 안드로이드 개발에 착수했다. 그 결과 스마트폰 운영체제는 애플과 구글의 양자 대결로 좁혀졌다. 발명과 발견은 개인의 몫으로 남지만, 그것의 정착과 일상화는 집단적인 승인과 노력을 통해 가능하다는 사실이 증명된 것이다.

이처럼 퍼스트 무버(First Mover)와 그를 따르는 추종자들이 만들어가는 산업 지형은 오랜 시간과 노력의 결과로 이루어진 것이다. 오늘날에는 애플 아이폰의 선례를 따라 전기 자동차, 자율주행 자동차 등이 개발되고 있다. 다만 미래 산업의 재편을 위해서 실리콘밸리의 여러 회사가 자동차 산업에 뛰어들어서 각자가 가지고 있는 기술력으로 미래형 자동차에 맞는 제품 개발을 위해 노력하고 있다.

자동차 시장의 리더를 속단하기 힘들지만, 적어도 이 사업에 뛰어든 모든 기업이 실리콘밸리에서 한목소리로 미래 산업의 중심에는 자동차가 있다고 진단한다는 사실에 촉각을 곤두세울 필요가 있다.

실리콘밸리는 단순히 기술 경쟁뿐만 아니라, 심리전에도 심혈을 기울인다. 목소리가 큰 사람이 이긴다는 말처럼, 고객의 욕망을 적확하게 짚어내고 그들을 충분히 설득할 수 있는 기업들이 시장을 선도하는 법이다. 전문 용어로 트렌드세터(Trend Setter)라고 불리는 기업들은 소비자가 욕망하고(Wants) 필요로 하는(Needs) 바를 정확하게 짚어내는 자들이다. 일례로 스마트폰이 등장했을 때나, 지금처럼 자율주행 자동차가 개발되고 있을 때나, 실리콘밸리의 기업들은 하나의 목소리로 시장의 유행을 선동하는 역할을 했다. 처음에는 의아해하던 고객들도 계속 보고 들으며 결국 그것이 옳다고, 또 그것이 필수적인 제품이라고 고개를 주억거리고는 했다. 산업군 전체의 결집된 목소리가 시장 전체에 반향을 일으키는 것이다.

결국 일군의 산업 집단이 만들어내는 조직력이 시장 지배를 판가름 짓고 있다. 이것은 맹자로 치자면 '지리'에 해당한다. 신기술의 개발로 세계 산업의 판도를 바꾸는 흐름을 타는 호기를 잡았다고 한들 지리가 없다면 백해무익하다. 경쟁하면서도 전략적으로 제휴하고 시장의 흐름을 함께 만들어가는 실리콘밸리의 노력은, 진부하지만 값진 교훈 하나를 일깨워준다. 경쟁과 제휴를 자유롭게 넘나들 줄 아는 오픈마인드가 필요하다는 것이다.

물론 실리콘밸리의 수많은 회사를 일반화하기란 쉽지 않다. 주력 사업이 다르고, 기술력과 인력에서 차이를 보이는 수많은 기업을 실리콘밸리라고 묶어서 설명할 수 있는 이유는, 이곳에서 공공연하게 타 기업을 모방하는 일이 벌어지고 있기 때문이다. 즉 실리콘밸리를 가만히 들여다보면 쌍둥이처럼. 닮은 기업들을 발견할 수 있다.

이러한 현상은 새로운 물꼬를 트는 사람들이 있기 때문에 가능한 것이다. 실리콘밸리의 퍼스트 무버들은 인식의 전환과 그것을 실천에 옮길 수 있는 추진력을 바탕으로 전통이라 불리는 바윗덩어리를 산산조각내는 역할을 한다. 그렇다고 이 과중한 임무를 한 사람이, 또는 한 기업이 전적으로 도맡는 건 아니다. 개척자와 같은 사람이 반짝이는 아이디어를 내놓으면 그의 의견을 따를 수 있는 다수의 무리가 모여 결집된 힘을 만들어낸다. 한 사람이 물꼬를 트니 강이 되고 바다가 되는 꼴이다.

그다음부터는 '모방은 창조의 어머니'라는 원칙이 적용된다. 전 세계의 모든 가수가 스티비 원더, 마이클 잭슨, 비틀스의 노래를 카피하는 모습을 심심치 않게 볼 수 있듯이, 동종 분야의 전문가들을 교본으로 삼아 자기 자신의 전문성을 강화하는 방법이 실리콘밸리에서도 쓰이고 있다.

특히 실리콘밸리는 타 조직 문화의 장점을 흡수하기로 유명하다. 앞서 우리는 구글의 20퍼센트 문화에 대해서 말한 바 있다. 20퍼센트의 시간을 여가와 자기 계발에 투자함으로써 새로운 기술을 개발할 수 있다는 것이 증명되자, 많은 회사가 구글의 유연한 조직 문화를 모방하기 시작했다. 여기저기서 출퇴근의 자유, 재택근무의 일상화, 그리고 여가 확충을 통해 창의적인 조직 문화를 구축하려고 했다.

직원에게 파격적인 비즈니스 편의를 제공하는 사례도 모방의 대상이 되고 있다. 인텔은 직원들에게 업무용으로 사내 비행기를 이용할 수 있게 한다. 내가 근무할 당시에 가장 고된 일 중 하나는 미국 각지에 흩어져 있는 사이트를 돌면서 팀원들을 관리하는 일이었다. 팀원들이 폴섬, 애리조나, 산타클라라에 흩어져 있었고, 심지어 인도와 말레이시아에서 근무하는 사람들도 있었다. 이들을 1년에 최소 2~3회 만나서 면대면으로 인터뷰를 하는 일은 시간과 체력 소모가 만만치 않았다. 다행히도 회사에서는 장거리 이동이 필요한 업무에 편의를 제공하기 위해서, 자체적으로 비행기를 운영하고 있었다. 이 제도의 최대 장점이라면 미국 내에서 이동할 경우 회사 비행장을 통해서 검색대를 통과하지 않고 자유롭게 이동할 수 있다는 것이다. 비단 인텔뿐만 아니라 큰 규모의 기업들이 이와 같은 사내 복지 제도를 서로 흉내 내고 있다.

이처럼 실리콘밸리에서 누군가를 모방한다는 것은 단순히 제도적인 모방을 넘어 그 제도에 깃들어 있는 기업 정신까지 모방하는 경우가 많다. 실리콘밸리의 선조격인 HP가 경제 위기에 대처하는 자세는 지금도 훈훈한 미담으로 전해 내려오고 있다. 그들은 1970년대 외부적으로는 오일쇼크로 인해, 내부적으로는 자사의 부침으로 인해 일시적 후퇴의 시기를 맞이한 적이 있다. 이런 상황에서 기업 대부분은 과감한 인원 감축으로 재정적인 위기를 극복하려고 할 테지만, 당시 HP는 인원 감축 대신 전 직원의 노동시간을 10퍼센트 단축하기로 결정했다. 그 결과 자금난을 극복해 정상화 단계에 이를 수 있었다. 이와 더불어 HP가 전 직원에게 주식을 골고루 나눠준 일화는 지금까지도 실리콘밸리의 전설로 남아 있다. 이러한 미담을 바탕으로 실리콘밸리의 기업들은 위기관리 방법뿐 아니라 직원을 가족처럼 생각하는 기업가 정신을 모방하는 것이다.

정신의 모방은 외형의 흉내보다 한 단계 더 고차원적이다. 일반적으로 모방을 외적으로만 닮은 정도로 생각하지만, 실리콘밸리에서 모방은 관념, 이념, 정신, 가치라고 생각하는 심층적인 수준의 유사성까지 포괄한다.

이처럼 실리콘밸리를 움직이는 거대한 원리를 세 가지 메커니즘으로 압축하자면 파괴, 모방, 창조라 할 수 있다. 즉 기존의 절대적인 관습이나 가치를 무너뜨리고, 그 파괴의 핵심을 각자의 방법으로 제대로 본뜨고 본받으며, 새로운 가치나 성과를 이룩하는 것이다. 과연 그 시작은 어떻게 가능한 것일까? 우리는 어떻게 그 능력을 함양할 수 있을까? 시인 안도현 선생님께서 『중국 고전 시학의 이해』에서 '용사(用事)'라는 표현을 '모방'으로 바꾸어 전한 이야기를 그 방법으로 삼아도 좋을 듯하다.

첫째, 모방을 위한 모방을 해서는 안 된다. 그렇게 하면 죽은 시체를 쌓아놓는 일에 지나지 않는다.

둘째, 억지로 모방을 해서는 안 된다. 누에가 뽕잎을 먹되 토해내는 것은 비단

실이지 뽕잎이 아니다.

셋째, 모방을 융화시켜 매끄럽게 해야 한다. 물속에 소금을 넣어 그 물을 마셔

보아야 비로소 짠맛을 알게 되는 것 같은 상태가 되어야 한다.

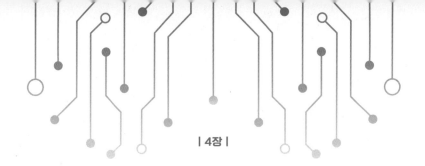

4장

한 사람의 꿈도
소중히 생각해야 한다

김연아가 지난 2010년 밴쿠버 동계 올림픽에서 금메달을 따는 쾌거를 이룬 후, 국내 피겨 팬들은 제2의 김연아를 상상하지 않았다. 척박한 한국 빙상계 풍토에서 또다시 김연아와 같은 입지전적의 선수를 기대한다는 건 현실적으로 무리였기 때문이다. 선수 양성을 위한 제도와 훈련 프로그램이 전무한 상태에서 어떻게 제2의 김연아를 기대할 수 있겠는가. 단언컨대 신이 내린 선수가 태어나지 않는 이상 이변은 없을 것으로 보인다.

김연아 선수를 예로 들어 안정적인 성공에는 지속적인 투자가 필요하다고 말하고 싶다. 실리콘밸리에 있는 굴지의 대기업들이 인재양성에 공을 들이고 있는 이유는 안정적인 인재 공급의 토대를 마련하기 위해서다. 그들은 좋은 인력을 공급받기 위해 교육계, 지역 사회, 그리고 기업계가 공생하는 모델을 만들어나가고 있다.

대표적인 예가 앞서 이야기했던 스탠퍼드 대학교다. 설립자의 이념에 따라 세상에 이로운 일을 할 수 있는 인재를 길러내기로 유명한 이곳은 HP의 두 창업자인 데이비드 패커드와 빌 휴렛 뿐만 아니라, 구글의 두 창업자인 래리 페이지와 세르게이 브린을 배출한 곳으로도 널리 알려져 있다. 지금도 스탠퍼드의 강의실에는 실제 창업을 해보았거나, 실무 경험이 있는 교수진들이 강의를 하고 있다. 이곳에서는 투자자들이 학부생들의 졸업 프로젝트 발표회를 보고, 현장에서 바로 계약을 맺는 진풍경이 펼쳐지기도 한다.

대학과 기업의 공생 관계는 연구소를 주축으로 이뤄진다. 전통적인 예로는 스탠퍼드 대학교 내 반도체 분야 연구소들, 캘리포니아 주립대 부설 기관인 로스앨러로스 연구소, 로렌스리버모어 연구소 등이 있다. 이처럼 실리콘밸리는 산학협력의 이상적인 모델을 현실로 최적화시킨 곳이다. 특히 이 대학과 기업의 관계는 단순히 전략적 동반자 이상이다. 그들은 보이지는 않지만, 끈끈한 정으로 이어져 있는 운명 공동체와 같다.

현직 경제계를 주름잡는 창업자 및 기업가들이 교육계에 기부하는 문화는 앞서 4부 1장에서 설명한 바와 같다

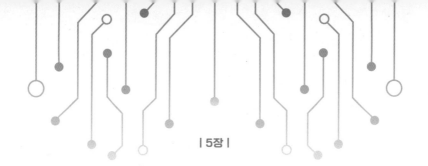

5장

실리콘밸리 무한 동력은
실패·도전에 대한 관대함에서

마르지 않는 샘이란 없다. 모든 샘물은 하늘에서 비가 내려 끊임없이 충원되어야 한다. 마찬가지로 실리콘밸리가 현재 세계를 이끌어가는 기업들의 집합체라고 해서 그것이 영원하리라는 법은 없으며, 실리콘밸리의 경쟁력의 근원 중 하나인 스탠퍼드가 세계 일류의 대학이라고 해서 그것 역시 영속할 순 없다.

그러나 여전히 실리콘밸리는 실리콘밸리고, 스탠퍼드는 스탠퍼드다. 샘에 끊임없이 신선한 물이 공급돼 솟아나듯, 스탠퍼드와 실리콘밸리 등 산학연을 잇는 현 시스템은 선순환 구조를 그린다. 이는 교육, 지역, 기업이 서로 합심하여 지속 가능한 모델을 만들려고 끊임없이 노력했기 때문에 가능했던 것이다. 보이지 않는 곳에서 서로를 밀어주고 당겨주는 그들이야말로 실리콘밸리의 진정한 주역이라고 할 수 있다. 이 선순환 구조를 구체적으로 살펴보자.

● 실리콘밸리 경쟁력은 '협업'

실리콘밸리는 하나의 크러스트 형태를 취하고 있고, 이로 인해 각 기업의 팀들 역시 협업이 활발하다. 팀 내에서도 예외는 아니다. 실리콘밸리에서 일하면서 절실하게 깨달은 것 중 하나는 아무리 작은 일이라 할지라도 혼자 이룰 수 있는 일은 없다는 것이다.

내 꿈을 이루려면 타인의 도움이 반드시 필요하다. 반대로 타인의 꿈을 응원하다 내 꿈을 이룰 수도 있다. 개인의 꿈이 조직의 꿈이 될 수도 있고, 조직의 꿈이 내 꿈이 될 수도 있다.

이는 이전 세기의 조직형 인재와는 사뭇 다른 개념이다. 예전에는 정해진 목표를 달성하기 위해 여러 능력이 조합되는 방식으로서의 자질이 중요했을 수 있다. 하지만 이제는 협업의 과정에서 새로운 가치가 생겨나거나 발견되고, 따라서 목표가 바뀔 수도 있다.

이 과정에서는 보다 적극적인 방식의 자질이 중요하다. 결과를 위한 과정이 아니요, 과정은 결과를 위해서만 복무하는 것이 아니다. 과정 속에 숨어 있는 보이지 않는 무언가를 발견하고, 놀라운 힘으로 창조해 만들어내야 한다. 협업과 협업형 인재가 이를 가능케 한다.

세계적인 전자전기 기업 지멘스의 조 케저(Joe Kaeser) 전 회장은 국내 한 포럼에서 "협업은 혁신의 새로운 공식이다"라고 설파했다. 그는 협업은 서로 주고받아야 하는 것이 많아 결코 쉽지 않은 일이라면서도, '협업' '공유' '네트워크' 등이 디지털 세계의 핵심가치임을 명심해야 한다고 강조했다.

이 때문에 실리콘밸리는 유행의 흐름을 좇기에 급급한 패스트 팔로워(Fast Follower)보다 새로운 흐름을 만들어내는 퍼스트 무버(First Mover)가 될 수 있는 것이다. 퍼스트 무버는 기존에 없던 아이디어와 제품을 출시해야 하는데, 협업을 통한 새로운 창조는 퍼스트 무버로 갈 수 있는 지름길이 된다.

● 위험을 감수해야 성공 이뤄

허나 기술과 아이템이 좋다고 한들 그 가치를 알아주는 사람이 없거나, 세상이 그만한 그릇이 못 된다면 모두 헛수고일 뿐이다. 새로운 것에 대한 발견은 열린 자세, 즉 포용과 관대함으로부터 나온다. 실리콘밸리의 그들은 실패를 용인한다. 실리콘밸리는 위험 부담(risk taking)으로부터 이익을 창출한다.

현재에도 수많은 벤처기업들이 우후죽순으로 생겨나고, 그들 중 일부는 대박을 터뜨린다. 그리고 그 숫자보다 몇 곱절 많은 수의 벤처들이 망한다. 특이한 것은 벤처의 실패에 대해 창업주가 모든 경제적 책임을 지지 않는다는 점이다.

사실상 벤처는 개인 돈으로 출자하는 경우보다는 투자자들의 돈을 받아서 사업을 시작하는 경우가 많다. 투자자들은 사업 아이템의 적실

성과 그것의 시장 가치를 따져보고 돈을 투자하는 순간, 그 회사의 운명에 동참하게 된다. 투자 수입을 공동 분배하는 것처럼, 책임 부담 또한 공동으로 지는 것이다. 이처럼 실패에 대한 부담을 줄여주는 환경으로 인해서 과감한 도전이 지속적으로 이루어지는 것이다.

실리콘밸리는 경험치를 높이 산다. 앞서 이야기했던 벤처에 대한 사회적 평가에 있어서 미국은 가시적 성과만을 보는 것이 아니라, 벤처가 만들어지고 실패하는 과정 전반에도 관심을 가진다. 특히 창업주는 회사를 세우고, 그것을 관리하는 전 과정을 거쳤기 때문에 실무 감각, 현장 감각, 지도자로서의 자질을 두루 경험했다는 평가를 받는다. 만약 창업주가 실패를 했다면, 그에 대한 반성적 성찰로부터 여러 가지를 배웠다고 판단하는 것이다.

이러한 사회적 풍토로 인해서 벤처 실패 이후에도 기업에 재취업하는 사례도 많다. 실패와 도전에 관대한 문화의 뿌리는 과거 서부 개척기 시절로 거슬러 올라갈 수도 있다. 다시 말해서 실리콘밸리는 이미 문화적·지리적·역사적으로 도전정신·개척정신·모험정신을 구비하고 있었던 것이다. 따라서 그들에게 실패는 성공의 반대말이 아니라 도전과 동의어였던 것이다.

● 성공의 원동력은 다양성에서

실리콘밸리는 다양성을 존중하는 도가니와 같다. 사전적으로 도가니는 금속을 용해하는 그릇을 가리킨다. 마찬가지로 실리콘밸리는 다양성을 받아들이면서도, 그 각각의 이질적인 요소들을 녹여 내 새로운 무언가를 만들어 내는 주물공장과 같다.

우선 그들은 인종적인 다양성, 계급적인 다양성, 젠더적인 다양성을 포용해 창의적인 혁신을 주조해 내고 있다. 물론 아직까지 완벽한 단계는 아니다. 갖은 차별과 불평등도 존재한다. 직장인 비율에서 백인 남성의 비율이 여전히 높다. 하지만 인종적으로 유대인·인도인·중국인이 없는 실리콘밸리를 상상할 수 없으며, 여성의 리더십 역시 과소평가할 수 없다.

다양성에 대한 존중은 차별이 존재한다는 한계를 인정하고, 그 벽을 제거하겠다는 의미를 포함한다. 외국인 노동자에 대한 국내의 시선과 실리콘밸리의 시선을 각각 생각해 보자. 한국에서 외국인 노동자에 대한 대체적인 인상은 저임금 노동에 고강도 노동을 하는 사람들을 가리키지만, 실리콘밸리에는 외국인 노동자를 고유의 지식과 문화적 경험을 가진 잠재적인 인재로 바라본다.

세계 경쟁력은 모든 노동력의 가치를 존중하고, 그 각각이 가지고 있는 잠재력에 대한 객관적인 평가를 실천한다. 분명 실리콘밸리의 성장동력에는 그 어떠한 문화적·지리적·인종적 경계에도 종속되지 않는 포용력이 지대한 역할을 하고 있다.

실리콘밸리는 직원에게 아낌없이 베푼다. 실리콘밸리의 상당수 기업들이 직원들에게 막대한 혜택을 주고 있지만, 봉급·승진, 그리고 각종 복지 혜택이 전부가 아니다. 그들은 직원들의 말 한마디 한마디가 회사의 방향키 역할을 할 것으로 기대한다. 나비의 날갯짓이 태풍을 일으킬 수도 있듯, 한 사람의 작은 아이디어가 시장의 판도 자체를 바꾸어 놓을 수도 있는 것이다.

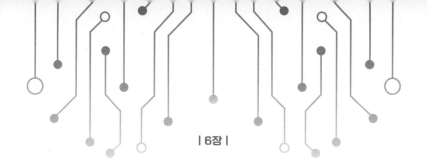

6장

창조를 만드는 토론 문화,
킬러 본능에서 나온다

리더는 그가 속한 집단의 거울이자 얼굴이다. 조직의 형태가 다양한 만큼 리더의 유형도 각양각색이다. 나는 국내외 유수 기업을 지나오는 동안 다양한 리더십을 만나 왔지만, 더러는 팔로우십(Followship)을 강요하는 이들도 보았다. 하지만 참된 리더는 팔로우십을 강요하는 것이 아니라, 내적으로부터 끌어내는 사람에 가까울 것이다. 이들은 조직을 유연하게 하고 더 큰 창조를 이끌어낸다.

한 가지 상황을 상상해 보자. 입사한 지 얼마 되지 않은 신입사원이 팀 프로젝트에서 임무를 하나 부여받았다. 그런데 아무리 들여다보아도 이 신입사원은 이 일이 자신의 전문성과 맞지 않다고 생각하게 된다. 그는 용기를 내어서 선배에게 물었다.

"선배님, 저는 제가 이 일을 왜 해야 하는지 도무지 모르겠어요." 이 때 선배의 대답은 어떤 것이어야 할까? "나 때는 그냥 시키는 대로 다 했어." 정도라면, 그 조직은 의사소통의 부재를 겪고 있을 가능성이 농후하다.

선배의 입장에서는 후배가 적응하지 못한다고 생각할 수도 있겠다. 하지만 후배 입장에서 생각해 보자. 그는 업무에 스스로를 맞추고 그 분야에서 최상의 결과를 얻기 위해서 나름대로 고심한 끝에 질문을 한 것이다.

이 두 사람의 관계에서 일차적으로 필요한 것은 설득이다. 선배나 상사는 후배에게 일을 시킬 때, 이 일이 전체 프로젝트에서 어떤 위치를 차지하는지, 그리고 그 일을 맡은 후배의 전문성과 능력이 그 일과 부합하는 이유를 합리적으로 설명해 줄 수 있어야 한다. 일을 하는 그 누구든 다른 모두로부터 고립되어 홀로 숯불을 굽는 심정으로 일을 하게 된다면, 그 조직 전체는 유기적으로 하나가 되지 못할 것이다.

특히 이런 경우에서 가장 큰 문제는 리더는 팔로우십만을 원하는 데 반해, 팔로워는 리더십만을 기다리고 있다는 것이다. 즉 같은 자리에 누워 다른 생각을 하고 있는 것처럼 한쪽에서는 끌어주기를 바라고 다른 쪽에서는 따라오기만을 바라고 있다.

서로 바라기만 해서는 평행선을 달릴 수밖에 없다. 리더십과 팔로우십을 각자 오해함으로써 빚어지는 이 촌극은, 코드가 달라 의사소통이 불가능한 상황이라고 해석할 수 있다. 회사에 잘 적응하지 못한 채 퇴사를 선택하는 MZ세대들이 많다는 걸 보면, 이런 일들이 지금도 이어지고 있지 않을까 걱정된다.

● 의사소통 구조와 시스템을 들여다보라

언어는 사회적 약속이다. 우리가 빨간 불에 멈추고 파란 불에 지나가자는 약속을 했기 때문에 교통신호가 지켜질 수 있는 것이다. 만약 한 사람이 그 약속을 어기게 된다면, 약속은 파기되고 질서는 깨지면서 혼란이 찾아올 것이 불을 보듯 뻔하다. 회사에서도 의사소통 또한 상하 간에 서로 동등한 언어적 코드에 기반한다. 그것은 대체적으로 그 조직 내에서 중시하는 가치에 따라서 결정되는 경우가 많다.

혹자는 의사소통의 문제를 단순히 세대 차이라고 말할 수도 있을 것이다. 특히 한국의 많은 회사에서는 세대 차이가 사내 조직 문화의 갈등의 불씨가 된다고 보고 있다. 의사소통의 능력, 더 나아가 업무 수행 방식을 나이라는 변수에만 종속시켜선 안 된다. 나이를 중심에 둔 이분법적인 사고에 따른다면, 기성세대는 권위적이고 보수적인 문화에 젖어 있는 반면, 젊은 세대는 합리적인 사고방식을 갖고 있다고 쉽게 생각할 수 있다.

이는 문제의 원인을 추상적으로 파악할 뿐 문제 해결을 위한 성찰과는 무관한 사고이다. 또 젊은 세대가 머지않아 기성세대가 될 것이라는 시간성에 대한 고찰도 빠져 있다. 다시 말해, "이 일을 왜 해야 하는지 도무지 모르겠어요."라고 물었던 신입사원도 선배의 위치에 오르게 되면, 후배에게 똑같이 말하게 되리라는 사실을 간과한 진단인 것이다.

조직 내 의사소통의 문제를 해결하기 위해서는 구조와 시스템을 들여다보아야 한다. 업무 관리가 투명하지 않고 불합리한 회사일수록, 상하 간의 커뮤니케이션 자체도 일방향적이고 강제적일 가능성이 크다.

반면 업무가 투명하고 합리적인 조직일수록 커뮤니케이션 구조는 상호 간의 대화에 기초하는 경우가 많다. 조직의 특성에 대한 진단과 그에 따른 올바른 커뮤니케이션 모델의 성립은 조직의 의사소통 성격을 결정 짓는 토대로 작용한다. 혈관이 막히면 심장이 멎듯, 원활하지 않은 사내 대화는 회사 운영의 흐름을 방해하는 가장 큰 장애물 중 하나인 것이다.

● 긍정적인 의미의 킬러 본능을 일깨워야

실리콘밸리로부터 배워야 할 의사소통의 기술 중 가장 중요한 것은 바로 토론의 테크닉이다. 그들은 모르는 게 있으면 묻는다. 면접에서 면접관에게 질문하는 것을 누구도 이상하게 생각하지 않으며, 직장에서 멘토나 상사에게 질문하는 것도 일상으로 여긴다.

한편 직장생활에서 토론은 상대를 제압하는 아주 적극적인 의사소통의 형태를 보일 때도 있다. 결코 두려워하지 말라! 특히 누군가의 주장이 불합리하다고 생각하면서도 토론이 두려워하거나 말하기가 쑥스러워 방관한다면, 그 침묵에 대한 책임마저도 지우는 곳이 실리콘밸리이다. 성장하는 회사일수록 수많은 인재들이 서로 머리를 맞대고 치열하게 고민해서 결과물을 만들어 낸다.

몇 해 전 한국과학기술원(KAIST)의 총장을 역임했던 세계적 물리학자 로버트 러플린은 "한국 학생들의 문제점은 '잔혹할 정도로 공격적이지 못하다'는 것이다. 과학의 세계에서는 거칠게 뒹구는 근성이 필요하다"고 지적했다. 이는 곧 소통의 문제로 읽히기도 한다. 의사소통 과정은 평등하고 민주적이며 합리적이어야 하겠지만, 그 단서들이 책임 회피의 도구로 사용되어서는 곤란하다. 러플린 박사가 한국 청년들에게 아쉽다고 말한 '타고난 공격성(Killer Instinct)' 즉 '킬러 본능'은 세계적 인재가 되기 위한 중요한 자질이다.

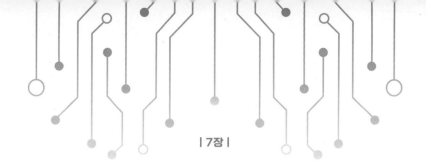

7장

미래엔 '폴리매스 융합형' 전문가·기업이 살아남는다

나는 미국으로 떠나기 전 모교 은사님으로부터 두 가지 조언을 받았다. "햄버거 사주는 걸 아까워 말라" "때때로 공격적이어도 된다"는 것이 었는데, 그 뜻을 내가 짐작하기로는 서구의 합리적 조직 문화의 빈틈을 공략하라는 것이었다.

그러다 한 번은 '러스'라는 측정 분야 전문기술자와 업무상에서 갈등을 빚은 적이 있다. 그에게 측정을 요청하는 대기자 명단이 항상 가득 차 있어 데이터를 넘기면 길게는 일주일, 짧아도 사나흘 이상의 시간이 걸렸다. 대학원 과정 내내 측정·모델링·시뮬레이션 등을 모두 직접 경험해 본 나로서는 마냥 기다릴 수 없었다. 세 시간이면 끝날 일이 왜 오래 걸리는지 조목조목 따지던 끝에 실험실에서 직접 측정을 했다.

나의 이 돌발행동에 회사에는 작은 소란이 일었다. 러스는 20년 넘게 해당 분야만 담당해왔던 터라 자신의 업무에 자부심이 강했다. 그는 자기 고유의 업무 권한을 침해받았다는 생각은 물론이고, 경쟁 구도에서 밀릴 수도 있다는 위기감을 느끼고 있었다. 매니저는 나를 호출해 귀중한 시간을 측정 아닌 본연의 업무인 설계에 쓰라고 당부했다.

이때 내가 간과한 것이 있었다. 서구의 조직 문화에서도 관료적인 절차를 중시한다는 점, 이곳이 한국보다 경쟁 구도가 덜한 것은 아니라는 점이었다. 노동의 효율성을 중시하는 테일러주의(Taylorism)와 대량생산을 위한 분업체계를 중시하는 포드주의(Fordism)가 꽃핀 곳이 미국이었음도 잠시 잊었다. 내가 은사님의 조언을 일차원적으로만 해석해, 정작 내 주변의 사람들과 그들의 문화를 이해하려는 기본적인 노력이 부족했다는 깨달음을 얻었다.

나는 새로운 도전의식이 생겼다. 한국식 인정주의와 서구식 개인주의를 접목해 새로운 조직 문화를 만들어보자는 것이었다. 작은 일부터 시작했다. 동료들과 점심 식사를 하거나 커피를 마실 때, 가급적 계산은 내가 했다. 처음에는 그들 대부분이 부담스러워 했지만, 누군가가 전체를 위해 호의를 베풀면 자연스레 그 모임이 더 끈끈해진다는 걸 차츰 이해하게 됐다. 나중에는 그들에게도 동양식 베풂의 문화와 그걸 몸소 보여주는 나의 태도가 퍼졌다.

러스와의 관계는 어떻게 되었을까? 단순히 데이터를 전달하고 측정 결과를 받는 사무적인 관계에서 벗어나, 그의 재능을 살피고 활용해 과정마다 함께 머리를 맞대고 해결하는 파트너가 됐다. 나는 그에게 비즈니스 목적과 나의 철학 등을 설명하는 한편, 그의 기여를 적극적으로 인정하여 논문과 특허에 이름을 올려주기도 했다. 서로의 장점을 교환하고 결합해 누구도 예상 못했던 시너지 효과를 빚어낼 수 있었다. 이처럼 엔지니어들은 기술적으로 각자 전문 분야를 가지고 있기 때문에, 개개인이 서로의 능력과 자질을 공유할 때, 현시대가 요구하는 '융합'을 선도해 갈 수 있다.

그렇게 입사 후 2년여의 시간이 흘렀을 때, 회사 구성원들 간의 보이지 않는 벽을 허물려는 나의 노력이 인정받는 분위기를 느꼈다. 나는 그 리더십을 인정받아 만 35세가 되던 2006년, 마침내 인텔에서 임원 직전의 지위인 수석매니저 자리에 오를 수 있었다. 지금 와서 돌이켜보면 햄버거를 사주라던 은사님의 말씀은 곧 인정(人情)을 중심으로 동료들 간에 공조와 협력의 장을 만들어 가라는 가르침이었으리라.

● 전문성 T형+융복합 π형=폴리매스형

실리콘밸리의 전문가로 성장하기 위해서는 선택과 집중 역시 필요하다. 애플은 철저하게 분업화된 생산 방식 속에서 다양한 전문가들을 배출해 내기로 유명하다. 그들은 디자이너·엔지니어 등에게 자신이 속해 있는 세부 분야에서 최고가 되라고 주문한다. 그리고 애플에는 각 분야의 고수들이 만들어낸 창의력을 인문학적 상상력을 통해 하나로 이어주는 스티브 잡스라는 인물이 있었다. 그의 상상력과 창의성이 아니었다면 각각의 전문성들은 물과 기름처럼 서로 섞이질 못했을 것이다. 앞으로 지식산업의 관건은 개별 분야들 간의 조화를 어떻게 달성하느냐에 달려 있다.

내가 몸담았던 인텔의 경우 여러 지식과 기술을 교차시킬 수 있는 산업 인력 양산을 위해 T형 전문가를 추구해왔다. T는 생김새 그대로 수직선과 수평선이 만나는 건축적 형태를 이루고 있다. 이때의 수직선은 세분화된 영역의 전문성을 의미하며, 그 위의 수평선은 타 분야에 대한 대략적인 지식과 이해의 정도를 가리킨다. 직급이 올라가면서 각 개인은 자신의 역할에 걸맞은 전문성을 습득해 가는 동시에 타 분야에 대한 이해도를 높여야 한다. 다만 아쉬움은 있다. 여러 기술을 융합해 독자적으로 제품을 생산해 낼 역량 말이다.

나는 4차 산업혁명 시대 실리콘밸리의 역동적 산업 변화에 주목하면서, T형을 넘어 파이(π)형 또는 폴리매스(Polymath)형 전문가를 제안하고 싶다. T형에서 전문성이 하나 더, 그리고 그 이상 추가된 형태이다. 즉, 한 분야의 전문가가 T형이라면, 그 상태에서 다른 분야의 지식을 습득하고, 기존의 전문성과 새로이 획득한 전문성을 융합하는 단계에 이른 사람이 파이(π)형 전문가다. 수직으로 내려가는 두 선은 각각 서로 다른 전문성을 의미하고, 상부의 수평선은 두 전문성을 이어주는 교각이라고 할 수 있다. 여기서 그 교각이 더 늘어나 탄탄해진 것이 폴리매스형 전문가인 것이다. 야구로 치면 치고, 던지고, 달리는 데 모두 능한 올라운드 플레이어의 자질과 함께 경기의 흐름을 읽어 낼 수 있는 안목을 가진 선수를 가리킨다.

실리콘밸리를 이끌어 갈 새로운 인재들은 국제적 수준의 복합적인 직무를 수행할 수 있어야 한다. 파이형-폴리매스형 전문가는 단순히 한 분야의 이론적 지식이나 기술적 역량이 빼어날 뿐만 아니라, 여러 분야의 지식과 기술을 응용하고 조합하여, 회사 차원에서 기술 전략 개발에 기여할 수 있는 사람이다. 이러한 사람들은 하드웨어와 소프트웨어의 동반성장을 추구했던 실리콘밸리의 전통을 계승하는 동시에, 오늘날 각광받고 있는 자동차 산업처럼 여러 분야의 고도화된 전문지식을 융합할 수 있는 자들, 즉 남들이 갔던 길보다 남들이 가지 않은 길을 가는 퍼스트 무버인 것이다. 이는 전문가에만 국한되지 않는다. 기업에도 적용되는 것이다. 잡스 애플의 성공은 이를 잘 말해준다.

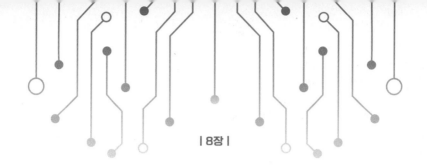

8장

직원 개개인의 가능성을 보고
장기 투자하라

한국의 초등학생들은 보통 방학이 되면 일일 시간표를 만든다. 원을 24시간으로 분할한 하루의 계획표에는 일어나는 시간, 잠자는 시간을 제외하고는 대부분 공부나 학원이 자리한다. 그리고 여지없이 아이들은 그 계획을 지키지 못한다. 선생님에게 보여주기 위해 무리한 계획을 세웠기 때문이다. 어른들은 아이들에게 공부하라는 목표와 방향만 설정해줄 뿐 정작 아이들의 재능과 관심사에 대해선 관심을 갖지 않는다. 계획은 눈높이에 맞아야 하고 그것을 실천하는 사람은 스스로를 돌아볼 수 있어야 한다.

실리콘밸리에 종사하는 엔지니어들은 개인역량 계발계획(IDP, Individual Development Plan)이라는 걸 설정한다. 연초에 매니저와 함께 계획을 수립하고 해당 매니저가 관리, 점검, 그리고 평가한다. 여기서 첫 단추가 잘못 끼워지면 1년 치 프로젝트를 망칠 수도 있다. 이때 크게 세 가지 사항을 생각해 보면 좋다.

첫 번째, 개인의 자질이다. 자신이 어떤 분야에 적합한 사람인지 그리고 그 분야에 대한 나의 객관적인 역량이 어느 정도인지를 가늠할 수 있을 때 업무 달성 확률이 높아진다. 두 번째, 개인의 열정이다. 그 분야에 대한 관심도가 높을수록 업무 효율성 및 업무 만족도가 높아진다. 세 번째, 회사 조직이다. 회사가 누군가를 뽑았다면, 그가 회사를 위해서 어떠한 일을 해주기를 기대하는 바가 있을 것이다. 자질·열정·조직의 공통분모를 찾는다면 본인에게 어울리는 최상의 업무를 찾을 수 있다. 쉽게 말해 좋은 업무 계획이란 내가 잘할 수 있고, 내가 좋아하고, 회사가 원하는 일을 목표로 설정하는 것이다.

나와 같은 부서에 '마리오'라는 측정 기술자가 있었다. 10여 년간 측정을 전담해 온 그는 단순한 업무를 반복적으로 진행하면서 일 자체에 대한 흥미를 잃은 상태였다. 나는 앞선 기준에 맞춰 마리오와 함께 수차례의 면담을 통해 IDP 초안을 완성했다. 이후에는 분기별로 점검하고 경우에 따라서는 IDP 세부사항을 재설정했다. 그의 개인역량 계발을 지속적으로 코칭했다. 내가 새로운 직장에 이직하게 되면서 못 보게 되었는데, 수년이 지나 한 저명한 학회에서 재회하게 됐다.

그가 직접 본인의 논문을 발표하러 온 것이다. 그와 같이 전문대를 졸업한 기술자가 박사급 인력들과 기술 토론을 하는 것은 미국에서도 쉬운 일은 아니다. 괄목상대(刮目相對)였다. 그가 성장한 모습에서 IDP의 성과를 확인 함은 물론 매니저로서의 보람에 뿌듯했다.

이때 목표 설정은 현실과 이상을 두루 고려해야 한다. 과제 및 프로젝트 설정 자체는 늘 매니저와의 상의 후에 이루어지기 때문에 직원들은 적극적으로 개인의 의사를 표현할 필요가 있다. 예를 들어 자신의 능력치에는 문제가 없지만, 개인적인 관심이 덜한 과제가 주어지는 경우라면, 추후 매니저에게 자신의 관심사에 가까운 일을 할당해줄 것을 요구할 수 있다.

반대로 관심은 많지만, 현재 능력치에서 수행하기 힘든 과제가 있을 수도 있다. 이때는 일련의 교육 과정을 요구해볼 수도 있다. 자기 계발 계획의 성공적인 완수는 회사에 기여하는 결과를 낳지만, 그 출발점에는 항시 개인의 성장이라는 동기와 의지가 결부되어 있어야 한다. 나 자신을 알면 회사를 도울 수 있고, 나 자신이 성장하면 회사도 발전할 수 있다.

물론 계획을 세웠다고 모든 일이 일사천리로 진행되는 것은 아니다. 실제 업무는 날씨처럼 변덕스럽다. 예상보다 일이 늦어지거나, 역량 미달로 과제 수행이 어렵거나, 시장 상황이 급변하거나 그 외에 건강, 육아, 결혼 등 개인 신상의 변화로 업무 수행에 차질이 생길 수 있다. 이럴 때일수록 혼자서 진땀을 빼느니, 즉각 멘토에게 털어놓고 함께 해결책을 모색하는 게 상책이다.

● **멘토는 수직적? 수평적인 멘토도 필요해**

보통 직장 내에서 멘토라는 건 사적인 관계와 공적인 관계에서 동시에 만들어진다. 전자는 직장 내 동료들 사이에서 개인적인 친분을 바탕으로 업무상에 도움을 주고받는 경우이다. 후자는 실리콘밸리 회사들이 경영 시스템 속에서 조직적으로 운영하고 있는 경우이다.

예를 들어 하나의 프로젝트가 진행되면, 그 팀의 구성원들은 두 종류의 매니저와 함께 일한다. 우선 팀의 구성원들은 실무상에서 프로젝트 리더의 도움을 받는다. 이처럼 구성원과 리더가 대등한 관계에서 상호 협력하는 조직 문화를 '수평경영'이라고 한다. 한편 인사상의 여러 문제들에 있어서 팀원들은 인적 자원을 관리하는 업무를 주로 하는 피플매니저로부터 관리를 받는다. 이러한 매니저는 회사 구성원들의 자기 계발 계획, 레벨 세팅, 과제 점검, 수행 평가, 그리고 승진 등과 같은 전 영역에 대해 결정적인 영향력을 발휘한다. 이와 같이 상하 관계 속에서 위계를 갖는 조직 문화를 '수직경영'이라고 한다.

좋은 조직이란 멘토들이 수평적으로도 많고 수직적으로도 많은 곳이다. 이러한 조직은 수평 경영의 장점과 수직 경영의 장점을 잘 응용해 매트릭스 구조와 같은 유연한 조직 문화를 지향한다. 여기서 말하는 유연한 조직 문화란 수직 경영에서 발생하는 상하명령 중심의 관료적 경직성을 극복하고, 직원 개개인으로 하여금 창의적인 아이디어를 낼 수 있도록 회사 차원에서 발 벗고 나서서 돕는 구조를 말한다.

유연한 조직일수록 직원들이 비빌 언덕이 많다는 특징이 있다. 그들은 주변의 동료·선배·상사에게 자신의 고충을 털어놓을 수 있어 회사 생활에서 받는 스트레스를 쉬이 줄일 수 있고, 또한 스스로 비전을 계발하는 과정에서 주변으로부터 실질적인 도움을 받는다.

실리콘밸리의 반도체 회사 중 하나인 브로드컴에는 유명한 매니저 한 명이 있었다. 한 번은 그가 아끼는 직원 중 하나가 집에서 사무실까지 통근하기 너무 힘들다는 이유로 회사를 그만두겠다고 말하자, 해당 직원의 집으로 찾아가 재택근무에 필요한 모든 장비를 다 설치해주었다고 한다.

새로 들어온 엔지니어가 처리한 데이터를 1년 동안 아무도 모르게 자신이 처리한 데이터와 비교 대조해주었다는 일화도 있다. 이 전설적인 매니저의 일화는 멘토가 갖추어야 할 덕목이 배려와 신뢰라는 걸 일깨워주는 대표적인 예라고 할 수 있다.

이처럼 직장생활의 만족도는 연봉과 같은 수치만이 아니라, 개개인이 회사에서 느끼는 자부심이 중요하게 작동한다. 단기적으로는 좋은 연봉과 높은 직급이 나의 가치를 높여줄 것처럼 보이지만, 결국 직원 스스로가 자신의 직무에서 성장하고 있다는 느낌이나 그 스스로가 회사에 기여하고 있다는 느낌을 받지 못한다면, 직업에서의 소명의식을 갖지 못할 수 있다.

한 개인의 잠재력이 어떤 순간, 어떤 방식으로 구체화할지 아무도 예측할 수 없다. 실리콘밸리는 직원 개개인의 가능성을 보고 장기적인 투자를 하는 곳이며, 멘토들은 모두 그러한 성장을 견인하는 수레바퀴와도 같다. 내가 누군가에게 중요한 사람이라는 걸 동료가 인정해주는 곳, 그곳이 좋은 회사다.

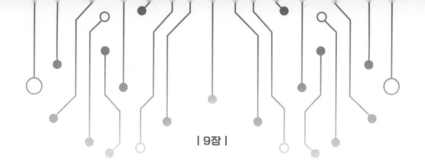

9장

우수 인력 붙잡기 위해
리더가 귀 기울여야 할 우선순위는

　모든 조직에는 리더가 있기 마련이다. 리더가 조직의 구성원들과 맺는 관계는 양치기 목동이 양떼를 돌보는 것에 비유할 수 있다. 보통 양들은 유순하고 겁이 많아, 외부로부터의 위협을 방어하기 위해 무리를 이루며 살아간다. 목동은 이런 양들이 무리에서 이탈하는 것을 막는 한편, 혹시나 있을지도 모를 여타 들짐승들의 공격으로부터 그들을 보호하는 일을 맡는다.

　나아가 모든 양들이 배불리 먹을 수 있는 목초지를 찾아 무리 전체를 이끌고 가는 임무도 그에게 달려 있다. 이때 주목되는 것은 고삐를 채우지도 않고, 강제적으로 끌지 않으면서 이 모든 일들을 해낸다는 것이다.

　목동처럼, 리더의 역할 역시 조직 구성원들을 보호하는 가운데 자연스레 그들을 이끌어 돕는 데 있다. 리더는 자신이 담당하고 있는 구성원 개개인의 힘을 하나로 결집시켜 비즈니스 목표 지점으로 향하게 한다. 허나 현실에서는 그렇지 않은 경우가 허다하다. 구성원들의 역량이 중구난방 산발적으로 뛰어나오게 방치하는 식이 가장 많이 발견된다. 개개인의 성향이 다른 만큼 저마다 구상하는 목표도 다를 수 있으니, 가만두기만 하면 그런 상황이 발생하는 것이다.

그러나 동상이몽으로는 같은 목표를 이룰 수는 없다. 사공이 많아서 배가 산으로 가거나 제자리에서 맴도는 상황이 발생할 것이다. 따라서 리더는 팀원들이 한 방향만 보고 다 같이 움직일 수 있는 분위기를 조성해야 한다. 이 분위기는 어떻게 해야 만들 수 있을까.

일단 팀의 방향 설정이 완료되었을 때, 중요한 것은 구성원들에게 권한을 넘기는 것이다. 목동이 양떼에게 목줄을 채운 채 깡깡대며 일일이 잡아끌지 않음을 기억하라. 리더 역시 구성원들에게 자율성을 부여해야 한다. 구성원에게 부여된 과제는 그들이 스스로 움직일 수 있게 하는 것이어야 한다. 팀 전체의 목표는 구성원 하나하나의 동기와 책임감과 만나야 한다. 그럴 때라야 그들은 소명의식을 갖고 일할 수 있다. 자신이 조직 내에서 중요한 사람이라는 생각을 가질 수 있는 긍지와 자부심은 구성원 하나하나를 만족시킨다. 그래야만 조직 전체가 만족한다. 더 나아가, 소비자 역시 만족할 것이다. 좋은 조직문화를 가진 기업이 일반적으로 소비자들의 선택을 받는 것은 괜한 일이 아니다.

● 리더가 기억해야 할 '식스 스텝'

리더가 조직을 이끄는 6단계의 절차(Six Steps)는 '계획-촉진-실행-모니터링(피드백)-평가-보상'의 순서로 이루어진다. 먼저 '계획' 단계를 살펴보자. 이 단계에서 중요한 것은 리더와 구성원 상호 간에 합의된 최종 목표의 수준과 단계별 시한을 설정(Level Setting)하는 것이다. 이 일은 왜 해야 하는지가 구성원 모두에게 충분히 설명돼야 한다.

특히 주니어급 구성원들에게는 리더가 손이 많이 간다. 함께 일을 해야 할 사람을 알려주는 것은 물론, 그와 관계를 쌓을 수 있도록 챙겨주기도 해야 한다. 일할 때 세부적으로 필요한 방법도 알려주고, 툴 같은 이행수단을 스킬업해줄 필요도 있다('촉진'). 이후 전체적으로 임무를 분배하고 구성원들이 각자의 역량에 맞는 일을 맡아서 실행에 옮기도록 한다('실행'). 일이 시작되면 수시로 구성원들의 상태를 점검하고, 그들이 하는 일이 제대로 진행되고 있는지 모니터링을 해야 한다['모니터링(피드백)'].

계획 단계에서 '레벨 세팅'은 첫 단추를 제대로 끼우는 것과 같다. 이것이 제대로 되지 않은 채 실행하는 도중에 기대치를 계속 올리는 리더를, 나는 실리콘밸리에서보다 한국에서 많이 보았다. 최종 평가가 잘 나오기 위해서는 중간에 모니터링된 것에 따라 피드백이 이루어져야 하는데 이 부분도 상대적으로 부족하다.

이럴 경우 서로 만족하기 어렵다. 개선해야 할 사항이 보인다면 즉각적으로 조언을 해주어 일에 차질을 주지 않도록 해야 한다. 행여나 개선이 이루어지지 못한 상태에서 '나 하나 때문에 전체가 피해를 보는 건 아닐까?' 하는 죄책감을 가진다면 큰일이다. 한동안 그 사람은 수동적으로 일하게 될지도 모르는데, 이 경우 조직의 역량이 크게 저하되기 때문이다.

모니터링 단계를 좀 더 살펴보자. 리더는 구성원들과 잦은 미팅을 통해 그들의 고민거리를 들어주어야 하는데, 많을 때는 아침에 출근해서 퇴근할 때까지 계속되기도 한다. 미팅은 대부분 그들이 대면하고 있는 장애물을 제거하는 데 집중된다. 내 경험에 비추어 보면 주 내용은 업무와 관련된 이야기가 70퍼센트요, 그 외 나머지는 대체로 사적인 이야기들이다.

● 업무에 매진하는 환경 조성이 리더의 역할

여기서 업무 외의 이야기를 회사에서 나누는 것이 정상적인 것이냐고 반문할지도 모르겠다. 하지만 구성원이 가지는 스트레스의 주원인은 개인적인 고민에서 비롯되는 경우가 많다. 예를 들어 직장 동료와 마찰을 겪는 경우, 과감하게 팀의 구성을 장기적으로 바꿀 필요도 있다.

인텔에서 일할 당시였다. 부서원들이 다양한 지역에 흩어져 있어 한 달에 한두 번은 면담을 위해 직접 비즈니스 트립을 가졌다. 한번은 샤오밍이라는 박사 출신 경력자이자 보드 설계 엔지니어가 근심이 가득 찬 얼굴로 면담에 임했다. 부인이 알레르기로 고생하고 있어 다른 지역으로 옮겨야 할 상황이지만, 자신은 현재 부서와 업무에 만족하고 있어 이직하고 싶지 않다는 것이었다. 면담 후 나는 그의 팀을 옮기고 가족들도 이주할 수 있도록 승인해 주었다. 다행히 부인의 상태가 많이 호전되어 안정된 모습을 보이게 되자, 샤오밍도 적극적으로 일하는 자세를 되찾고, 이전보다 많은 성과를 내었다.

이처럼 훌륭한 리더는 직원들이 아무 근심 걱정 없이 일에만 매진할 수 있도록 곁에서 도와주는 사람이다. 시스코와 같은 회사에서도 리더는 직원들이 가정생활과 직장생활을 병행하는 데 불편함이 없도록 각별히 주의를 기울이고 있다.

예를 들어, 그들은 먼 거리를 이동해야 하는 직원들을 위해 재택근무를 오래전부터 허용해 왔고, 전 직원이 가사와 육아에 비교적 고충을 덜 겪고 있다. 또한, 이동 중에도 업무를 볼 수 있도록 회사 차원에서 무료 와이파이를 제공하거나 원격회의를 일상화하여, 직원들이 모두 때와 장소를 가리지 않고 효율적으로 일할 수 있는 여건을 마련해주고 있다.

리더들은 조직의 구성원들이 어떤 편의를 제공받으면 좋은지, 또 그들이 어떤 근무 환경에서 가장 최상의 업무 결과를 낼 수 있는지를 늘 살펴야 한다. 리더는 그림자 같은 존재다. 그림자가 없는 사람을 상상할 수 없듯이 리더가 없는 회사도 상상할 수 없겠다.

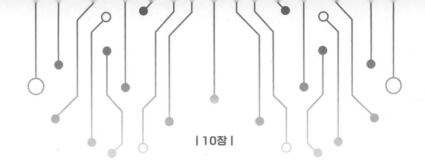

10장

직원 경력 관리가
곧 리더의 힘이다

 직장생활이 길어지면서 엔지니어들은 두 개의 선택지를 놓고 고민에 빠지게 된다. 시니어 엔지니어(Senior Engineer)를 거쳐 리더 급으로 성장하는 바로 그 단계에서, 엔지니어로서의 커리어를 이어나갈지, 아니면 '피플 매니저(People Manager)'로서의 커리어를 선택할지를 골라야 한다. 기술적인 연구 및 개발에 집중하는 사람을 위한 길은 전자요, 후자는 인재들을 관리해서 전체 조직을 이끌어가는 사람을 위한 길이다. (지금부터는 피플 매니저를 편의상 '리더'라고 쓰겠다. 이때 '피플 매니저'의 의미로 쓰이는 리더는 '기술 리더'와는 다른 의미를 가진다.)

 이 갈림길에서 대부분의 엔지니어들은 자신이 고수해오던 길을 택한다. 반평생 이상을 하드웨어와 소프트웨어 개발을 위해 연구를 해온 이들이 태반이다. 그런 이들에게 어느 날 갑자기 연구 개발을 뒤로 하고, 사내 조직을 관리하라고 한다면 진땀부터 날 것이다. 단순한 업무 변화 그 이상이기 때문이다. 약간 부정적인 시각으로 말하자면, '기존에 해오던 연구를 포기하라'는 말과 다름없기 때문이다.

그러나 실리콘밸리에서는 걱정하지 않아도 된다. 이곳에서는 회사들이 경력 관리 프로그램을 통해 직원들이 리더급으로 성장할 수 있도록 제도적인 지원을 아끼지 않는다.

경력 관리 또한 리더의 임무이다. 리더는 직원들에게 계속해서 과제를 부여하고, 그것을 관리하고 평가하면서 각 직원들이 정당한 보상과 승진의 기회를 얻을 수 있도록 돕는다. 한편 리더라는 새로운 경로를 선택한 엔지니어들을 위해 사내에서 운영되는 경영 수업을 지속적으로 들을 수 있도록 장려해주거나, 전문가로부터 멘토링을 받을 수 있도록 해준다. 진로를 결정하는 최종 권한은 개인에게 있기에, 리더는 각 직원들과 오랜 시간 동안 미팅을 갖고, 그들이 후회 없는 선택을 하게끔 배려해주어야 한다.

애플·인텔·IBM·HP·구글·시스코 등 상당수의 실리콘밸리 회사들은 주기적인 미팅을 통해서 직원의 경력을 관리하고 있다. 리더는 직원에게, 엔지니어 경로로 갈지 리더 경로로 갈지 묻는다. 이후 미팅이 반복되는 가운데 직원은 본인에게 맞는 경로를 선택하게 되고, 직원이 경로를 정하게 되면 리더는 그 방향으로 모든 역량이 집중될 수 있도록 분위기를 조성해준다. 특히 승진의 기회가 찾아오면 승진에 대한 자격을 갖추었는지, 스스로가 다음 단계로 나아갈 준비가 되었는지에 대해서 함께 고민하면서 그가 정당한 대우를 받을 수 있도록 철저하게 배려해 준다.

● 각자의 선택 존중하면 조직은 다양하고 풍성해져

　구글의 경우를 살펴보자. 구글에서는 전 직원이 경영 감각을 익히도록 한다. 엔지니어들은 대체로 3단계에서부터 최종적으로 '기술 전문 임원(Distinguished Engineer)'이 되는 9단계까지 실무자로 남아서 연구와 기술 개발에 매진할 수 있다. 구글은 시니어급 이후가 되고 나면 엔지니어들에게 선택권을 주어 진로를 바꿀 수 있도록 한다. 다만 진로를 일도양단하여 구분 짓지 않는다. 리더가 되고서도 기술 개발에 참여할 수 있도록 배려하는 것이다. 결국 구글은 '전 직원의 리더화'를 이끌고 있는 회사인 것이다.

　물론 제도적인 안전장치가 있다고 해서 엔지니어들이 자신의 고향과 같은 연구실을 쉽게 잊을 수 있는 것은 아니다. 나 또한 고민의 시기를 보냈다. 본격적으로 경력 관리를 시작할 적에 리더와 함께 주기적으로 미팅을 가졌다.

　당시 리더는 나에 대한 객관적인 평가를 내려주었다. 이를테면, "너의 연구 업적은 결코 남들에 비해서 뒤처지지 않지만, 너의 평소 성격을 봤을 때는 사람들과 섞이길 좋아하므로 리더 경로로 가는 것도 나쁘지 않아"라고 말했다. 다만 그는 리더로 성장하는 과정에는 한계가 올 수도 있다는 현실적인 조언도 빼놓지 않았다.

　엔지니어 경로를 택해 기술 분야를 이끌게 되었을 때는 개인 업적에 따라서 보상과 승진이 상대적으로 빠르게 주어지지만, 피플 매니저가 되었을 때는 조직의 변화가 요구되어 개인의 능력이나 성과만으로는 승진에 어려움이 있을 수 있다는 것이었다.

깊은 고뇌를 해야 하는 그 시간이 얼마나 가혹했는지 모른다. 늘 최종 선택은 내 몫이기에. 이 말은 회사 입장에서 보면 개인의 선택을 존중한다는 뜻이자, 다양성을 중시한다는 뜻이기도 하다. 모두가 임원일 수는 없다. 천천히 오래 가고 싶은 사람도 있을 수 있다. 60~70의 나이가 되어서도 '만년 과장'인 것이 흉이 아니라 자연스러운 것이 실리콘밸리였다.

● 리더에 대한 신뢰는 그의 기술적 리더십에 나와

당시 나는 스스로를 돌아보는 시간을 가지면서 확고한 신념이 하나 생겼다. 내가 평상시에 선후배와 동료들과 함께 일하면서 눈에 보이지 않는 화학적 반응의 불꽃을 일으키고 있다는 걸 깨달았던 것이다. 나는 각 개인의 개성을 존중하고, 그에 맞추어 그들을 성장시키는 것에 행복감을 느끼고 있었다. 그러니 나의 선택은 '피플 매니저'였다.

그 이후로 엔지니어 경로로 갈지 리더 경로로 갈지 고민하는 후배들을 만나면 다음과 같은 말을 해주고는 한다. "자기 자신을 버리지 않으면서도 과거에는 경험해 보지 않은 새로운 길을 갈 수 있는 방법이 있다"고.

나는 리더 경로를 걸으면서 꾸준히 개인 연구를 병행했다. 주변 환경상 연구를 손에서 놓을 수 없었다. 리더는 자신에게 소속된 직원들, 즉 많은 엔지니어들을 위해 다양한 서비스를 제공해주면서 그들의 업무를 보조해주어야 한다.

이때 엔지니어들은 기술적인 부분에서 장애물과 맞닥뜨리고는 하는데, 그 부분에서 리더나 멘토로서 실질적으로 도움이 되는 조언을 해줄 수 있어야 한다. 후배 엔지니어가 풀지 못한 난제를 들고 찾아왔을 적에 주말 내내 머리를 싸맨 끝에 그에게 적절한 대안을 제시해 주었던 기억이 생생하다. 결국 리더가 되고서도 기술적인 연구를 게을리할 수 없는 환경에 놓일 수밖에 없는 것이다. 엔지니어의 천직은 공부하고 또 공부하는 것이다.

또한, 모든 리더에 대한 신뢰는 일정 부분 그가 가지고 있는 기술적 리더십으로부터 나온다. 팀 전체의 방향을 제시할 때도 시장의 동향을 파악하거나, 같은 회사 내 다른 부서의 전략을 벤치마킹해 팀원들의 새로운 연구 분야를 개척해주기도 해야 한다. 혹은 앞으로 시장을 이끌어갈 기술 분야를 먼저 발굴해 팀원들에게 제시해줄 수도 있어야 한다. 나는 엔지니어로 시작해 인텔의 수석매니저로서, 기술 발전에 이어 그 기술 발전을 만들어내는 '사람'의 육성도 이끌 수 있었다. 더 좋은 조직은 그렇게 만들어진다.

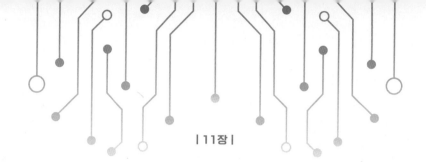

11장

나쁜 시나리오로는
좋은 영화를 만들 수 없다

    실리콘밸리에서 요구되는 덕목 중 하나는 흐름을 파악하는 것이다. 모든 회사는 매년 다양한 사업을 진행한다. 각각의 사업은 투자회수율 (ROI)을 고려하여 우선순위를 매기고, 그 순위에 따라서 집중할 사업을 선택한다. 매니저 또한 자신이 담당하고 있는 조직을 내외부의 여러 여건을 고려하여 팀 전체가 집중할 단 하나의 우물을 정확하게 짚어주어야 한다. 집중 투자가 왜 중요한지에 대해서는 회사 차원에서 생각해 볼 수 있다. 우선 장기적인 안목에서 투자하는 사업이 있다. 이는 대체로 시장의 공급과 수요가 안정적으로 이루어져 있어 회사의 브랜드 가치 창출과 직결되는 경우에 속한다. 인텔이 전통적으로 투자해온 PC 사업을 세분화해 보면, 투자 대비 수익률 기준으로 데스크탑, 노트북, 서버 순으로 우선순위를 매길 수 있다. 사실상 데스크탑은 많이 팔려도 큰 수익이 없거나, 때로는 브랜드 가치를 위해 손실을 감수하면서도 유지하는 분야에 가깝다. 반면 서버는 판매량에 비해 고수익을 창출하는 분야이기 때문에 회사 차원에서는 전략적으로 집중 투자를 한다.

시장을 선도하는 회사일수록 단기 프로젝트에 강하다. 구글은 시장의 변화에 가장 유연하게 대응하면서 카멜레온처럼 사내 구조를 변화시키는 장점을 갖고 있다. 그들은 새로운 제품 개발에 100명이 넘는 엔지니어들을 투입해 불철주야 일을 하다가도, 시장의 동향이 바뀌면 즉각 방향을 전환한다. 그리고 전도유망한 사업을 미리 예측하고, 그 부분을 전담할 최소 인력을 항상 기술사업부 내에 배치해두는 전략으로 시장 판도에 발 빠르게 대처하고 있다. 특히 자체적으로 사내 모든 코드 베이스를 표준화해서 부서 간의 협업과 인력 교환에 제약을 없앴다. 구글은 변화에 준비된 자들이 시장의 혁신을 주도한다는 걸 몸소 실천하고 있다.

장기이든 단기이든 회사 차원에서 투자 분야를 정하면 부서별로 프로젝트가 할당된다. 매니저는 분기별로 나누어 프로젝트를 수행하는데 필요한 자본, 인력, 과제 등을 구체적으로 계산한다. 이 수학적인 산술 과정에서 놓치지 말아야 할 것은 인간이다. 자칫 일과 생활의 밸런스가 깨지면 예측하지 못한 곳에서 실수가 벌어질 수 있다. 팀에서 총력을 기울여 개발한 프로그램이 예상치 못한 버그를 일으켜 회사에 수억 원의 손실을 입히는 경우도 종종 있다.

따라서 매니저는 언제 어떻게 돌출될지 모르는 사고를 방지하기 위해서라도 인력 관리에 신중을 기해야 한다. 대체로 두 가지 경우를 생각해 볼 수 있다. 인력은 변동할 수 없는 상황인데 일이 많다고 판단된다면, 개개인에게 돌아갈 과제를 최소화하는 전략을 짠다. 반대로 개개인의 과제를 줄일 수 없다면 인력 충원을 계획해야 한다. 이때에도 인력 충원이 한시적으로 필요한 계약직인지, 장기적으로 필요한 정규직인지를 구체적으로 판단해야 한다.

인력 관리의 부실은 프로젝트 결과물의 질적인 저하로 이어진다. 쉬운 비유를 들어보자. 한 마차를 여러 말이 끌고 있다. 마음이 급한 주인은 말들을 가혹하게 채찍질하면서 속도를 높인다. 선두에서 앞만 보며 달리던 말이 하나 쓰러지고, 이어서 다른 말도 연거푸 쓰러지지만, 주인은 아량을 베풀지 않는다. 급기야 모든 말이 죽고 마차는 달리고 싶어도 달리지 못하는 사태가 벌어진다. 마찬가지로 회사에서도 속도 경쟁을 경계해야 한다. 직원을 인간이 아닌 기계로 취급하면서 질 좋은 제품 개발을 외친다는 것은 언어도단에 불과하다.

실리콘밸리의 불문율 중 하나는 과부하를 피하라는 것이다. 목표치가 상승했다면, 그에 맞게끔 회사 차원에서 내부적인 투자 비율을 높여야 한다. 여기서 내부 투자란 사업의 성격에 맞추어 사내 구조를 유연하게 재편하는 대범함과 적절한 시기에 인력을 충원하여 노동 강도를 조절하는 유연함이다. 이처럼 실리콘밸리는 회사가 그 스스로 이윤 창출을 위해 내부에 적극적으로 투자하는 선순환 구조를 유지하기 위해 각별한 주의를 기울인다. 그들은 한 인간이 그리고 한 조직이 쓸 수 있는 절대적인 에너지는 정해져 있다는 걸 알고 있는 것이다.

특히 실리콘밸리 회사들은 내부적으로 순환과 반복의 구조가 있다. 그들은 자연이 특정한 주기로 순환과 반복을 거듭하듯 프로젝트를 중심으로 일을 시작하고 끝을 맺는다. 자연에 낮과 밤, 밀물과 썰물, 달이 기울고 차는 순환과 반복의 질서가 있는 것처럼, 회사 내부에도 일련의 프로젝트들이 쉬지 않고 반복되면서 만들어내는 특유의 리듬이 있다.

관점에 따라 프로젝트의 반복은 부조리하고 지루하게 다가올 수도 있다. 시지프스가 형벌을 받아 무거운 바위를 계속해서 굴려야 했던 것처럼, 강제성이 부과된 일은 그것을 수행하는 자에게는 권태롭기 그지없다. 하지만 관점만 달리하면 즐거운 노동이 되기도 한다. 예를 들어 농부가 매년 씨를 뿌리고 수확을 할 때처럼, 목표가 분명하고 일한 만큼의 보상이 주어지는 일에는 보람이 따르기 마련이다. 결국, 강제성의 유무 그리고 목표 설정의 주체에 따라서 반복의 의미는 지옥과 천국 사이를 오가는 것이다.

프로젝트의 시작은 업무에서의 첫걸음과 같다. 회사 차원에서 그리고 팀 차원에서 프로젝트가 결정되고 나면, 본격적으로 임무 수행이 시작된다. 앞서 언급했듯이 거의 대부분의 프로젝트는 연 단위로 계획이 수립된다. 매니저는 양치기가 양들을 목초지로 이끌 듯, 직원들에게 정확한 목표지점을 알려주고 각 직원에 대해 레벨을 평가하고 그들에게 맞는 분야와 과제를 설정해준다. 회사에 따라서 별도의 과제 관리 부서가 있는 경우도 있지만, 대체로 과제 설정은 명령식으로 하달되는 것이 아니라 매니저와 직원들 간의 의사소통을 통해 최종 결정된다.

본격적으로 업무가 시작되면 직원들은 자신에게 할당된 프로젝트나 과제를 중심으로 스스로 목표를 설정하고 그것을 수행해나가는 전 과정을 능동적으로 관리해야 한다. 목표 관리(MBO, Management by Objectives)라고 부르는 이 과정은 양치기가 풀이 많은 곳을 알려준 후 양들을 방목하는 것으로 생각하면 쉽다. 직원들은 자신에게 주어진 1년

치 목표가 무엇인지, 세부적으로는 어떠한 아이템을 개발해야 하는지를 구체적으로 설정해야 한다. 그리고 그 각각의 수행 과제들을 양적 수치로 환원해서 시간 배분을 어떻게 할 것인지, 어느 시점에 휴가를 쓸 것인지, 또한 마감일은 최종적으로 언제로 할 것인지를 결정한다. 목표 관리의 주체는 직원이고 권한도 직원에게 있다.

그럼에도 엄격한 목표 관리가 직원들을 구속하는 것처럼 보일 수도 있다. 실제로 수동적인 상태로 일에 빠져 있다 보면, 왜 이 일을 하고 있는지를 망각해버리기도 한다. 그럴 때마다 스스로를 돌아보는 시간을 갖는 게 좋다.

"내가 왜 이 일을 해야 하는가?"라는 물음에 스스로 답을 낼 수 없을 때는 멘토나 매니저에게 도움을 요청해야 한다. 인간이라면 누구나 긴 경주에서 중도 포기하고 싶은 유혹을 받는다. 이때 매니저는 목표 방향으로부터 이탈한 직원에게 그 일의 명분을 깨달을 수 있도록 자극을 주어야 한다. 지루함과 보람의 차이는 각각의 일에 정확한 목표, 동기, 주인의식의 유무에 달려 있다. 목표 달성의 성취감은 '러너스 하이(Runner's High)', 즉 본인의 한계치를 넘어설 때 느끼는 만족감과도 비슷하다고 할 수 있다.

또한, 업무 수행 전 과정이 평가 대상임을 명심할 필요가 있다. 매니저는 수시로 팀원들의 과제를 모니터링해 피드백을 준다. 이 과정에서 매니저와 해당 직원의 커뮤니케이션이 절대적으로 중요하다. 매니저의 모니터링은 팀원의 과제 수행에 긍정적인 에너지를 불어 넣기 위한 극약 처방과 같다. 다만 모니터링은 감시와는 다르다. 감시는 권력자가 권력이 없는 사람을 수직적으로 통제하는 데 그 목적을 두고 있지만, 모니터링은 장점을 발견해서 자존감을 높여주고 단점을 발견해서 해당 직원이 잘못을 개선하는 데 있다. 모니터를 통한 피드백이 이루어지면 직원들은 목표로부터 방향을 이탈하거나 목표 기일을 맞추지 못하거나 업무의 결과물이 질적으로 저하되는 일을 사전에 차단할 수 있다.

목표 관리는 좋은 영화의 시나리오와 같다. 좋은 시나리오가 좋은 영화라는 등식은 성립되기 힘들지만, 나쁜 시나리오가 좋은 영화로 이어질 기능성은 낮다. 시나리오 안에는 완성될 영화에 대한 세세한 정보들이 구체적으로 묘사되어 있다. 탄탄한 목표 관리가 이뤄진다면 당신은 회사라는 무대를 배경으로 한 낭만적인 영화의 주인공이 될 수도 있을 것이다.

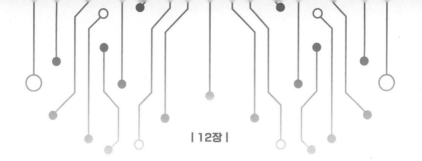

12장

직원과 회사가
함께 박수 쳐야 한다

누구나 살다 보면 두 가지 유형의 시험대 앞에 서게 된다. 우선 점수나 등급을 매기는 평가 유형이 있다. 이는 개인의 능력을 객관화해 바라볼 수 있다는 취지는 좋을지 모르나, 한 인간의 개성을 박탈하거나 사람과 사람 사이에 위화감을 조성할 수도 있다는 단점이 있다.

또 다른 유형으로는 타인으로부터의 신뢰와 믿음에 기반한 평판이있다. 이는 상대적으로 오랜 시간에 걸친 인간관계 내에서 형성되어 집단적인 인정을 낳는다. 평판은 개인 간의 단결과 협력을 장려하고, 궁극적으로는 공동체를 더 단단하게 만들어준다는 이점이 있다.

● 실리콘밸리에선 인재를 중심에 두고 판단해

얼핏 보면 실리콘밸리의 평가는 냉정해 보인다. 프로젝트를 수행하는 전 과정이 평가의 대상이고, 그 결과가 곧바로 봉급, 보너스, 승진 등의 보상으로 이어지기 때문에 인간을 돈으로 환산하는 것처럼 보인다. 그러나 실리콘밸리의 회사들이 성과를 앞세우는 것 이면에 놓인 실상을 보면, 인재를 중심에 두는 철학을 가지고 한 사람에 대한 가치 평가를 우선시하는 것을 알 수 있다.

대부분의 회사에서 운영하는 평가 시스템은 업무 수행 과정 전반을 대상으로 한다. 업무 수행 평가는 상시적이다. 매니저가 직원 개개인에게 레벨 세팅, 멘토링, 모니터링, 피드백을 해주는 전 과정도 평가의 일환이다. 최종 평가가 이루어지기 전의 모든 과정은 직원의 능력 향상 및 문제점 개선에 초점을 맞추고 있기 때문에, 이러한 평가 과정은 직원 개개인의 성장에 밑거름이 되는 긍정적인 기능을 한다. 평가의 취지는 두 가지로 구분할 수 있는데, 하나는 직원의 성장에 중심을 두는 것이고, 다른하나는 결과물이 창출하는 이익에 중심을 두는 것이다. 실리콘밸리는 직원과 회사 모두가 윈윈할 수 있는 평가 시스템을 구축하고자 오랜 시간 노력해왔다.

평가의 중심은 단연 직원이다. 우선 직원들에게 스스로 돌아볼 수 있는 기회를 제공한다. 리더의 멘토링, 모니터링, 피드백을 통해서 직원들은 현재 나의 자질, 역량, 업무 진행 정도가 어느 지점에 와 있는지를 점검해볼 수 있다. 이를 통해 자연스럽게 타인의 눈에 비친 나의 모습을 들여다봄으로써 스스로를 성찰할 기회를 얻는다.

다음으로 평가는 직원들이 자신의 미래가 어떨지 가늠해볼 수 있는 바로미터의 기능을 한다. 평가를 통해 나의 위치를 점검함으로써, 스스로가 꿈꾸던 위치까지 얼마나 가까워졌는지, 혹은 멀리 떨어져 있는지를 가늠해 볼 수 있음으로 평가가 곧 개인역량 개발을 위한 출발점이 되는 것이다.

끝으로 평가는 타인으로부터의 인정을 의미한다. 모든 인간은 인정받고자 하는 욕구를 가지고 있다. 피평가자는 타인으로부터의 긍정적인 평가를 받음으로써 칭찬, 격려, 응원, 지지를 받고 있다는 느낌을 받을 수 있다. 결과적으로 평가는 잘하는 사람에게 칭찬과 박수를 보내자는 취지를 갖고 있다.

● '피어 리뷰'에서 '360도 피드백'까지

타인으로부터의 인정을 잘 반영한 평가 시스템의 대표적인 경우는 피어 리뷰(Peer Review)로, 번역하면 '동료 평가'이다. 이는 학계에서 활용하는 방식으로 연구자가 논문을 투고하면, 같은 분야에 속해 있는 익명의 연구자들이 심사를 일임하는 시스템을 가리킨다. 이러한 평가 방식은 피평가자에게 실질적인 조언을 줄 수 있어 연구의 개선 및 발전을 촉진하는 결과를 낳는다.

실리콘밸리의 경우를 구체적으로 살펴보면 사내 동료들 간에 서로의 관심사, 연구 분야, 업무에 대해서 파악할 수 있는 기회를 제공하기도 한다. 특히 부서 간 이기주의가 심한 회사들은 동료 평가를 통해서 커뮤니케이션의 단절을 극복할 수도 있다. 또한 피어 리뷰는 회사 전체의 입장에서도 이득을 준다.

예를 들어 한 엔지니어가 프로그램을 개발하던 중 자신도 모르던 에러가 피어 리뷰에서 발견되는 경우도 있다. 만약 그 에러를 아무도 모른채 제품이 출시되었다면, 회사는 시장에서 막대한 불이익을 받았을 수도 있다.

피어 리뷰가 프로젝트에 국한돼 있는 것이라면, 인사 문제에 있어서는 피어인 동료들의 피드백(Peer Feedback)은 물론이고 위에서부터 아래로, 아래로부터 위로의 피드백 역시 중요하다. 이를 이미지화하면 '360도 피드백'이 된다. 한국의 인사고과와 성과급제도의 맹점은 그것이 주로 상부의 평가에 근거한다는 점에 있다.

만약 위로부터 아래로 내려오는 평가가 아래로부터 위로 올라가는 평가와 상충된다면 그 직장의 분위기는 어떨까? 동료들이 최고로 꼽는 인재와 회사가 최고로 꼽는 인재가 다르다면, 그 회사는 경직된 문화를 가지고 있음이 분명하다. 그래서 '360도 피드백'이 중요하다.

인텔에서 일할 때 부서원 중에 빌이라는 아주 똑똑한 연구원이 있었다. 그의 업무 능력은 뛰어났지만, 치명적인 단점이 있었다. 그는 시간을 잘 준수하지 않고, 회사의 기본적인 규칙들을 잘 따르지 않는 직원이었다. 업무 시간에 나한테 보고도 없이 사라지고, 특별한 사유 없이 자주 집에서 일하곤 했다.

이로 인해 함께 일하던 주변의 동료들이 상당히 일하기 힘든 상대라고 평가했다. 업무 능력은 뛰어났지만, 규칙을 따르지 않아 함께 일하기 힘든 상대라는 동료 평가를 반영해 '기대 이하(Below Expectation)'

고과를 주었다. 빌은 처음에는 납득할 수 없다며 평가에 반발했지만, 그동안 기록해 두었던 위반 사례들을 제시하며 하위 고과를 받은 이유를 설명했다. 물론 동료들의 솔직한 피드백도 전달했다.

여러 차례에 걸쳐 오랜 시간의 면담으로 그동안 회사에 적응하지 못한 이유를 나는 알아낼 수 있었다. 본인의 능력 대비 주어진 일이 너무 도전적이지 않았다는 것이다. 그 후 나는 연구원이던 그에게 리더급 업무를 부여했고, 빌은 그 과제를 상당히 성공적으로 완수했다. 성과를 인정해 그다음 평가에서 최고 등급인 '최우수(Outstanding)'를 주었고, 과장으로 승진했다. 지금도 그가 아주 잘하고 있고 차장으로 승진했다는 등의 소식을 가끔씩 듣고 있다.

실리콘밸리의 회사들은 직원들이 박수 칠 때 회사도 함께 박수 칠 수 있는 곳이다. 그들은 수직적인 평가와 수평적인 평가의 장점만을 취해 동료가 인정하는 사람과 상부에서 인정하는 사람이 동일하게 나올 수 있도록 신경을 쓰고 있다. 이러한 촘촘한 그물망과 같은 평가 시스템은 최고의 인재를 성장시켜 최고의 전문가로 만들겠다는 회사 전체의 운영 철학에도 상응하는 것이다. 결국, 어느 회사에서든 인재가 그 중심에 있다.

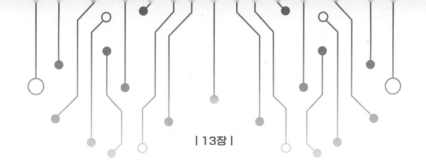

13장

당신의 조직에서 '유레카'가 외쳐지게 하려면

최근 많은 기업이 목표로 삼고 있는 '워크 스마트'는 육상 경기에 비유할 수 있다. 일단 빨라야 한다. 하지만 속도뿐만 아니라 페이스를 조절하는 능력도 중요하다. 단거리 경기의 승패가 스타트에 달렸다면, 장거리 경기에서는 꾸준히 자기 본연의 페이스를 선두권에서 유지하다가 마지막 구간에서 남은 힘을 쏟아내야 하듯 말이다. 이처럼 사내에서의 워크 스마트란 빠르면서도 지치지 않고 오래 가는 자기 관리의 일환이다.

● 유레카를 위한 20퍼센트 문화 자랑하는 실리콘밸리

워크 스마트는 눈치 보기에 바쁜 수직적인 조직 문화와는 어울리지 않는다. 드라마 〈미생〉의 신입사원은 선배와 상사들의 기에 눌려 산다. 유형도 각양각색이다. 그들은 각각 비정규직이라는 이유로, 학벌이 좋다는 이유로, 현장 출신이라는 이유로, 지나치게 능력이 뛰어나다는 이유로 선배들로부터 미움을 받는다. 그들은 한동안 업무와는 상관없는 커피 심부름, 담배 심부름, 복사, 전화 받기와 같은 허드렛일을 도맡아서 한다. 단군 이래 최고의 스펙을 자랑하는 인재들이 선배들 눈칫밥 먹으면서 회사를 다니는 것이다.

반면 실리콘밸리에서는 눈치 보기보다는 눈높이에 맞는 업무 설정을 통해 개개인이 가지고 있는 역량을 발휘할 기회를 준다. 보통 엔지니어들의 직급은 연구원(Junior Engineer), 선임 연구원(Engineer), 책임 연구원(Senior Engineer), 수석 연구원(Sr. Staff Engineer), 연구위원/마스터[Principal(Distinguished) Engineer] 급으로 나뉘며, 직급별로 레벨 세팅을 통해 전문 지식과 그것을 활용하는 정도를 구분해서 적용하고, 동일한 기준에 따라서 업무 능력을 평가한다. 수석 연구원 이상은 리더로서 직원들과 지속적으로 협의해가는 과정에서 레벨 세팅을 해주고, 일정 수준에 도달하면 다음 단계로 나아가게끔 유도한다. 〈미생〉에서처럼 고급 인력을 뽑고서도 비상식적으로 단순한 업무를 시키거나, 채용 즉시 모든 분야에서 뛰어난 능력을 가진 멀티플레이어형 인재를 기대하지 않는다. 실리콘밸리에서는 모든 직원이 자기 몸에 꼭 맞는 일을 할 수 있어야 좋은 회사라고 생각한다.

같은 조건에서 같은 업무를 수행할 때, 시간을 단축시킬수록 능력 있는 사람으로 평가받지만, 무작정 빠르기만 하다고 좋은 것은 아니다. 주어진 업무에 따라서 시간관념도 달라질 필요가 있다. 첫째, 개인적인 시간관념이 필요하다. 특히 선임연구원은 의존적으로 명령과 지시에 따라 움직이는 경우가 많기 때문에 과제를 마쳐야 하는 시간을 정확하게 파악할 필요가 있다. 프로젝트를 진행하면서 개별적인 목표 관리(MBO, Management by Objectives)를 통해 아이템, 과제 수행 방식, 최종 달성 기간 등을 능동적으로 결정하는 것이 좋다. 둘째, 회사가 요구하는 시간관념을 파악해야 한다. 이는 팀 단위로 프로젝트를 수행하거나 회사 전체에서 사활을 걸고 출시하는 프로그램이나 상품이 있을 때 해당하는 말이다. 셋째, 자신의 회사가 어떠한 시장에 참여하고 있는지를 숙지하고 있어야 한다. 예를 들어 시장 진입 시기(Time to Market)를 놓고 봤을 때, 모바일 제품은 6개월을 주기로 반복되는 단기 주기를 갖고 있다면, 상대적으로 PC는 2년이라는 장기 주기를 갖고 있다.

　　기원전 200년경 시칠리아의 히에론 왕은 아르키메데스를 불러 이상한 임무를 맡긴다. 자신의 왕관이 순금인지 합금인지 알아보되, 왕관을 망가뜨리거나 훼손해서는 안 된다고 단단히 일렀다. 아르키메데스는 고민에 빠져 목욕을 하다가 우연히 자신이 들어간 욕조의 물이 넘치는 걸 보고서는 동일한 왕관을 물속에 넣으면 황금의 밀도를 알 수 있다는 사실을 깨달았다. 흥분했던 그는 목욕하다 말고 거리로 뛰쳐나가 "유레카"를 외쳤다.

　　이처럼 기발한 생각은 책상 앞에서 나오지 않는다. 실리콘밸리에는 '유레카를 위한 20퍼센트'의 문화라는 것이 있다. 구글은 '20퍼센트 시간'을 활용해 전체 업무 중 20퍼센트를 여가시간에 활용하는 대표적인 회사다. 이는 단순히 주5일 중 하루를 휴가처럼 보내거나, 회사에서 게으름을 피우거나, 휴식을 취하는 것이 아니다. 업무 과중에 따른 피로로부터 벗어나, 기분 전환 삼아 직원들이 평소 '개인적으로 관심을 가지고 있던 일에 몰두하는 것'을 장려하기 위함이다.

그 효과는? 회사에 120퍼센트로 돌아오고 있다. 구글은 20퍼센트 프로젝트로 구글 자동 완성(Suggest), 구글 나우, 구글 뉴스, 지메일 광고, 안드로이드용 스카이맵 등을 출시한 바 있다. 시스코는 '창의적 아이디어 시스템'이라는 프로그램을 통해 직원들이 전체 업무의 20~50퍼센트 가량을 아이디어 개발에 투자하게끔 장려하고 있다. 1년 단위로 개개인이 하고 싶은 아이디어를 제출하면, 해당 프로젝트는 리더가 관리하고 평가한다. 그리고 이는 누구에게나 기회가 열려 있다. 신입사원이라고 예외일 수 없다. 회사가 창의력을 발휘할 수 있는 환경을 조성해주면 자연스럽게 동료들 간의 협력이 이루어지면서 모두가 동반 성장할 수 있다.

● 승진 거절하는 엔지니어?

실리콘밸리는 직원들에게 어느 정도로 자율성을 보장해주는가? 내가 인텔에서 리더로 근무할 당시 한 엔지니어의 승진을 결정할 시기가 있었다. 그 직원은 자신의 레벨에서 좋은 성과를 냈으며, 다음 레벨로 승진해도 무리가 없었다. 그에게 곧 승진할 거라는 소식을 알려주자, 뜻밖에도 싫다는 대답이 돌아왔다. 태도는 확고했고 이유 또한 명확했다. 회사의 기대치와 회사가 요구하는 임무보다는 현재 자신의 직급에서 하고 있는 일이 더 좋으며, 아직도 할 일이 많이 남았다는 것이다. 독자들이 단번에 이해하긴 힘들겠지만, 실리콘밸리에서는 승진의 결정권마저도, 회사보다는 개인이 어떤 위치에서 무슨 일을 할 것인지에 우선순위가 달려 있다.

창의력은 직원의 잠재력을 믿고 기다리는 개방된 문화에서 나온다. 회사가 이윤 창출만을 최고의 가치로 여긴다면 20퍼센트 문화는 무용지물이다. 회사가 직원을 아는 것보다, 직원이 스스로에 대해서 더 많이 알게 되는 것의 잠재력이 더 높다. 회사는 직원들에게 동기를 부여하고 그들이 본연의 가치를 발견하고, 또 그럼으로써 스스로 자존감을 유지할 수 있게끔 협력해야 한다. 언제, 어디서, 또 누가 "유레카"를 외칠지는 아무도 모른다. 20퍼센트를 투자하라, 새로운 발견에.

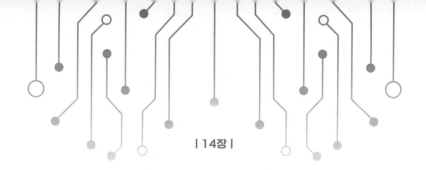

14장

실리콘밸리에도 가난이 있고,
밤낮이 없다

실리콘밸리에도 가난이 있다. 그들의 가난은 일자리가 없거나 소득 수준이 낮아서 겪는 절대적 빈곤과는 거리가 멀다. 또 남들보다 적게 벌고 있다는 박탈감 때문에 비롯되는 '상대적 빈곤'과도 거리가 멀다. 납득이 되지 않겠지만, 직장도 있고 남부럽지 않게 돈을 벌어도 힘들어서 못 살겠다는 소리가 새어 나오고 있다. 그것도 평균 연봉 10만 달러(약 1억 2000만 원)를 받는 엔지니어들이 말이다.

이해를 돕기 위해서 시간을 거슬러 올라가 보자. 2008년 9월, 투자은행 리먼브라더스(Lehman Brothers)의 파산을 시작으로 미국발 금융위기가 전 세계로 퍼져나갔다. 금융시장의 경색은 곧바로 실물경제에도 부정적인 영향을 미쳤다. 실업률이 증가하고 신용불량자가 늘면서,

미국 가정은 눈덩이처럼 불어나는 가계 부채에 허덕였다. 자본의 흐름을 결정하는 변수는 항시 복잡하게 얽혀 있어 경제적 위기의 원인을 명확히 파악하기 어려운 것이 일반적이지만, 이 시기 미국 금융위기의 주요 원인은 부동산 시장의 과열로 꼽히고 있다.

이미 2005년 6월 〈이코노미스트(Economist)〉는 부동산 가격의 하락을 경고한 바 있다. 2000년대 초반부터 은행은 저금리 대출로 고객들을 유인했고, 이에 편승해 부동산 시장의 공격적인 마케팅이 저소득층 및 중산층으로 하여금 '지금 집을 사두지 않으면 바보'라는 생각을 하게 만들었다. 그렇게 빚을 내서 산 집은 부동산 시장의 거품이 꺼지자 하루아침에 애물단지로 전락하고 말았다. 곧이어 가계 빚이 쌓이고 신용불량자가 속출하면서 연쇄적으로 주택담보 대출로 파생상품을 만들었던 금융회사들이 파산했다. 이 모든 사태를 한 줄로 요약하면 부동산으로 시작된 미국 중산층의 꿈이 금융위기로 끝났다는 것이 된다.

실리콘밸리는 미국에서도 소득 불평등이 극심한 곳 중 하나다. 2014년 '조인트 벤처 실리콘밸리(Joint Venture Silicon Valley)'의 보고서에 따르면, 고소득 및 저소득 일자리는 각각 증가한 데 비해 중간 소득에 해당하는 직종의 종사자 수는 2001년에 비해 4.5퍼센트 감소했다고 한다. 이는 실리콘밸리에서 중산층이 줄어드는 만큼 저소득층이 증가하고 있다는 것을 말해준다.

중산층의 경제적 고충은 이 지역의 비싼 물가와도 관련이 있다. 실리콘밸리는 타지에 비해 상대적으로 연봉은 높지만, 지출이 상당하다는 경제적 특징이 있다. 연봉 10만 달러를 받는 싱글을 기준으로 했을 때 세금 3만 달러, 집세 2만4천 달러 정도가 든다. 여기에 자동차 렌트비,

전화 및 휴대전화 사용료 등을 내고 나면 대략 3만 달러 정도가 생활비로 남는다. 그나마 싱글은 평균 연봉으로도 그럭저럭 생활이 가능하다. 그러나 한 보고서에 따르면, 실리콘밸리에서 4인 가족을 부양하기 위해서는 연간 9만 달러 상당의 돈이 필요하다고 한다. 저축은 꿈도 못 꾼다. 결국, 한국 돈으로 환산해서 억대 연봉을 받는 노동자일지라도 실리콘밸리에서 가난의 위험에 노출되어 있다는 말이 된다.

실리콘밸리를 낙원의 도시라고 생각하는 이들에게는 청천벽력 같은 소리일지도 모른다. 특히 미국에서 세계적인 인재들과 자웅을 겨루어보고 싶은 한국 엔지니어들을 비롯해 해외 취업에 성공해 질 높은 삶을 보장받을 기대감에 부풀어 있는 사회 초년생들에게는 좌절감이 더 크게 다가올 것이다. 가슴 깊은 곳에서부터 끓어오르는 도전 정신의 뜨거운 열기가 현실의 차가운 벽 앞에서 식어버리곤 한다. 그렇기에 냉철해져야 한다.

다만, 섣부른 낙담도 독이다. 전문성과 창의력을 겸비한 인재들에게는 항상 문을 열어두고, 그들을 위한 충분한 보상으로 환대하는 곳 또한 실리콘밸리라는 것을 잊어서는 안 된다.

게다가 실리콘밸리에는 밤과 낮이 없다. 번뜩이는 아이디어를 가진 천재들이 모인 곳인 만큼 많은 시간 휴식하고 짧은 시간 안에 일을 처리하리라고 생각하기 쉽다. 주 5일 근무제, 재택근무 및 원격근무, 그리고 직원들의 휴식과 여가를 보장하는 사내의 각종 복리후생 제도만 보아도 그러하다. 하지만 사내의 유연한 근무 환경과 노동의 강도는 별개다. 실리콘밸리에도 일 중독자들이 있다.

스티브 잡스(Steve Jobs)가 애플에서 퇴사하고 넥스트(NeXT)에서 일할 때 일화를 하나 소개하고 싶다. 모두가 열띤 회의에 집중하고 있을 때 별안간 스티브 잡스가 상기된 얼굴을 하고서는, 크리스마스까지 밤이고 주말이고 계속 일한 다음 한주 내리 쉬자고 제안한다. 그러자 사무실 뒤편에서 한 엔지니어가 점잖게 조심스레 말했다. "음⋯, 사장님. 저희는 이미 밤이고 낮이고 일하고 있는데요?"

이 일화에서 보듯이 실리콘밸리의 밤은 길다. 시시각각 변하는 업계의 질서에 유동적으로 대처하며 새로운 시장의 판도에 기민하게 반응하고, 또 그 모든 질서를 혁신적으로 파괴하기 위해서는 낮보다 밤이 길거나 낮밤의 구분이 없을 수밖에 없다.

다만 실리콘밸리의 고강도 업무는 한국의 그것과 큰 차이가 있다. 이곳의 대다수 회사들은 직원들을 위한 물질적 및 정신적 배려를 아끼지 않는다. 예컨대 일부 회사에서는 직원들에게 무료로 식사를 제공한다. 직원들의 배가 든든해야, 또 그들이 아프지 않아야 회사가 잘 돌아간다는 확고한 운영 철학이 없으면 불가능한 발상이다. 또 다른 예로 구글에서는 직원들이 주차장에서 시간을 낭비하는 걸 방지하기 위해 발레파킹 서비스를 제공하기도 한다. 직원을 위한 이와 같은 물질적 지원들은 회사의 주인은 직원이라는 운영 철학으로부터 나온 것이다. 결국 실리콘밸리는 즉 일중독에 빠지고 싶은 자들을 위한 천국이라고 할 수 있다.

엔지니어들 중 상당수는 현실과 괴리된 채 자기 세계에 빠지는 경우가 있다. 그들은 테크놀로지의 발달이 인류의 삶의 질을 향상시키리라고 믿으면서 상상 속에서만 가능했던 일을 현실화하기 위해 자기 일에 몰두한다. 이런 자들에게 노동과 삶의 균형은 유지되기 힘들다. 회사는 강요 대신 그들이 자기 스스로 목표를 설정하고, 그 목표를 달성해 성취감을 느낄 수 있도록 최적의 환경을 조성해주기 위해 물심양면으로 돕는다. 단순히 일을 잘해서 회사의 이윤에 보탬이 되라고 다그치는 것이 아니라, 그들이 건강하게, 그리고 안정적으로 자기 일을 완수해서 만족감을 얻을 수 있도록 회사가 그들의 든든한 후원자, 조력자, 그리고 친구를 자처한다.

추진력의 원천은 개인에게 있다. 실리콘밸리에서 새로운 기술 개발만큼이나 새로운 인재 발굴에 신경 쓰고, 모든 회사들이 채용에 막대한 돈과 시간을 투자하는 까닭도 모든 일의 출발과 끝에는 사람이 있다는 믿음 때문이다.

열심히 하는 것보다는 잘하는 게 좋고 그냥 잘하는 것보다는 즐기면서 잘하는 게 좋은 건 당연한 일이다.

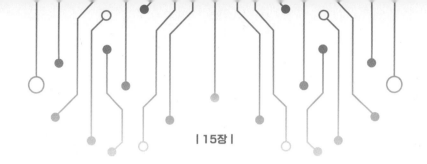

15장

실리콘밸리의 이면?
유대인 마피아와 '늑대 문화'

　로마에 가면 로마법을 따르듯 실리콘밸리에서는 유대인의 문화를 배워야 한다. 한국 기업인들은 유대인 투자자에게 유독 약하다. 유대인들과 사업을 위해 미팅을 한 이들은 하나같이 마음에 상처를 받는다. 유대인들과의 커뮤니케이션을 위해 필요한 역사적, 문화적, 정치적 지식을 충분히 조사해오지 않은 탓이다. 행여 조사를 했다고 해도 실제로 유대인들을 대면해 보면, 그들의 강한 악센트와 영어 발음과 공격적으로 퍼붓는 질문 공세에 당황하고 만다. 하지만 정작 유대인들은 거의 대부분의 일상생활에서 대화와 토론을 즐기며, 대화 속에서 삶의 진리를 찾으려는 자세가 몸에 베어 있다.

　실리콘밸리에서 창업하기 위해서는 유대인 투자자를 끼고 있어야 한다는 농담이 있다. 미국 전체 인구 가운데 유대인의 비중은 2퍼센트인 660만 명 정도에 불과하지만, 이들은 미국의 정치, 경제, 군사, 산업, 교육과 같은 각 분야에서 막강한 힘을 자랑하고 있다. 실리콘밸리도 예외는 아니다. 오라클(Oracle)의 래리 앨리슨(Larry Ellison) 회장, 델 컴퓨터(Dell Computer) 창업자 마이클 델(Michael Dell), 인텔 공동 창업자 앤드루 그로브(Andrew Grove), 마이크로소프트의 스티븐 발머(Steven Ballmer) 전 CEO, 구글 공동 창업자인 세르게이 브린(Sergey Brin), 페이스북의 마크 저커버그(Mark Zuckerberg) 등이 모두 유대인이다.

유대인의 특징 중 하나는 공격적인 투자가 기질이다. 그 성격은 각각 다르지만, 〈탈무드〉의 지혜로운 상인들이나, 셰익스피어가 쓴 〈베니스의 상인〉에 등장하는 악랄한 상인들은 장사 수완이 좋으며, 투자가 기질을 갖고 있다는 공통점이 있다. 돈 버는 데 있어 둘째가라면 서러워할 이들이 또 있다. 현재 실리콘밸리에는 페이팔(PayPal)의 초창기 멤버들을 가리키는 '페이팔 마피아' 또는 '유대인 마피아'가 악명을 떨치고 있다. 간단한 이메일 주소만으로도 결제가 가능한 인터넷 서비스인 페이팔은 웹 2.0을 정보 흐름의 중심에서 금융 흐름의 중심으로 바꿔 놓았다. 초기 창업자인 맥스 레브친(Max Levchin), 피터 틸(Peter Thiel)을 비롯해 일론 머스크(Elon Musk, 테슬라 최고경영자), 채드 헐리(Chad Hurley, 유튜브 공동 설립자), 스티브 첸(Steve Chen, 유튜브 공동 설립자), 리드 호프먼(Reid Hoffman, 링크드인 대표 회장) 등은 자신들의 사교 모임에서 수다를 떨다가도 앉은 자리에서 수십억 원을 투자해버리는 대범한 자들이다.

유대인들은 새로운 흐름을 읽어내는 데 있어서도 귀재다. 페이팔의 공동 창업자이자 CEO인 피터 틸은 자신의 투자 개념이 단순 수익 창출이 아니라 '창조적 독점'이라고 주장한다. 그가 저서인 『제로 투 원(Zero to One)』에서 밝힌 투자 비결은 간단하다. 비슷비슷한 제품으로 경쟁을 하면 경쟁에서 누구도 독보적인 수익을 낼 수 없다. 반면 완벽하게 차별화된 제품이 나온다면 시장의 질서는 창조적인 독점에 이른다. 실제로 그는 페이스북 초기 마크 저커버그에게 50만 달러를 투자해 이 회사의 지분 10퍼센트를 확보했고, 그 가치는 현재 2조 원이 넘는 것으로 추정된다. 결국, 투자를 성공으로 이끄는 비결은 미래를 선도할 사업을 내다보는 혜안에 있다. 피터 틸은 투자에 있어서만큼은 독점을 독식이 아니라, 시장질서의 창의적 파괴로 읽은 것이다.

유대인 마피아의 실질적인 힘은 그들만의 끈끈한 네트워크에서 나온다. 그들은 고인 물이 아니라 흐르는 물이다. 과거 실리콘밸리 선배들이 창고에서 홀로 고군분투하면서 기적을 일궜다면, 새로운 세대들은 협업으로 공동의 성공을 일궈 나가고 있다. 페이팔 멤버들은 이미 자사가 2002년 이베이에 15억 달러에 매각되면서 돈방석에 앉았지만, 현실에 안주하지 않고 새로운 분야에 지속적으로 투자했다. 피터 틸은 벤처캐피털인 파운더스 펀드(Founders Fund)를 만들었고, 일론 머스크는 스페이스X(SpaceX)를 설립했으며, 스티브 첸과 채드 헐리는 유튜브를 창업했고, 리드 호프먼은 링크드인(LinkedIn)에 참여했다. 이들은 실리콘밸리를 새롭게 개척한 동료로서 긴밀한 유대 관계를 다지고 있으며, 또한 각자 전문 분야에서 투자와 창업을 주도하고 있다. '따로 또 같이'라는 전략이 실리콘밸리에서 스타트업의 새로운 모델로서 자리매김한 것도 상당 부분 이들의 공로라고 할 수 있다.

실리콘밸리의 지형도는 인적 네트워크들을 중심으로 재편되고 있다. 이는 기술과 지식을 중시하는 실리콘밸리의 핵심 동력에 인간 중심적인 사고가 있다는 말이다. 독보적인 기술력과 독창적인 아이디어를 가진 천재와 영웅들의 시대가 지나가고, 다양한 분야의 전문가들이 상호 협력하는 공동체가 속속들이 나타나고 있다. 이러한 협력 정신을 가장 잘 구현하고 있는 것이 유대인들이다. 그들은 실리콘밸리의 최전선에서 인간적인 전략으로 새로운 시장을 개척해 나가는 중이다.

다만, 실리콘밸리는 유독 여성에게는 인색하다. 스타트업에 참여한 많은 여성들이 투자자들과의 막판 협상에서 좌절하는 경우가 많다. 제아무리 민주주의의 꽃을 피운 미국이더라도 가부장제, 남성우월주의, 권위주의 문화는 지나치게 뿌리 깊은 나무였던 것이다.

2003년 미국 법률회사 중 하나인 '펜윅 & 웨스트(Fenwick & West)'는 〈실리콘밸리에서의 성적 다양성〉이라는 보고서를 발표한 바 있다. 이 연구는 실리콘밸리 150개의 기업을 대상으로 여성들이 성적 차별을 받고 있다고 전한다. 예를 들어 150개 기업 중 여성 임원직이 단 한 명도 없는 곳은 43퍼센트, 한 명이 있는 곳은 40퍼센트, 두 명이 있는 곳은 12.7퍼센트, 세 명이 있는 곳은 4퍼센트의 비율로 나타났다.

실리콘밸리에서 성공의 반열에 오른 여성이 전혀 없는 건 아니다. 야후(Yahoo)의 CEO인 마리사 메이어(Marissa Mayer)는 2012년 〈포브스(Forbes)〉가 정한 올해를 빛낸 매력적인 여성 12인에 당당히 이름을 올렸고, 야후 내에서도 연봉이 가장 높은 위치에 있다. 여성으로서의 입지전적인 그녀의 성공은 단순히 성과지표만으로 가늠할 수 있는 게 아니다.

마리사 메이어가 실리콘밸리에서 회자되는 이유는 그녀가 단순히 여성이기 때문이 아니라, 세계 굴지의 기업을 호령하는 특유의 카리스마적 리더십 때문이다. 그녀는 야후 CEO 자리에 오르자마자 야후의 옛 영광을 되찾기 위해 과감하게 수술칼을 꺼내 들었다. 그리고 곧바로 사업 정리에 들어갔다. 일단 업무 방식을 바꿨다. 실리콘밸리에서 일상화된 재택근무 방식은 지금 당장 회사의 존폐가 걸려 있는 상황에서 아무런 도움이 되지 않는다고 판단한 뒤, 모든 직원에게 사무실로 나와 예전처럼 머리를 맞대고 회사에 대해서 고민하자고 다그쳤다. 직원들에 대한 고강도 지침은 사업 정리로 이어졌다. 야후에서 2015년까지 장기간에 걸쳐서 추진해왔던 사업 중 실효성이 없는 60개 사업을 정리했다. 또 문어발식 사업 확장을 중단하고, 선택과 집중을 통해 꺼져 가던 야후의 숨결을 되살려냈다. 그녀의 냉정한 판단과 강력한 실행 덕분에 야후는 구글에 밀렸던 옛 명성을 서서히 회복하는 중이라는 평가를 받고 있다.

그런데 마리사 메이어와 같은 인물은 어디까지나 소수의 신화에 지나지 않는다. 실리콘밸리가 기억하는 남성들의 틈바구니에 여성이 낄 자리는 없다. 과장해서 말하자면 실리콘밸리의 역사는 그 자체로 남성 신화의 역사다. 그렇다면 그 많던 여성들은 어디로 갔는가. 한 기업을 이끄는 리더의 자리에 여성이 설 수 없다는 것은 그 자체만으로도 실리콘밸리에 여성 혐오 성향이 짙게 드리워져 있다는 증거인 셈이다.

대체로 미국 기업 사회에서 월스트리트의 '늑대 문화'는 여성 혐오의 원흉으로 꼽히고 있다. 오늘날에는 실리콘밸리도 그런 문화로부터 자유롭지 않다. 국내에서도 개봉한 마틴 스콜세지 감독의 〈더 울프 오브 월

스트리트(The Wolf of Wall Street)〉는 주식 사기로 월스트리트를 주름잡은 한 남자의 성공담과 함께 그와 동료들이 섹스와 마약에 물든 일상을 보여준다. 이 영화에서 적나라하게 보여주고 있는 것처럼, 늑대 문화란 남성들이 본능과 욕망의 노예가 되는 삶을 추구하는 것을 지칭하며, 이러한 문화 속에서 남성은 돈과 여성을 모두 소유할 수 있는 사물 정도로 취급한다. 만약 이러한 문화적 형태가 그대로 적용되고 있다면, 실리콘밸리에서 여성은 사업 파트너이자 동료보다는 비인격화된 사물로 인식되고 있을 것이다.

과장이 아니다. 실제로 임원급 여성의 부재가 이를 증명하고 있다. 그 발단은 아래로부터 시작됐다. 예를 들어 구글은 전체 직원 중 70퍼센트가 남성이며, 대부분의 실리콘밸리의 회사들도 60퍼센트 이상이 남성이다. 이러한 성비 불균형은 결과적으로 여성들의 임원급 진급에 있어 일차적 장애물일 수밖에 없다. 전체 직원 중 30~40퍼센트에 해당하는 여성들이 임원이 되기 위해서는 기적과 같은 수혜를 받아야 한다. 임원이 될 여성을 뽑는 이사진들의 상당수가 남자인 것이 바로 그 이유다. 그만큼 여성들이 실리콘밸리에서 성공하기는 힘들다는 것이다.

그보다 더 현실적인 고민거리는 출산과 육아다. 상당수 여성들은 출산과 육아로 인해 직장생활을 그만둔다. 출산을 여성의 의무로 간주하거나 육아를 남녀가 함께 노력해서 헤쳐나가야 할 과제로 생각하지 않는다면, 여성은 일터에서 자연스럽게 배제될 수밖에 없다. 또 사회의 주체나 노동자가 아니라 가정의 주체 또는 가사노동자라는 굴레에서 벗어나지 못한다.

이처럼 실리콘밸리의 차별 성향은 두 가지 차원에서 이뤄지고 있다.

이곳의 여성들은 남성의 욕망에 의해, 그리고 가부장제라는 뿌리 깊은 사회적 편견에 의해 공적인 자리에서 배제되고 있는 것이다.

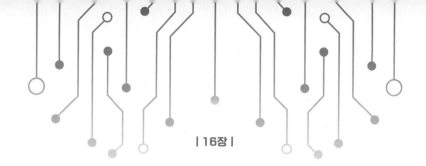

16장

회사와 직원의 관계는
'연애'와 닮았다

미국은 이직에 있어서도 자유롭다. 물론 이 부분에 대해서는 조금 자세한 설명을 곁들여야 한다. 개인의 자유를 숭상하는 서구식 가치관에 미루어 보면, 실리콘밸리에서 이직의 자유는 하등 문제가 없을 것처럼 보이지만, 현실적으로 기업 입장에서 좋은 인재를 잃을 수도 있는 이직이 마냥 달갑지는 않을 것이다. 실제로 실리콘밸리에서는 이직을 금기시하는 기업들과 이직의 자유를 허하라는 직원들이 맞붙는 다윗과 골리앗의 싸움이 일어난 바 있다.

이직 금기를 둘러싼 스캔들의 중심에는 놀랍게도 애플과 구글이 있었다. 2007년 스티브잡스가 애플의 직원들이 구글로 이직하는 일이 잦다며 사적으로 에릭 슈미트에게 불만을 토로하자, 슈미트는 애플 직원들을 스카우트하지 말라는 사내 지침을 내린 것이다. 두 사람이 주고받은 이메일이 공개되자, 실리콘밸리는 졸지에 세기적 추문의 주인공이 돼버렸다. 일련의 추문이 걷잡을 수 없는 상태로 악화된 건 비단 애플과 구글뿐 아니라 인텔-구글, 구글-인튜이트, 애플-픽사, 픽사-루카스 필름 간에 암묵적으로 담합을 했다는 사실이 드러나면서부터다. 이 회사들의 불법적인 행위를 보다 못한 5명의 엔지니어들이 직접 발벗고 나서서 총 6만4000명의 집단소송을 준비해 2010년 '하이테크 피고용인 반독점 집단 소송'을 제기했다. 결과적으로 원고가 승리한 이 재판에서 2015년 5월 현재 4억1500만 달러로 최종 합의금이 결정났다.

이직은 직장인의 기본 권리로 알려져 있다. 이는 평생직장을 생각하는 한국인의 정서에는 직접적으로 와 닿지 않는 부분일 수도 있다. 실제로 인텔에 근무하는 동안 2~3년 주기로 회사를 옮겨 다니는 사람들을 고깝게 느꼈다. 고백하건대 한때는 이직하는 사람들을 마주하기가 불편했다. 특히 매니저로서 몸과 마음을 다해서 도와줬던 직원들이 회사를 옮길 때마다 상처를 받았다. 하지만 시간이 흘러 차츰 이곳의 문화에 적응할 때쯤 그들이 왜 이직을 하는지, 그리고 그것이 가능한 사회적 조건이 무엇인지 눈에 보이기 시작했다.

우선 이직은 그것의 선택 여하를 떠나서 직장생활의 자연스러운 과정 중 하나였다. 실리콘밸리의 산업 특성상 벤처회사들은 매각과 전략적 제휴가 많아 회사 이름이 수시로 바뀌기 때문에 직원들도 본인의 의지와는 무관하게 소속이 바뀌는 경우가 많다. 이러한 상황에서 평생직장 개념은 설 자리를 잃는다. 한편 직원들은 회사의 방향에 동의하지 않거나 직장으로부터 피로와 권태를 느낄 때 이직의 필요성을 느낀다. 역으로 그런 직원에 대해서 회사 또한 함께 갈 수 없다고 생각해서 이직을 만류하지 않는다.

놀랍게도 미국 기업은 회사의 사정에 따라서 정리해고가 자유롭고, 직원들도 회사의 그러한 조치에 크게 동요하지 않는다. 회사는 단순히 경기 흐름에 따라서 직원을 늘리고 줄이는 것이 아니라, 회사 내부의 상황을 중심으로 유동적으로 직원 숫자를 조정한다. 또 이직 시장이 크고 이직에 대한 편견이 없으므로 미국은 정리해고를 실업이라기보다는 또 다른 일자리를 찾아 나서는 시기로 생각한다. 이러한 사고의 차이는 일련의 안전장치가 있기 때문에 가능한 것이다. 미국은 국가 차원에서 정리해고자들에게 장기간 동안 생활비를 지원해주고 있다. 하지만 취업 비자를 가지고 있는 사람이 정리해고를 당하면 한 달 안에 출국해야 하므로 가급적 안정적인 직장생활을 위해 영주권 발급에 힘써 보는 것이 좋다.

이직이 직접적으로 창출하는 이점은 노동 시장의 가격 조정이다. 시장은 교환 가능한 상품과 노동의 가치를 매기는 곳이다. 그러므로 한 직원이 이직 시장에 나왔을 때, 비로소 그 자신이 가지고 있는 노동력의 가치를 객관적으로 평가해볼 수 있다. 게다가 노동 시장에 나온 사람의 몸값이 오르면, 비슷한 직종에 있는 직원들의 몸값도 동반 상승할 수 있다. 결국, 직원들에게 이직이란 노동력에 대한 정당한 보상을 찾기 위한 자기 권리 실천과 같다.

안타깝게도 한국은 아직도 이직에 대해서 관대하지 못하다. 특히 이직을 실직과 혼동하는 경우가 많다. 이는 평생직장 즉 한 번 다닌 직장에는 충성을 해야 한다는 유교적 사상에서 비롯된 것으로, 한국 사회는 휴식기를 '이 보 전진을 위한 일 보 후퇴'로 보지 않는다. 오히려 회사를 떠나는 자들을 일하기 싫어하는 베짱이라고 생각한다. 이직에 대한 열린 자세와 닫힌 자세의 차이는 곧 인식의 차이로부터 생겨난다. 한국은 일이 적성에 맞지 않아도 인내하라고 가르치며, 회사에 염증이 났어도 인내하고 기다리라고 말한다. 인내를 원리로 착각할 필요는 없다.

한편 한국 기업들 사이에서는 암묵적으로 이직을 금하고 있다. 일부 회사들은 직원들이 취직을 하거나 고위직으로 승진을 할 때, 동종 업계로 이직을 하지 않겠다는 서약서를 받는다. 경쟁자를 선의의 경쟁자나 동반성장하는 관계로 생각하지 않고, 회사를 나가는 사람을 배신자라고 낙인 찍는 그릇된 문화에서 비롯된 웃지 못할 일들이 지금도 벌어지고 있는 것이다.

이직의 문화는 강의 흐름과 같다. 흐르는 물을 인위적으로 막으면 고인 물이 된다. 고인 물은 썩는다. 소 잃고 외양간 고치는 격으로 훗날 고인물의 흐름을 터주어도 물이 다시 맑아지는 데는 오랜 시간이 걸린다. 인재를 둔재로 만들지 않으려면, 인재가 흐르는 강물에 몸을 맡길 수 있는 환경이 필요하다.

실리콘밸리는 인재를 관리하는 방법도 특이하다. 실리콘밸리에는 직원들의 거처가 영구적이지 않다. 각 회사들은 인재를 발굴하는 것만큼이나 직원들의 정착을 위해 다양한 노력을 기울이고 있다. 그들은 크게 보면 물질적인 보상과 정신적인 보상의 차원에서 직원들의 환심을 사기 위한 갖가지 방법을 강구하고 있다.

대부분의 엔지니어들은 프로젝트를 중심으로 일을 하고 그에 따른 보상을 받는다. 보너스, 연봉 상승이 대표적인 보상이다. 승진에 대해서도 근속 기간과 같은 절대적인 기준을 적용해 평가하고 있다. 따라서 연봉 상승과 그에 뒤따른 승진은 에스컬레이터처럼 단계적으로 상승하는가 하면, 때로는 엘리베이터처럼 수직 상승하는 경우도 있다. 실제로 내 팀원 중에 연봉이 한 해 49퍼센트나 인상된 경우도 있었다.

개인적인 경험에 비추어 보았을 때, 인텔이 내게 베푼 물질적인 시혜는 과분했다. 한국에 있었으면 상상도 할 수 없는 일을 여러 번 겪었다. 채용 과정에서 좋은 대우를 받았던 것은 물론 동양인 치고는 빠른 승진과 함께 높은 직급까지 달았으니 말이다. 가끔 지인들로부터 왜 인텔에서만 일을 했냐는 질문을 받는 경우가 있는데, 그럴 때마다 내 대답은 간단하다. 딱히 다른 회사를 갈 이유가 없었다. 인텔에서 근무하면서 만났던 동료들이 모두 인생의 동반자가 됐을 정도로 좋은 사람들이었고, 게다가 그들과 함께 일하면서 내 스스로가 성장하고 있다는 느낌을 수시로 받았기 때문이다. 여기에 솔직한 대답을 보태자면, 인텔이 제공한 물질적인 보상을 두고 다른 경우의 수를 생각할 이유가 없었던 것이다.

회사의 전략 중 하나는 직원의 발목을 잡는 것이다. 내 경우를 돌이켜보면 입사 당시에 계약 조건으로 받은 돈 때문에 몇 년간은 이직을 생각하지 않았던 것 같다. 또 매니저로 일할 당시에 성과금으로 주식을 받은 적도 있다. 인텔은 매년 성과에 따라 차등적으로 주식을 준다. 당시 내가 받은 주식은 1퍼센트의 직원에게만 주어지는 특별 주식이었다. 또 매년 성과 평가 후 받는 평균 주식의 10배 이상이 주어진다. 물론 그 주식은 일괄처리가 불가능했고, 1년에 몇 주씩만 팔 수 있도록 제한되어 있었다. 주식을 받아서 회사에 대한 주인 의식이 생긴 것도 부정할 수 없지만, 실질적으로 주식을 다 팔기 전에는 회사를 나갈 수 없었던 것이다. 세상에 공짜란 없는 법, 물질적인 보상이 물질적인 구속이 되기도 한다.

하지만 평안감사도 저 싫으면 그만이듯이 보너스나 연봉, 승진 같은 물질적 보상만으로 회사에 뼈를 묻을 수는 없다. 회사와 직원의 관계는 연애와 닮았다. 직원들에게 일방적으로 충성을 강요하는 봉건적인 사고는 유연한 조직 문화에 부합하지 않는다. 직원이 회사를 사랑할 수밖에 없는 이유를 계속해서 만들어주어야 한다. 예를 들어 육아로 힘들어하는 여성을 위해서 홈 오피스를 만들어주거나, 통근이 힘든 직원을 위해 재택근무를 권장하고, 끼니를 거르는 직원들을 위해 무료로 식사를 제공하는 등, 세심한 배려 모두 회사가 직원을 사랑하는 방식인 것이다. 직원이 회사의 사랑을 느낀다면 회사를 사랑할지 여부를 선택하는 일만 남게 된다.

회사 업무가 지겨워지고 회사에 불만이 생기는 데에는 분명한 이유가 있다. 장기적이고 안정된 직장생활을 결정하는 변수는 모두 직원의 정신적 차원에 있다. 회사의 가치관이 자신과 맞지 않거나 회사의 업무 방식이 불합리하게 느껴지거나 회사가 나를 인정해주지 않는다고 생각할 수 있다. 거꾸로 회사가 좋아지는 데에는 상기의 요소들이 결핍되지 않고 충족됐을 때를 생각해 보면 된다. 결국, 회사에 대해 직원이 느끼는 만족도는 좋은 근로 여건과 회사로부터의 인정이다. 여기서 말하는 인정이란 물질적 보상과는 별개의 것으로서 직원 스스로가 능동적인 업무 수행 후에 얻는 성취감에 가까운 것이다. 직장인은 누구나 회사라는 큰 조직의 부품이 되기보다는 회사를 이끌어 가는 한 사람의 인간이 되고 싶어 한다.

모두가 주인이 될 수 있는 회사가 좋은 곳이다. 자칫 비현실적으로 들릴 수 있겠지만 여기서 말하고자 하는 '주인'이란 개개인이 자율성과

권리를 지니고 일하는 상태를 의미한다. 회사에는 수많은 부서가 있고 또 부서별로 다양한 사람들이 모여 있다. 상부에 있는 사람들만이 권력자거나 실세라고 여긴다면, 그 회사는 경직된 조직일 가능성이 크다. 수평적인 조직에서는 모든 사람이 주어진 위치에서 주인 의식을 가진다. 곧 자신의 직무에 대해서 주인 의식을 가지고 능동적으로 행동하게 된다는 것이다. 만약 나의 일이 상부의 지침이라는 생각이 앞선다면 모든 행동은 수동적인 수준에 그칠 수밖에 없다.

능동적인 조직 문화 속에서 직원은 곧 주인이다. 그들은 회사로부터 신뢰를 받고 있다는 확신과 함께 맡은 일에 대한 주인 의식과 자부심을 동시에 느낄 것이다. 내 일의 주인이 나라는 당연한 생각이야말로 직원 모두가 회사의 주인이 되는 첫걸음이다.

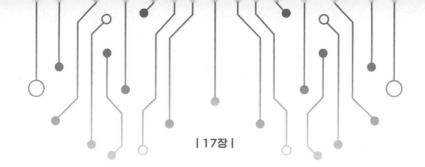

17장

사일로를 허물다:
서로 얼굴을 맞대고 고민해야 이루어진다

회사마다 사일로(Silo)가 있다. 사일로는 사전적으로 저장탑이며, 구체적으로는 곡물을 쌓아두는 창고를 가리킨다. 보통 사내에서 부서 간에 폐쇄적인 문화를 가리킬 때 '사일로 현상'이라는 표현을 쓰기도 한다. 과거에는 곡식을 저장고에 가득 쌓아두고도 시장에 내놓지 않는 상인의 이윤 독점 형태를 비난하던 표현으로 쓰였다. 오늘날에는 사내에서 부서 간에 벽을 쌓고 자기 실적만 챙기는 현상을 비난할 때 통용되고 있다.

유연한 조직 문화가 있는 실리콘밸리에서도 사일로 현상이 불거진 적이 있다. 애플이 대표적이다. 스티브 잡스는 생전에 사일로 현상에 대해 여러 차례 비판했지만, 아이러니하게도 애플 또한 사일로 현상의 대표적인 예로 꼽힌다. 중이 제 머리를 못 깎은 것이다. 실제로 애플은 부서 간에 공유할 것만 공유한다는 폐쇄적인 방침을 갖고 있다. 이들은 부서마다 사업 전문성이 다르다는 이유로 협력의 중요성을 간과함으로써 또는 사내 보안 유지를 위해 의도적으로 부서 간의 커뮤니케이션을 단절시킴으로써 사내 사일로 현상을 부추기고 있는 것이다.

그 순기능에도 불구하고 부서 이기주의는 대외적인 변화에 민감하게 반응해야 하는 회사에는 치명적인 독이 된다. 오늘날은 테크놀로지의 발달로 인해 인간의 예상 범위를 뛰어넘는 속도전이 벌어지고 있다. 이러한 상황에서 부서 간의 협력이 없으면 시장의 흐름을 파악하지 못한다. 나아가 부서 간의 의사소통 단절은 장기적으로 시장과 회사 간의 단절로 이어지는 폐단을 낳는다. 트렌드 세터와 퍼스트 무버를 자처한다고 해도 인위적으로 강요된 신기술, 신제품, 그리고 유행은 고객의 입맛을 충족시켜줄 수 없는 것이다.

물론 모든 회사의 사내에 벽이 있는 것은 아니다. 구글은 열린 업무 환경을 지향한다. 직급에 상관없이 책상과 의자에서부터 권위를 찾아볼 수 없다. 또 앞서 말했다시피 시장의 변화에 따라 부서 간 통폐합이 자유로운 곳으로도 유명하다. 이러한 유기적인 변화를 돕기 위해 엔지니어들이 사용하는 코드를 내부적으로 표준화했다. 쉽게 설명하면 외국에 나갔을 때 현지의 언어를 익힐 필요가 없는 상황이라고 생각하면 된다. 현재 세계 공용어는 없지만, 인구 대비 영어의 사용 빈도가 가장 많기 때문에 영어에 능숙한 사람이 해외에 나가서 의사소통의 문제를 겪는 경우는 적다. 즉 구글은 부서 간 경계를 넘나들 때도 새로운 언어의 규칙을 배우지 않아도 되는 것이다.

부서 간 장벽은 문서 양식 또는 코드의 단일화와 같이 제도적인 개선뿐 아니라 사소한 근무 환경 개선으로부터도 시작될 수 있다. 칸막이를 생각해 보자. 국내외를 비롯한 대다수 회사는 면적 대비 공간 활용도를 높이기 위해 동일한 책상을 다닥다닥 이어붙이고, 그 사이에 파티션을 설치한다. 이러한 획일화된 근무 환경은 개인이 업무에 몰두하는 데에는 효과적이지만, 동일한 구조로 인해 개인을 몰개성화시키고 나아가 소외와 단절을 초래한다. 즉 칸막이 하나로부터 부서 이기주의라는 큰 병폐가 자라날 수 있는 것이다.

대화의 단절을 극복하기 위한 개선책으로는 사람들이 모여서 교류할 수 있는 사적 대화 공간의 창출을 생각해 볼 수 있다. 국내 기업들에서는 공적 대화 공간에는 관대하면서도 사적 대화 공간 조성에는 박한 경우가 많다. 대화 공간이 없기 때문에, 대부분의 직원들은 밖으로 나가거나 회사의 사각지대를 기웃거린다. 대화 공간이 옥상, 복도, 계단, 탕비실처럼 타인의 눈을 피할 수 있는 곳에 조성되면, 자연스럽게 그곳에서 나누는 이야기들은 경직되거나 비밀스러워질 수밖에 없다. 실리콘밸리의 많은 회사들이 사내에 각종 여가 공간을 마련해두는 것은 직원들이 서로 피부를 맞대면서 격의 없이 어우러질 수 있게 하기 위한 일종의 극약처방이라 할 수 있다. 인간의 교류는 때에 따라서는 공적이어야 하지만, 때에 따라서는 사적일 필요도 있다. 커피 한 잔을 나누어 마시면서도 가능한 대화 또는 밥을 함께 먹으면서도 가능한 대화가 있다. 잡초는 보도 블록 틈새에서도 자란다지만, 인간의 대화가 꽉 막힌 틈을 비집고 피어나길 기대하기는 어렵다. 더욱이 인간은 잡초가 아니라 인격이다. 그러니 사람이 교류할 수 있고, 이야기가 꽃필 수 있는 공간 마련에 심혈을 기울여야 하는 것이다.

실제로 직원들 간의 대화로부터 조직력 강화, 즉 인화(人和)가 이뤄진다. 한 아파트에 살면서도 일면식이 없는 이웃 주민들처럼, 같은 사내 건물에 있으면서 서로의 존재조차 모르는 직원들이 부지기수다. 더 심한 경우에는 같은 팀 내에 있으면서도 각자가 어떤 일을 하고 있는지 각자의 전문 분야를 비롯해 그 사람의 취향에 대해서 무관심한 경우도 있다. 무관심은 단절을, 관심은 대화를 부른다. 일상의 사소한 대화로부터 업무의 전문성 강화를 위한 조직적인 움직임까지 모든 것은 서로 얼굴을 맞대고 고민하는 시간을 통해 이뤄진다.

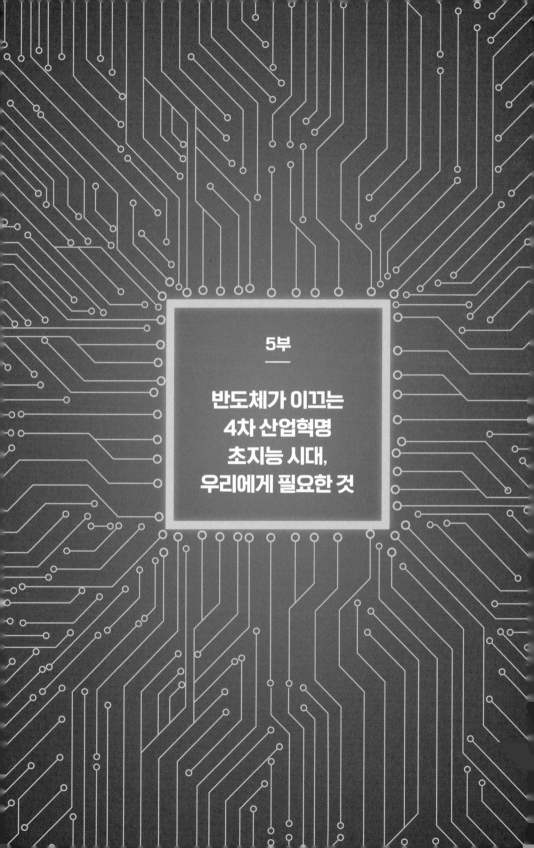

5부

—

반도체가 이끄는
4차 산업혁명
초지능 시대,
우리에게 필요한 것

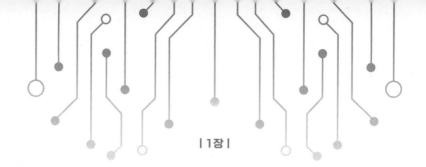

1장

4차 산업혁명은
단순한 산업계의 혁명만이 아니다

근래 대한민국을 휩쓸고 사회적 관심과 논의가 집중된 키워드 중 하나라면 역시나 4차 산업혁명을 꼽을 수 있다. 나는 4차 산업혁명을 이끄는 기본 세포 격에 해당하는 반도체 전문가로 시작하여, 4차 산업혁명의 근원지인 실리콘밸리에서 일해왔고, 이어 국내 기업 임원으로도 일해왔다. 그리고 고민해왔다. 기술과 문화의 융·복합은 어떻게 이루어질까? 피할 수 없는 미래라면 우리가 선택하고 집중해야 할 부분은 무엇인가? 이러한 변화 속에서 누구도 소외되지 않는 기술·문화 동반 상생은 어떻게 이루어질까?

그에 앞서 여전히 4차 산업혁명의 실체가 무엇인지 궁금한 분들이 많을 것이다. "지능혁명을 기반으로 물리적·디지털 공간 및 생물학적 경계가 희석되는 기술 융·복합 시대"가 일반적으로 통용되는 정의긴 하지만, 아직도 정확한 방향을 가늠하기 어렵다고들 한다. 가장 큰 질문이라면 이것이 아닐까 싶다.

"제3차 산업혁명인 디지털 혁명이 더 심화·발전한 연장선일 뿐인가, 완전히 새로운 세계로 진입하는 기술 혁신인가?"

곧 도래할 이 신(新) 산업혁명에 대한 입장은 완전히 양극단으로 첨예하게 갈린다. 도로·철도·항만이 담당했던 역할을 정보통신기술이 대체할 것이라는 미래에 대해 한쪽에서는 혁신기술이 인간의 일자리를 빼앗아 더 큰 경제 위기를 초래할 것이라 우려한다. 한쪽에서는 산업 전반의 패러다임은 물론 일자리에 대한 기존의 가치관을 재정립해 오히려 사람의 가치를 되찾을 기회로 삼을 수 있다는 긍정적인 희망이 공존한다.

분명한 것은 이러한 희망과 냉소, 낙관과 비관, 기회와 소외라는, 마치 적녹색처럼 서로 상반된 신호등이 점멸하고 있음에도 4차 산업혁명이라는 열차는 혁신기술을 장착한 채, 지금 이 순간에도 우리가 맞이할 미래를 향해 달려오고 있다는 사실이다. 제3차 산업혁명의 연장선이라고 가치를 낮춰 보건, 일자리를 위협할 유령으로 두려워하건, 정보 민주주의의 완성이라는 장밋빛 미래를 기대하건 말이다.

지난 2016년 1월 20일 스위스의 작은 휴양 도시 다보스에 내로라하는 세계 기업인, 정치인, 언론인, 경제학자들이 속속 모여들었다. 1971년부터 해마다 새해가 밝으면 이어져 온 풍경이었다. 어느덧 50년 가까운 역사를 거듭해 온 이 연례행사의 명칭은 세계경제포럼(WEF, World Economic Forum). 매년 1, 2월 스위스에서 개최되는 연차총회 이외에도 세계 각국에서 지역별, 산업별 회의를 운영한다. 세계무역기구

(WTO)와 선진국정상회담 G7, G20 등에도 지대한 영향을 끼치는 이 행사는 매년 세계 경제의 전체 흐름을 파악할 수 있는 바로미터로 여겨진다. 2010년부터 다뤄진 주요 의제를 살펴보면, 최근 세계 경제가 직면한 문제와 얼마나 밀접한 관계가 있었는지 그 영향력을 실감할 수 있다. 2008년 전 세계를 휩쓴 금융위기를 개혁해야 한다는 '뉴노멀(New Normal)'을 필두로, 2011년 고령화와 기술 혁신, 2012년 성장과 고용, 2014년 포용적 성장, 2015년 글로벌 저성장과 청년 실업, 소득 불평등이라는 주된 의제들은 침체와 혼란을 거듭해 온 세계 경제의 현주소를 진단하고, 이를 극복할 방안을 모색하는 데 초점이 맞춰졌다. 세계 경제의 일원인 우리 역시 이 주제의 흐름과 결코 무관하지 않은 문제들과 마주쳐 왔다. 기업과 정부의 노력에도 불구하고 경제 성장은 침체되었고 실업률은 유례없이 치솟았다. 빈부 격차만큼 청년세대와 기성세대 사이의 갈등은 더욱 심화되었고, 대한민국 사회를 휩쓴 먹구름은 쉽사리 돌파구를 찾지 못했다.

그런 가운데 이 행사는 2016년 주 의제를 "4차 산업혁명의 이해(Mastering the Fourth Industrial Revolution)"로 택했다. '4차 산업혁명'이라는 화두의 시작이었다. 조만간 다가올 미래에 대한 새로운 경제 패러다임을 선언한 것이었다. 이 키워드가 전 세계는 물론 우리나라 경제·사회·정치·문화의 핵심어로 자리 잡게 된 이유다. 2023년 현재도 이는 진행형이다. 과학기술정보통신부 장관은 부처의 '3대 추진 전략-8대 핵심 과제'를 설명하며, "4차 산업혁명에 저출산 고령화가 겹치며 기회와 위기가 동시에 오고 있다"라고 말한다. 그는 인공지능, 로봇, 자율주행차 등으로 대표되는 미래를 약속하고, 원천기술을 개발할 스타트업을 활성화시키며, 4차 산업혁명 세계를 떠받칠 네트워크 환경을 구축해 스마트 국가를 선도하겠다고 강조했다.

왜 그럴까? 세계 경제가 미국을 비롯해 영국, 유럽연합(EU)까지 보호무역주의를 우선하는 보수적인 경제정책 흐름으로 돌아서는 와중에도, 4차 산업혁명의 실체에 대한 다양한 전망과 논쟁에도 불구하고, 혁신기술들만큼은 엄청난 속도로 국경을 지우고 사람들이 살아가는 삶의 모습까지 탈바꿈시키고 있다. 왜 정치·문화·사회뿐 아니라, 산업에도 '혁명'이라는 단어가 붙었는지를 생각해 볼 필요가 있다. 4차 산업혁명은 결코 간단한 것이 아니다. 경우에 따라서는 산업을 넘어 우리의 정치·문화·사회를 바꿔낼 수도 있다. 그리고 그렇게 되어야만 한다.

나는 4차 산업혁명이 앞으로 세계 경제를 지배할 근간이라고 본다. 여기에 잘 적응하게 되면, 두 자릿수 일자리 성장률을 만들어내 불평등 구조를 깨뜨릴 수 있는 미래를 만들 수 있다고도 생각한다. 우리 주위를 둘러싼 분위기, 환경, 문화를 비롯한 생활 전반의 대전환을 이뤄낼 것이라고도 본다. 예를 들면 우리 기업 전반에 누적된 조직 문화를 혁신하고, 상명하복으로 상징되는 사고를 전환하며, 시대에 걸맞은 인재를 육성하는 전반적인 체질 개선의 기회로서 작용할 수 있는 것이다. 이 4차 산업혁명으로 촉발되는 새로운 시대의 성장 전략의 중심에는 사람이 굳게 자리 잡아야 한다고 생각한다.

실제 조직을 이끌 때도 기술 개발보다 더 어렵고 중요한 것은 누구도 소외되지 않도록 이끄는 사람과의 소통과 관계였다. 또 다른 심각한 현상은 불평등 구조가 사회 전반에 심화되어 있다는 점이다. 유례없는 청년 실업률의 이면에는 누구보다 열심히 학업에 매진하고 경력을 쌓고 미래를 준비하는 청년들이 꿈을 펼칠 수 없는 불평등의 구조가 만연해 있었다. 청년들이 자신들의 노력과 재능을 낭비하지 않고, '좋은' 일자리에서 일할 기회를 얻게 된다면 얼마나 보람될까 하는 바람이 커졌다.

우리는 4차 산업혁명이라는 미래를 향해 이미 달려가고 있다. 저기, 지금까지와는 또 다른 세상과 그 세상의 주인공이 되어야 할 사람이 기다리고 있다. 당연히 그 중심은 기술이 아닌 바로 사람이 되어야 한다.

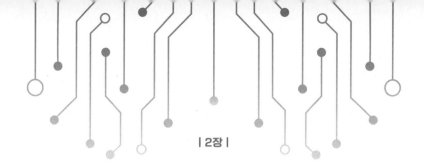

2장

4차 산업혁명,
이전의 산업혁명들과 무엇이 다른가

좀 더 구체적으로 4차 산업혁명은 무엇이 다른지 살펴보겠다. 먼저 산업혁명들의 역사를 살펴볼 필요가 있다. 18세기 말부터 40년 가까이 지속된 제1차 산업혁명은 증기기관을 동력으로 기계가 대량생산을 이끌었다. 단순히 베틀이 방직기로, 마차가 자동차로 바뀌는 변화가 아니었다. 사람들은 농토와 가정에서 공장과 도시로 삶의 터전을 바꾸었다.

전기에너지를 기반으로 한 제2차 산업혁명은 영국 런던을 중심으로 유럽에 국한됐던 제1차 산업혁명과 달리 독일, 미국, 일본 등 전 세계를 무대로 폭넓게 펼쳐졌다. 화학, 석유, 철강 산업은 물론 식료품, 영화, 라디오, 축음기 등 일상생활에도 수많은 변화가 일어났다. 철도와 선박은 사람들이 일자리를 찾아 먼 곳으로 옮겨가는 발걸음을 도왔다. 제2차 산업혁명은 부를 축적한 국가들이 기술을 겨루는 전장이기도 했다. 그 그늘에서는 전쟁으로 인한 수많은 사람의 희생과 대공황이라는 일자리의 그늘이 드리우기도 했다.

제3차 산업혁명은 컴퓨터, 인터넷으로 대표되는 정보·자동화 생산 시스템을 기반으로 앞의 두 차례 산업혁명과는 사뭇 다른 모습을 띠었다. 과거에는 막대한 자본과 거대한 기반시설에 비례해 부를 축적하는 것이 상식이었지만, 새로운 기술만 있으면 선도기업이 돼 경제 주축이 될 수 있다는 신화가 탄생했다. 기술이 있는 자와 없는 자의 구별이 뚜렷해지고 부의 지도가 바뀌기 시작한 것이다.

4차 산업혁명은 우리가 알고 있는 모든 산업의 형태가 로봇이나 인공지능을 통해 실재와 가상이 통합돼 사물을 자동·지능적으로 제어할 수 있는 가상 물리 시스템이 구축될 것이라고 예고한다. 두 번의 세계전쟁과 냉전을 거쳐 온 1차, 2차, 3차 산업혁명이 사람의 골격을 지탱하는 몸이었다면, 4차 산업혁명은 이 모든 것을 연결하는 신경망과 지능, 뇌의 역할을 담당하게 된다는 것이다. 혁신기술이 단순히 부를 축적하고 산업 차원에서 머무는 것이 아니라, 삶의 질을 좌우하고 거대한 사회 문화로 자리매김할 것이라는 전망이다.

지난 2016년 세계경제포럼은 '이번만은 다를 것'이라는 4차 산업혁명을 떠받칠 핵심기술 10가지를 꼽았다. 로봇공학(Robotics), 인공지능(AI, Artificial Intelligence), 자율주행차, 사물인터넷(IoT, Internet of Things), 3D 프린팅, 나노기술(Nano Technology), 생명공학기술(Bio Technology), 신소재공학으로 대표되는 재료과학(Materials Science), 에너지지저장기술(EST, Energy Storage Technologies),

양자컴퓨터(Quantum Computer)가 그것이다. 이 기술들은 이미 연구개발(R&D) 센터를 벗어나 공장, 사무실 등 일선 산업 현장과 사람들이 살아가는 일상 곳곳에 모습을 드러내고 있다.

우리는 이미 2004년 카이스트에서 개발한 휴보(Hubo)라는 로봇을 본 적이 있다. 휴보는 두 발로 걷고 가위바위보 게임을 하고 아인슈타인 얼굴로 웃고 놀라고 화를 냈다. 사람들은 눈앞에서 엉거주춤한 동작으로 움직이는 휴보를 반려동물 정도로 바라보았을지 모른다. 이후 로봇은 박람회를 벗어나 산업 현장 곳곳에 숨은 그림처럼 존재하고 있다.

또한, 우리는 이세돌 9단과 '딥러닝(Deep Learning, 컴퓨터가 여러 데이터를 이용해 마치 사람처럼 스스로 학습할 수 있는 일종의 인공 신경망 기술)'이라는 학습 기술로 무장한 알파고라는 가상의 고수가 펼친 바둑 대결을 통해 인공지능이 어느 단계까지 진화했는지 바로 눈앞에서 목격할 수 있었다. 굼뜬 행동으로 어린아이처럼 사람을 시늉하는 로봇이 아니라, 도무지 실체를 파악할 수 없는 인공지능이 구사하는 묘수에 사람들은 더한 충격을 받았다. 무엇이든 척척 답해주는 '챗GPT'는 또 어떤가.

냉전시대가 시작된 1956년에 용어가 처음 등장했던 인공지능 기술 일부분은 이미 우리 주변에 깊숙이 침투하고 있다. 구글, 네이버 등 검색엔진 서비스가 제공하는 번역 기능은 알파고와 같은 딥러닝 기술에 기반하고 있고, 페이스북 등 소셜네트워크서비스(SNS) 역시 이 기술을 적용, 사용자의 얼굴을 인식해 자동으로 분류한다. 우리가 무심히 일상을 기록하는 동안 인공지능 기술은 사람들이 채 인식하지 못하는 사이 순간순간 네 번째 산업혁명에 발맞춰 업그레이드되고 있다.

자율주행차도 마찬가지다. 도로에는 친환경에너지를 지향하는 전기 자동차와 하이브리드 자동차가 날마다 늘어나고 있다. 환경문제에서 비롯된 자동차 개발 경쟁은 이제 탈것에 대한 고정관념을 바꾸는 지점까지 뻗어가고 있다. 많은 자동차 기업이 앞다퉈 자율주행 기능을 선보이며 각축을 벌이고 있다. 이제 자율주행차는 '커넥티드 카(Connected Car)'라는 이름으로 인터넷으로 연결돼 원격으로 연료를 충전하고 스스로 고장을 진단하는 수준까지 진화했다.

이러한 흐름은 전통적인 자동차 산업 자체에 균열을 일으키기도 했다. 2003년 설립해 세계 최초로 양산형 전기차를 내놓은 테슬라는 100년 넘는 역사를 자랑하며 산업혁명을 이끌어왔던 GM과 포드를 제치고, 미국 자동차 회사 중 시가총액 1위에 자리매김했다. 소프트웨어 기술에 집중했던 구글과 애플이 여러 자동차 혁신기술 관련 스타트업을 인수하고 자율주행차 개발에 박차를 가하고 있다는 소식은 이미 널리 알려진 사실이다. 현대·기아, 르노코리아 등 국내 자동차 기업 역시 여러 국제 모터쇼를 통해 친환경에너지를 바탕으로 한 자율주행차를 속속 선보이고 있다.

사물인터넷은 이러한 혁신기술들을 떠받치는 인프라 역할을 담당할 전망이다. 인터넷이 대중적으로 보급되면서 사람과 사람, 사람과 사물은 실시간으로 연결되기 시작했다. 사람들은 인터넷을 통해 정보를 취득하고 물건을 구입하고 업무를 처리하게 됐다. 가상공간이 학원으로, 시장으로, 직장 등으로 탈바꿈하게 된 것이다. 사람들은 때와 장소를 가리지 않고 뜻하는 대로 '연결된' 세상에서 살아가게 됐다.

4차 산업혁명이 본격적으로 시작되면, 여기서 한 걸음 더 나아가 사물들은 사물들끼리 스스로 정보를 주고받는다. 집 안의 가전제품과 스마트폰이 연결돼 스스로 정보를 주고받고, 자율주행차는 사람을 인식해 저절로 차 문을 열고 교통 시스템과 연결돼 출발하고 멈춘다. 이 핵심기술들은 또 다른 기술 신경망을 따라 순환하며 일상생활은 물론 업무 환경, 여가생활까지 수많은 갈래로 파생되고 있다. 이는 결국 산업 기반 시설은 물론 도로, 교통, 방범 등 생활 전반에 스며들어 스마트 도시를 구축하겠다는 계획으로 이어지고 있다.

이외에도 세탁기, 화장품 등 생활제품에 수식어로 쓰이던 '나노' 기술은 사람이 파악하지 못한 초미세 분야까지 파헤쳐 의료와 환경 등 다양한 분야에 영향을 미칠 것이라고 한다. 또한, 스스로 재생하는 능력을 갖춘 신소재 의류가 개발돼 관련 산업 전반에 변화를 불러올 것으로 전망된다. 이뿐만이 아니다. 양자역학에 기반해 슈퍼컴퓨터보다 몇백만 배 빠른 속도를 자랑하는 양자컴퓨터가 등장해 혁신기술이 융합되는 속도가 혁신적으로 빨라질 것이라고 전문가들은 예측하고 있다.

사람과 사물들이 마치 텔레파시가 통한 것처럼 자동적으로 연결된 세상이 먼 미래의 이야기이기만 한 걸까. '스마트'라는 말을 거리낌 없이 받아들이게 한 스마트폰이 출시된 2008년을 기점으로 되돌아가 보자. 고작 스마트폰이라는 기계 하나가 등장했고, 10년이 조금 넘는 시간이 흘렀을 뿐이지만, 우리가 살고 있는 생활환경은 얼마나 달라졌는가. 스마트폰은 손바닥만 한 크기의 단말기 안에 카메라, 인터넷, 텔레비전, 라디오, 영화관 등을 모두 내장하고 있다. 게다가 개인 정보 수집에 동의하면 스마트폰은 우리의 일상을 빠짐없이 기록하면서 건강을 체크하고, 지도를 제공하고, 관심 있는 뉴스를 맞춤해서 전달한다. 출퇴근 시간에 지하철이나 버스가 도착하는 시간을 알 수 있고, 대중교통을 타고내릴 때

신용카드 대신 요금을 결제한다. 근무시간 중 짬을 내 집 안에 설치한 카메라를 통해 집에 혼자 남겨진 반려동물을 보살필 수 있고, 주말에는 동영상 스트리밍 서비스에서 내 취향에 맞춰 선택해준 영화를 보면서 휴식을 취한다. 지방으로 출장을 가거나 해외여행을 나갔을 때도 우리는 '여기'와 실시간으로 연결돼 있다. 대체로 정보와 오락이 결합된 인포테인먼트(Infotainment)와 관련된 '스마트한' 혁신기술의 소나기를 우리는 그 속도조차 제대로 짐작하지 못하는 사이 만끽하고 있는 셈이다.

앞선 세 차례 산업혁명을 지나 네 번째 새로운 산업혁명의 도래를 예감하기까지 150년 남짓한 시간이 흘렀다. 기나긴 중세와 근세를 떠올려보면 근대와 현대에 이르는 이 산업혁명의 시간은 천일야화보다 역동적이고 다채롭다. 산업혁명을 지나오는 동안 세계는 점점 가까워졌고, 4차산업혁명에 이르러서는 네트워크 기술을 통해 완전히 '열린 세계'가 될 것이라는 전망은 전혀 허튼소리가 아니다.

1895년 12월 28일에 뤼미에르 형제가 3분짜리 영화 〈열차의 도착〉을 명사들의 사교장인 그랑 카페에서 상영했을 때, 몇몇 사람은 기차가 진짜 객석으로 뛰쳐나오는 줄 알고 혼비백산해 바깥으로 도망쳤다. 그러나 지금은 어떤가? 세계 곳곳의 극장에서는 하루에도 수십만 번씩 동시에 지구가 폭발하고 우주를 여행하고 미래를 펼쳐 보이고 있다. 이제 사람들은 놀라기는커녕 환호성을 지른다. 아니 조금만 지루해도 외면한다. 극장은 100년 전 모습과 크게 달라지지 않았지만, 사람들은 산업혁명 이전 수천 년 동안 쌓아온 지식보다 더 많은 정보를 알고 있다. 뉴턴조차 아인슈타인의 상대성이론을 알지 못하고 죽었다. 콜럼버스가 스페인을 출발해 미국에 도달하기까지 33일이라는 시간이 걸렸다. 하지만 우리는 이제 비행기로 최장 하루면 지구 반대편에 닿을 수 있으며, 그 먼 곳의 사람과 실시간으로 영상을 주고받고 음성을 들을 수 있다.

그러나 현실은 극장이 아니다. 우리는 영원히 극장에 머물 수는 없다. 우리는 더 이상 극장을 두려워하거나 도망치지 않지만, 늘 삶이라는 현실로 돌아가야 한다. 어제도 그랬고 오늘도 그랬고 어쩌면 '스마트한' 혁신기술로 무장한 4차 산업혁명이 도착한 내일도 우리의 삶은 크게 바뀌지 않을 수도 있다. 그래서 오히려 극장에서 현실로 걸어 나온 미래가 정작 자신을 지켜보고 응원했던 사람을 소외하고 현실의 주인공 노릇까지 꿰찰지도 모른다는 불안은 어쩌면 자연스러운 것인지도 모른다.

세계경제포럼이 열리는 다보스는 해발고도 1,600여 미터에 위치해 있다. 인구가 채 2만 명이 되지 않는 이 작은 산악 도시는 토마스 만의 소설 『마의 산』 배경으로 알려져 있다. 주인공 한스가 7년이라는 시간을 낯선 인간 군상에 젖어 삶과 동떨어져 있는 동안 산 아래 현실에서는 진짜 전쟁이 벌어졌듯, 다보스에서 4차 산업혁명이라는 신호탄이 발사되자 전 세계에서는 혁신기술로 무장한 미래를 선점하기 위한 보이지 않는 경제 전쟁이 시작됐다.

이제 4차 산업혁명이 거스를 수 없는 미래라면, 우리는 과연 그 미래를 어떻게 준비해야 할 것인가. 이에 대한 대답은 우리가 발 딛고 있는 오늘을 되돌아보는 것에서부터 출발해야 할 것이다.

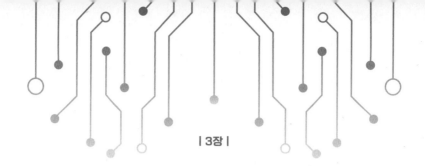

3장

코피티션:
4차 산업혁명의 근본은 소통과 상생

　4차 산업혁명으로 상징되는 경제 환경에서는 오히려 혁신기술과 열린 기업문화로 무장한 중소·벤처기업과 스타트업에서 성장 가능성을 목격할 가능성이 높아졌다. 새로운 일자리 역시 대기업이 아닌 그들이 주역이 될 가능성도 높아졌다.

　그러니 4차 산업혁명에 부응하는 우리 경제의 체질 개선을 위해서는 무엇보다 먼저 우리 사회에 만연해 있는 대기업 중심의 성장 신화를 벗어던져야 한다. 우리 경제는 그동안 대기업을 전폭적으로 지원해왔다. 대기업의 부실에 울며 겨자 먹기로 공적 자금을 투여하고, 그들의 불공정한 관행을 눈감아왔다. 그 와중에 그 피해는 고스란히 일하는 사람들의 몫이 되어야만 했다. 지난 외환위기 당시 국민들은 금을 모았고, 노동자들은 일자리를 헌납했고, 가계는 허리띠를 졸라맸다. 그러나 대기업들은 그 인고의 대열에 합류하지 않았다. 체질을 개선하지 않았고, 동반 상생의 전략을 실행하지 않았다. 그리고 그 이유는 누가 뭐래도, 한국의 기업문화에 사람 중심의 가치가 결여되어 있기 때문이다.

사실 우리는 세계적인 산업혁명 과정에서 늘 뒤처져 있었다. 일제강점기에는 나라를 빼앗기는 수모를 겪으면서 세계 경제와 차단돼 있었고, 일제가 수탈을 목적으로 구축해놓은 사회 기반시설은 한국전쟁을 겪으면서 산산조각이 났다. 사람들은 당장 먹고사는 일을 걱정하는 것만으로도 벅찼다. 아무 자원도 갖춰져 있지 않은 상황에서 기업과 정부는 수출 무역에 의존해 성장동력을 삼았고, 사람들은 열악한 노동환경을 견디며 가파른 경제 성장을 온몸으로 이끌었다. 나아가 산업경제가 디지털로 전환되는 시기에는 외환위기라는 경제 한파가 몰아친 한복판이었는데도 인터넷, 모바일로 상징되는 디지털 문화를 선도적으로 이끈 경험도 있다. 결국, 정부와 기업의 주도적인 역할도 한몫했지만, 그 밑바탕에는 바로 국민, 사람이 있었던 셈이다.

4차 산업혁명은 그 어느 때보다 특히 혁신과 창의, 선택과 집중, 동반과 상생을 요구하고 있다. 4차 산업혁명 성공의 전제조건은, 성장의 도구로 전락해버렸던 사람을 존중하는 사회·기업문화에 있다. 대기업은 협력업체를 말 그대로 파트너, 생존의 동반자로 인식해야 하며, 정부는 허울뿐인 숫자 아닌 한 사람 한 사람을 위한 구체적인 정책에 집중해야 한다. 숫자의 경제가 아니라, 사람의 경제여야 하는 것이다.

4차 산업혁명의 가장 큰 특징은 소통과 상생이다. 이는 곧 기업 내부에만 해당되는 이야기가 아니다. 기업과 기업의 협업 및 융·복합을 의미한다. 이제 모든 기업이 서로를 시장의 파이를 키우는 동반자로 인식해야 한다. 동반자적 관계라는 것이 그저 평화롭기만 한 초원을 의미하는 것은 아니다. 공정한 경쟁관계! 즉 이른바 코피티션(Copetition)이 활발한 경제 생태계를 가리킨다. 코피티션(Copetition)은 협업, 협동을 뜻하는 'Cooperation'이라는 단어와 경쟁을 뜻하는 'Competition'의 합성어로 기업 간에 협력할 부분은 서로 도와가면서 공정하게 경쟁하는 것을 일컫는다.

가장 먼저 정부가 기업들이 활동하는 운동장을 어느 한쪽으로 기울어지지 않게 하고, 공정한 규칙이 적용되도록 관리해야겠지만, 기업들도 서로를 협력 관계로 인식하고 산업 전체의 성장을 위해 경쟁해야 한다. 이는 한가한 소리가 아니다. 4차 산업혁명 시대의 필수 생존 법칙이다.

4차 산업혁명으로 인해 원천기술을 가진 선도기업과 그렇지 않은 기업 간의 격차가 더욱 커질 것이 자명하다. 원천기술은 산업 전반에 대한 이해와 더불어 서로 긴밀하게 협업하고 건강하게 경쟁하는 과정에서 탄생한다. 즉, 코피티션이야말로 원천기술을 확보하지 못해서 선도기업의 들러리로 전락하는 것을 막는 전제조건인 셈이다.

더 나아가 이 생태계의 당당한 일원으로 소비자를 대접해야 한다. 기업은 일자리가 단순히 직원을 고용하는 것이 아니라 소비자를 함께 키우는 것임을 유념해야 한다. 실리콘밸리에서 기본소득이 주창되고 있는 것도 결코 우연은 아니다. 성장에 의한 부와 발전된 생산량을 분배하고 안배하여 상생하는 코피티션의 태도가 필요하다.

우리 사회는 대기업과 정부가 성장이라는 신화를 밀어붙이며 방치해온 후유증이 사회 곳곳에서 드러나고 있다. 성장 신화에 도취해 사람이 희생하는 것은 당연하다는 사고방식은 여전히 짙은 그림자를 드리우고 있다. 이 신화는 경제뿐만 아니라 사회 전체를 병들게 했다. 1등이 되기 위해서라면 불공정한 관행도 정당화됐고, 권력을 이용한 수많은 편법들이 용인되었다. 사람들이 분노를 넘어 스스로를 체념하는 사회 분위기가 만연됐다. 내일을 꿈꿀 수 없는 불안이 불안을 더 부추기면서, 우리 사회의 정체성을 지배하는 동안 결국 사람을 동력으로 삼을 수밖에 없는 경제 역시 성장세가 둔감해진 것은 당연한 결과일지 모른다.

이제 우리는 성장의 내용과 형식 모두를 새로운 관점에서 바라보지 않으면 안 되는 갈림길에 서 있다. 경제뿐만 아니라 사회 곳곳에서 켜진 적신호는 그동안 우리가 방치해온 병에 대한 근본적인 치료를 요구하는 다급한 신호인지도 모른다. 이제 기업문화는 거듭나야 하고, 정부 정책 역시 드러나는 수치에 집중해 '보여주기'에 그쳐서는 안 된다. 사람들은 땔감이 아니라 기업과 정부를 성장하게 한 자양분이라는 사실을 되새겨야 한다.

4차 산업혁명의 양 축으로 여겨지는 독일과 실리콘밸리를 살펴보면, 우리가 전통적으로 생각하는 산업 형태와 기업문화는 더 이상 찾아볼 수 없다. 굴뚝과 기계를 시늉하며 시곗바늘처럼 돌아가는 노동자의 모습은 점점 사라지고 있다. 혁신기술이 미래를 앞당기고 있지만, 분명한 사실은 사람 없이는 그 어떤 혁신도 불가능하다는 점이다. 기업문화를 개선하지 않고, 현재의 모습 그대로 보다 나은 기술로만 무장하면 된다는 생각은 오산이 아닐 수 없다.

많은 사람들이 4차 산업혁명의 미래에 냉소적인 까닭도 혁신기술이 일자리를 빼앗을 것이라는 불안보다, 우리 사회와 기업 내부에 도사리고 있는 불합리와 병폐들이 개선되지 않은 상황에서 과연 창의와 혁신이 가능하겠는가 하는 회의 때문이다. 그러니 사람의 가치를 되찾아야 한다. 숫자의 경제에서 사람의 경제로 완전히 새롭게 탈바꿈해야 4차 산업혁명이 미래를 향해 나아갈 수 있는 진정한 동력이 될 것이기 때문이다.

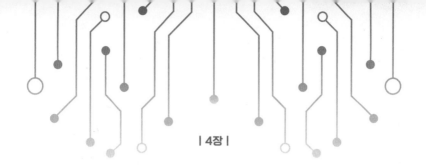

4장

추진자이면서도 조력자: 4차 산업혁명 앞 정부의 역할

정부는 정책의 방향은 주도해야 하지만, 그 구체적인 실행에 있어서는 철저히 조력자의 입장을 견지해야 한다. 그래서 정부는 정답을 만들어 제시하는 방법보다는 오답을 지워나가는 방식을 채택하는 편이 오히려 바람직할 수도 있다. 정부가 '조용한 추진자'이면서도 '활발한 조력자'로서의 역할을 해야 한다는 뜻이다. 이와 달리 정부가 정부의 자격과 역할에 대해 오해할 때 경제 생태계와 시장은 그 건강한 기능을 상실하고 만다.

먼저 정부는 4차 산업혁명의 흐름을 순환시키는 마중물이 되어야 한다. 마치 물을 끌어올리기 위해 위에서 붓는 마중물처럼, 관련 중점 과제를 적극적으로 추진해야 한다. 중소·벤처기업 및 스타트업들이 실패를 두려워하지 않고 도전할 수 있도록 안전한 환경을 만들어주어야 한다.

둘째, 정부는 이 흐름에 걸림돌이 되지 않도록 네거티브 규제를 도입해야 한다. 여기서 단어 '네거티브(Negative)'가 '부정적'이라고 해석되기 때문에 오해하기 쉬우나, '네거티브 규제'에서의 네거티브만큼은 우리 산업에 전혀 부정적이지 않다. 네거티브 규제란 '원칙 허용, 예외 금지' 형태의 규제방식이다. 다시 말해, 모든 행위를 원칙적으로 허용하되 금지되는 행위만 예외적으로 규정하는 원칙 허용 시스템이다. 반대로 '포지티브(Positive)'가 쓰여 '긍정적'이라고 해석해 버려 오해되기 쉬운, 이른바 '포지티브 규제'는 허용되는 행위만 예외적으로 규정하는 방식이라서 산업계의 창의성을 제약한다. 우리는 네거티브 규제를 도입하여 불공정거래, 기회 불평등, 비생산적인 규제와 제도 등을 개혁하고 효율적이고 합리적인 제도를 마련해야 한다. 나아가 관료주의를 타파하고 각 분야별 컨트롤타워를 확립해 전문가에 의한 과학적 정책 검증이 이루어질 수 있도록 해야 한다.

셋째, 공정한 환경을 만드는 일을 제외한 시장 개입을 최소화하고 기반 기술 투자 및 창업 인프라 등 기초 환경을 구축해야 한다. 이는 민첩하게 특정 기술을 개발할 수 있는 중소·벤처기업과 스타트업을 양성해야 하는 과제와 맞닿아 있다. 대기업, 중소·벤처기업, 스타트업의 역할을 적절하게 분담하고, 서로 상생할 수 있는 여건을 만들어주어야 한다. 나아가 창업 생태계를 건강하게 육성해 기업과 사람들이 기술 중심으로 거침없이 이동할 수 있도록 유도해야 한다.

넷째, 하루빨리 창의적 인재양성에 국가의 역량을 집중해야 한다. 암기식·주입식 교육에서 벗어나 개인역량을 배가할 수 있도록 창의성을 개발하며, 미래를 자유롭게 꿈꾸고 사람의 가치를 되새기는 열린 교육을 지향해야 한다.

다섯째, 정부는 반드시 도덕적이어야 한다. 모든 정부들마다 다양한 정책적 참사가 있었는데, 국민은 정부가 제대로 책임지지 않는 것에 분노하곤 한다. 정부가 참사를 해결하는 데 무능하고, 진상을 규명하는 데 소홀하고, 오히려 은폐하려 하는 부도덕에 국민들은 절망한다. 정부의 도덕은 소통과 책임이다.

정부가 지금까지 추진해온 정책부터 개선해야 할 여지가 많다. 지난 정부들은 4차 산업혁명 관련 8대 유망 직종을 선정한 바 있다. 스마트 기계 자동화, 스마트 에너지 제어, 바이오 제약, 가상 증강현실 시스템, 드론 제작 관리 운영, 스마트 금융 시스템(핀테크), 스마트 팜(농업), 스마트 자동차가 그것이다. 그리고 저마다 명칭은 다르지만, 이 유망 직종과 관련된 수많은 정책들이 발표되고 실행됐다. 하지만 현실은 어떠했는지 따로 설명하지 않아도 알 것이다. 모두 정부가 주도하려 들거나, 지나치게 간섭했기 때문이다.

또한, 보여주기식 관행으로 숫자에 치중한 나머지, 정부 정책의 혜택은 실적이 검증돼 성장치 또한 가늠할 수 있는 기업에만 치중되었다. 지금부터라도 가능성을 품고 미래를 향해 나아가는 혁신기업을 활성화할 수 있는 방향으로 선회해야 한다. 동시에 이러한 혁신기술 기업들이 제 실력을 발휘할 수 있도록 데이터센터나 통신망, 사물인터넷 같은 인프라를 우선 확충하는 액셀러레이터 역할을 해나가야 한다.

그리고 선명한 컨트롤타워를 마련해야 한다. 자율자동차 분야만 보더라도, 국토부, 미래부, 산업자원부가 연계되어 있다. 자율주행차가 다닐 도로, 기술, 지원 등이 저마다 다른 목표치를 설정하고 방향이 다르다. 벤처기업 창업과 관련해서도 창업과 지원, 보고 등 관리하는 부처가 다르다. 컨트롤타워가 부재한 것이다. 여기에는 사실 통폐합을 하면 자기 몫이 없어질지도 모른다는 두려움이 자리하고 있다. 하지만 컨트롤타워를 중심으로 서로 효율성을 발휘한다면 더 큰 성과가 창출될 것이다. 정부 조직부터 혁신을 두려워해선 안 된다.

기본 토양도 구축해야 한다. 농사는 가꾸는 사람의 노력만큼 기본적인 토양이 무엇보다 중요하다. 자금만을 투입한다고 해서 토양이 만들어지지는 않는다. 오히려 세금이 엉뚱한 곳에 낭비된 사례가 수없이 많다.

무엇보다 기업이 스스로 성장할 수 있는 환경을 만들어주는 것이 더욱 중요하다. 투자자와 창업자가 서로 연계할 수 있는 플랫폼을 구축해야 한다. 이것이야말로 마중물로서의 정부의 역할일 것이다.

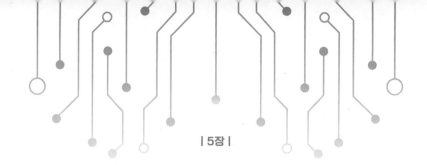

우리 내부의 '승자독식 방정식'을 무너뜨려라: 전 세계적인 승자독식의 시대를 이기려면

4차 산업혁명이라는 신호탄이 쏘아진 뒤 세계는 그 미래에 얼마나 가까워졌을까? 공교롭게도 세계는 새로운 방식의 경제 냉전을 준비하는 듯 보수적인 흐름으로 뒷걸음질하고 있다. 세계경제포럼이 지난 2017년에 다룬 주된 의제는 "신세계 무질서에 따른 소통과 책임 리더십(Responsive and Responsible Leadership)"이었다. 당시 세계정세를 진단하는 매우 적절한 문장이 아닐 수 없다.

전 세계 경제가 4차 산업혁명이라는 대전제를 향해 모일 것이라는 선언 이후, 각국 정부는 이러한 미래에 저항하듯 오히려 자국보호를 내세우며 국경을 드높이는 흐름이 거세지고 있다. 종교 집단을 가장한 테러 집단의 무차별적인 공격은 그리스 재정 위기 등과 맞물려 인권·자유·

평등의 공동체를 자임하는 유럽연합 소속 국가들이 정치·경제적으로 보수화되는 흐름에 불쏘시개 역할을 했다. 영국은 국민 찬반 투표를 통해 '브렉시트(Brexit)'를 단행했고, 프랑스, 노르웨이, 네덜란드 등 복지국가의 표본으로 여겨지는 국가들마저 반(反)이민 정책 기치를 내세우는 보수 정당이 국민들의 상당한 지지를 받고 있다. '미국 우선주의'를 천명한 트럼프는 강력한 보호무역주의뿐만 아니라 불법 이민자 추방, 미군 주둔 국가 방위 부담금 인상 등 강경 일변도로 내달렸다. 지금은 바이든이 집권했지만, 상당수 미국인의 기저 정서에는 여전히 이런 태도가 남아 있어서 전 세계의 근심거리가 되고 있다.

세계가 마치 담합한 것처럼 자국 중심주의를 강조하는 바탕에는 오랜 경제 침체가 큰 몫을 차지하고 있다. 국경 너머 타인들을 일자리를 빼앗는 경쟁자로 두려워하는 것도, 이웃 국가를 동맹관계가 아니라 경쟁국가로 인식하게 하는 것도, 상식과 비전이 아니라 오직 현재의 이익과 각자도생을 현혹하는 정치도 결국 불안하기만 한 먹고사는 문제에서 기인한 측면이 크다. 그러나 위기, 혼란, 갈등, 불안, 공포로 점철된 세계가 저마다 방어벽을 견고히 하는 현상은 되레 세계가 '글로벌 경제'로 묶인 운명공동체일 수밖에 없다는 사실을 드러내는 반증이기도 하다. 러시아가 발발한 우크라이나 전쟁 이후 전 세계가 동반 침체로 빠진 것을 보라.

우리만 하더라도 사드 배치는 중국이 무역보복을 감행하게 하는 빌미가 되었다. 이로 인해 수출 무역은 물론 관광업, 콘텐츠 산업까지 타격을 입어 안 그래도 침체된 경기가 예기치 않은 불황에 허덕였다. 미국의 금리 조정과 한미 자유무역협정 재검토 추진 등 관련 정책은 우리 경제 성장 기준치를 변경하게 만들었다.

이와 같은 흐름과는 대조적으로 세계 경제의 지도에서는 이미 지정학적 경계가 사라진 지 오래이다. 당장 주변에 놓인 제품 하나를 들여다보자. 식료품 제품 원산지 표기만 하더라도 세계 지도를 방불케 한다. 휴대전화 역시 소프트웨어는 미국에서 개발한 것이고, 반도체는 우리 기업이 개발한 것이다. 전체 하드웨어 조립과 생산은 중국 공장에서 도맡는다. 우리 기업이라고 생각한 유명 인터넷쇼핑몰은 외국 기업이 인수한 상태이고, 한국 자동차 회사는 경쟁력을 갖추기 위해 외국인 전문가를 경영책임자로 영입한다. 사람들은 가격 비교 사이트를 통해 '해외직구'로 더 저렴한 제품을 직접 구매한다.

4차 산업혁명은 물리적인 국경의 장벽을 말 그대로 무색케 할 것이다. 혁신기술을 바탕으로 세계 경제를 주름잡은 선도기업을 떠올려보자. 애플, 구글, 마이크로소프트, 아마존, 페이스북……. 이들의 서비스와 제품이 세계의 시장을 파고들었던 속도를 생각해 보라. 원천기술의 파급력은, 즉 다시 말해 선도기업의 '승자독식(Winner Takes All)'은 더욱 심화될 것이다. 한마디로 기술 독점이 곧 부의 독점으로 연결되는 현상은 더욱 심해질 것이다.

4차 산업혁명을 이끄는 선도기업들은 불과 20년 전이라면 존재조차 하지 않았던 산업을 상상에서 현실로 이루어낸 기업들이다. 이 기업들이 처음부터 스포트라이트를 받았던 것은 아니다. 이 기업들 역시 지금도 숱하게 창업하고 소리 소문 없이 사라지는 수많은 스타트업 중 하나였다.

애플은 스티브 잡스, 스티브 워즈니악, 로널드 웨인 세 사람이 자신들이 만든 애플 컴퓨터를 판매하기 위해 만든 회사였다. 스티브 잡스는 애플 컴퓨터를 자신의 침실과 차고에서 만들었다. 현재 3만 명 임직원을 거느린 구글 역시 1998년 스탠포드대학교 박사과정에 있던 동료들의 아이디어에서 출발했다.

애플, 구글처럼 소프트웨어와 검색엔진에서 출발한 기업이 세계 경제의 중심이 될 것이라고 예견한 사람은 거의 없다. 도로나 건물을 건설하지 않고 물건도 생산하지 않는 기업이 어떻게 세계 최고의 기업이 될 수 있겠는가. 당시로서는 상상할 수 없는 일이었다. 그러나 그들에겐 남들에게 없는 것이 있었다. 바로 원천기술이다. 그리고 바로 그 원천기술로 퍼스트 무버가 된 것이다. 미래를 상상하고 꿈꾸었던 힘이 가장 큰 무기이자 자본이었다.

나는 실리콘밸리와 국내 기업을 두루 겪으면서 국내 기업 문화는 항상 1퍼센트 모자란다는 아쉬움을 지울 수 없었다. 그 마지막 1퍼센트가 나머지 99퍼센트의 빛나는 성과와 가능성을 가려버리고는 했다. 한마디로 하드웨어는 성인인데, 소프트웨어는 청소년기에 머무른 모습이었다. 덩치는 크지만 내용은 성숙하지 못하다는 아쉬움. 어쩌면 이 고민이 '대한민국 4차 산업혁명'을 그리며, 우리 기업문화를 돌아보게 한 출발점이었는지 모르겠다.

우리 사회는 오직 성장을 향해 질주하면서 수많은 문젯거리를 방치해왔다. 성수대교가 붕괴되고, 삼풍백화점이 무너지는 모습은 바로 우리 고속성장의 그늘을 적나라하게 보여준 사고였다. 기술적인 부분도 마찬가지이다. 이는 기업 내부에서도 어느 정도의 결함에 대해서는 묵과하는 문화를 양산해왔다. 속도 때문이다. 남들보다 빨리 시장에 내놓아야 하는 압박감 때문이다.

왜 세계와 어깨를 나란히 하는 기업으로 성장했으면서 치명적인 결함이 결정적인 성장에 발목을 잡는 걸까. 이는 타협이 아니라 묵과하고, 잘못된 것을 바로잡지 않고 넘어갔기 때문이다. 실밥 하나가 뜨개질한 옷감 전체를 풀어버릴 수 있듯, 한 방울에서 시작된 누수가 대홍수를 불러일으킬 수 있듯 때로 이 사소한 1이 나머지 99를 장악해버릴 수 있다.

'패스트 팔로워(Fast Follower)', 즉 앞선 주자들을 빠르게 쫓아가야만 했던 대한민국의 성장 모델 특성상 우리 기업들은 리스크를 줄이기 위해 선도기업에 원천기술을 의지하고 물어보는 방식을 고수했다. 다만 모방은 100퍼센트가 될 수 없다. 설령 기술적으로 100퍼센트를 달성한다 해도, 단 한 가지 창조성이라는 '유레카' 지점만은 절대 채울 수 없다. 패스트 팔로워로서 미투 제품(1위 브랜드 또는 인기 브랜드와 유사한 상품)은 더는 살아남지 못한다.

이세돌과 알파고가 벌인 바둑 대결의 공식 명칭은 '구글 딥마인드 챌린지 매치'였다. 이 대결을 두고 최종 승자는 알파고도 이세돌도 아닌, 바로 인공지능 기술을 선점했음을 알린 구글이라는 평가가 많았다. 우리는 이제까지 건물을 빨리 짓고 결함을 땜질하는 데 급급했다. 이제 처음부터 설계를 공들여 미래까지 내다볼 수 있어야 한다.

스페인 바르셀로나에 자리한 성가족성당은 1884년 착공되어 지금도 지어지고 있다. 그 과정 자체가 건축예술이고, 도시는 물론 세계를 대표하는 문화유산이 되었다. 100퍼센트를 추구한다는 것은 바로 이런 모습이다. 1등을 위해 속도 경쟁을 벌이는 것이 아니라, 100이라는 목표를 추구해나가는 완결성이다.

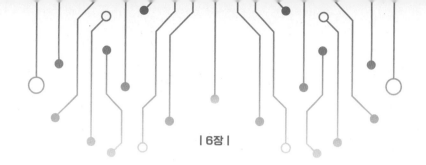

6장

싸이월드의 교훈:
우리만의 선택과 집중이 승패를 가른다

    4차 산업혁명을 이야기하면서 많은 기업들이 실리콘밸리를 모델로 삼고 이를 지향하겠다고 선언한다. 그러나 선도기업들이 일궈낸 결과에만 초점을 맞추고, 그들이 어떤 과정을 통해 성장해왔는지 눈여겨보지 않는다.

    실리콘밸리의 시발점은 1957년 동부의 벨 연구소에서 뛰쳐나온 로버트 노이스(Robert Norton Noyce)를 포함해 엔지니어 여덟 명이 설립한 '페어차일드 반도체(Fairchild Semiconductor)'로 알려져 있다. 1971년 〈일렉트로닉 뉴스(Electronic News)〉에서 '샌프란시스코 베이 에어리어(San Francisco Bay Area)' 지역 산업 기사를 연재하면서 반도체 재료 실리콘과 주변 산타클라라(Santa Clara) 계곡을 합쳐 '실리콘밸리'라는 용어를 쓰면서 통용되기 시작했다. 1980년대에는 IBM에서 퍼스널 컴퓨터(PC)를 출시하면서 세계 정보통신기술 시장에 새바람을 일으켰고, 이후 인터넷 붐, 모바일 붐이 일어났다. 금광, 과수원의 땅이 최첨단 산업기지로 바뀌어 전 세계 경제 시장의 지각변동을 일으키는 진원지로서 우뚝 설 것이라고 누가 예측이나 했을까.

실리콘밸리에서는 지금도 1년 동안 수많은 스타트업이 생겨나고 사라진다. 중요한 점은 이 기업들은 실패하더라도 늘 재도전할 수 있는 환경이 뒷받침되고 있다는 사실이다. 우리에게도 이런 혁신적인 사고로 무장한 기업들이 존재했다. 한때 우리나라를 휩쓸었던 싸이월드(CyWorld)는 구글과 같은 해인 1998년 카이스트 석박사 과정에 있던 여섯 명이 창업한 기업이다. 이들은 철저히 자율성에 바탕을 두고 인맥 기반 커뮤니티 서비스 붐을 주도했다. 그러나 대기업에 흡수돼 진취적인 사고는 사라져버렸고, 시장에서도 희미해졌다.

실제로 많은 대한민국 스타트업과 중소·벤처기업이 시장에서 뛰어난 실력을 발휘하고 주목을 받았지만, 이내 대기업에 흡수되어버렸고, 이젠 그마저도 자취를 감춰버렸다. 아무리 훌륭한 떡잎일지라도 토양 자체가 척박하면 튼튼한 나무로 싹을 틔울 수가 없다.

최근 실리콘밸리의 선도기업 역시 사업 외연을 확장하고 있다. 그러나 결정적으로 차별화되는 것은 그들은 문어발식으로 확장하면서 기업의 덩치 키우기에만 급급하지 않는다는 사실이다. 그들의 성장 전략은 인공지능, 자율주행차 등 어떤 방식으로든 자신들이 가진 혁신기술이라는 고유한 정체성을 중심으로 한다.

우리 기업들은 여전히 고속성장의 신화에 갇혀 있고, 사람들은 여전히 소외돼 있다. 앞서 말했듯, 실리콘밸리의 선도기업들은 상상력과 정체성이 바탕이 돼 누구도 쉽게 모방할 수 없는 혁신적인 원천기술을 만들어냈다. 그리고 그 중심엔 사람이 있다.

그러나 우리는 어떠했는가. 정부는 몇 개의 유망 산업을 선정하고, 산업단지를 조성하고, 적당한 슬로건으로 허울을 선전했다. 한마디로 성장의 과정에 대한 고민은 생략한 채, 보여주기에만 급급한 형국이다. 피상적인 모방만으로는 실리콘밸리가 반세기 이상에 걸쳐 이루어낸 족적을 따라잡기 힘들다.

중요한 사실은 현재 4차 산업혁명 시대를 이끌 것이라 예상되는 선도기업들은 숫자에 끼워 맞춰 자신들의 미래를 설계하지 않았다는 점이다. 그들의 목표는 자신들이 반드시 하고 싶은 일이고, 그것을 반드시 현실로 이룰 수 있다는 꿈이었다. 그리고 그 꿈을 이루기 위한 최적화된 조건으로서의 자유로운 조직 문화를 만들어낸 것이다.

우리 역시 우수한 엔지니어를 길러내고 확보해왔다. 우리 인재들의 실력은 실리콘밸리의 인재들에 견주어 전혀 뒤떨어지지 않았다. 하지만 우리나라의 인재들은 속도 경쟁과 양적인 성장 밀어붙이기에 떠밀려 원천기술을 연구하고 개발하는 데 집중할 수 없었다. 결국 4차 산업혁명의 핵심 동력인 사람이, 창의성의 근본인 사람이 기업의 부속품 내지 소모품이 되어간 것이다.

기술은 흉내 낼 수 있다. 그래서 패스트 팔로워는 가능했던 것이다. 그러나 오랫동안 구축해온 문화는 훔칠 수 없다. 그래서 우리 기업에서 원천기술이 개발되기 힘든 것이다. 4차 산업혁명 시대는 더 이상 모방이 창조의 어머니가 될 수 없는 시대이다. 사람의 가치를 되돌아보는 것, 사람의 가능성이 활짝 피어날 수 있는 환경을 마련하는 것, 바로 그것이 4차 산업혁명 시대가 우리에게 구하는 첫 번째 조건이다.

그렇다고 우리 기업들이 애플이나 구글과 똑같아질 필요는 없다. 대한민국은 실리콘밸리가 아니다. 우리만의 역사와 문화가 있고 사람들의 정서가 있다. 또한, 전혀 다른 산업화 과정을 겪어오면서 갖게 된 우리만의 역량도 있다. 우리가 가진 장점을 중심으로 단점을 개선하면서, 즉 선택과 집중을 통해 '대한민국 4차 산업혁명'을 준비해야 한다.

4차 산업혁명이 위기가 될 것인지 기회가 될 것인지는 전적으로 우리의 선택과 집중에 달려 있다. 우리는 산업화 시기부터 외환위기까지 요동치는 세계정세와 경제위기 속에서도 누구보다 역동적으로 대처해온 경험이 있다. 출발은 늦었지만, 특유의 추진력과 적응력으로 기술을 따라잡고 세계 흐름에 안착했다.

우리 기업들이 세계 시장에서 유례없는 성과를 보여준 것은 엄연한 사실이다. 벤츠는 자체 엔진을 만드는 데 100년이 걸렸지만, 국내 자동차 기업이 독자적인 엔진을 개발하는 데는 채 30년이 걸리지 않았다. 가전제품, 반도체 등이 빠른 시간 안에 세계 시장에서 성공한 것도 단순히 우연의 산물이 아니다. 혁신기술의 상징으로 여겨지는 스마트폰 부품은 대부분 삼성, 엘지 등 국내 기업이 제공하고 있다. 세계에서 가장 먼저 모바일 기기가 대중적으로 성공한 이유도 이러한 역동성이 밑거름이었다.

미국과 한국 기업을 두루 겪으면서 느낀 가장 큰 차이는 기업들이 변화에 대응하는 속도 경쟁력이었다. 이를테면 미국 기업에서는 시장 변화에 따라 업무 기간이 1년에서 6개월로 줄어들면 부서 인원을 두 배로 늘려달라는 요구가 우선되는 등 쉽사리 기존 체계를 변경할 엄두를 못 내지만, 한국 기업은 똑같은 조건에서 어떻게든 다양한 방법을 모색하고 결국 성과를 이루어낸다.

PC 문화를 선도했던 인텔이 모바일 환경에 적응하지 못했던 것도 기존 프로세스를 탈피하지 못한 요인이 크다. 모바일 분야는 개발 속도가 빠르고 시장 흐름에 유연하게 대처하는 것이 중요하다. 반면 우리 기업은 이에 역동적으로 대처했다. 당시 적응력과 추진력을 무기로 대기업은 물론 벤처·중소기업이 띤 활기를 떠올려보면 우리가 가진 장점을 되새겨볼 수 있다.

4차 산업혁명 역시 우리가 가진 장점을 어떤 방식으로 적용할 수 있을까 고민해야 한다. 우리는 4차 산업혁명을 앞두고 주로 독일 인더스트리 4.0과 미국 실리콘밸리 양 축을 모델로 삼을 수 있다.

독일 주도의 인더스트리 4.0은 선진국 대비 제조업 비율이 높은 우리에게 4차 산업혁명에 진입하기 위한 디딤돌이 될 수는 있겠지만, 근본적인 해결책으로 보기는 힘들다. 특히 주로 대기업이 독점하고 있는 제조업은 그 안에 사업 영역이 서로 달라 실제 구현하기까지는 많은 시간이 걸릴 것이다. 따라서 기업 스스로 환경을 구축하되 정부가 필요한 부분을 지원해주는 방향으로 모색되어야 한다.

원천기술 역시 하루아침에 만들어낼 수 없기 때문에, 제조업 등 하드웨어를 기반으로 함께 발전해나가는 방향을 모색해야 한다. 기업과 정부는 원천기술이 필요하다는 점을 늘 강조해왔다. 성장 속도에 발목이 잡혀 연구개발에 집중하지 못한 한계에도 원천기술을 응용한 우수한 기술로 세계 시장과 어깨를 나란히 한 것은 엄연한 사실이다. 그러나 이 원천기술들이 현재는 모두 접근 가능한 '오픈 소스'라고 하지만, 언제 봉쇄될지 모른다는 점을 간과해서는 안 된다.

한마디로 우리는 인더스트리 4.0이나 실리콘밸리를 맹목적으로 지향하는 것이 아니라, 이 두 가지를 모두 포괄하는 방향으로 나아가야 한다. 제조업(하드웨어)에 강점이 있는 경제 구조를 기반으로 원천기술(소프트웨어)을 얹어 드높이는 구조를 상정해볼 수 있다.

장기적으로 독일처럼 자동화 프로세스를 우리 기술로 개발해야 한다. 미국의 인공지능 엔진 등도 그렇다. 원천기술은 미래의 경쟁력이다. 한편 스마트 시티라든지 스마트 정부, 스마트 고속도로, 자율주행차량 등의 인프라를 구축하고, 융·복합이 이뤄질 수 있는 환경을 만들어야 한다. 그보다 짧게는 이미 개발된 플랫폼과 오픈소스를 활용해 비즈니스를 만들어 돈을 벌어야 한다.

또 정보의 싸움이다. 사물인터넷 등 사람에 비유하면 신경망이라고 할 수 있는 것들을 활성화하고 통합해야 한다. 데이터센터의 정보를 어떻게 하면 개인의 프라이버시를 침해하지 않고 잘 저장해 비즈니스·서비스에 활용할지도 고민해야 한다.

아무리 빼어난 원천기술이라도 이를 구현할 하드웨어가 뒷받침되어야 한다. 하드웨어 없는 소프트웨어는 육체 없는 영혼이다. 좋은 소프트웨어는 좋은 하드웨어를 기반으로 하고, 두 분야가 어떤 방식으로 최상의 조화를 이룰지 우리는 고민해야 한다.

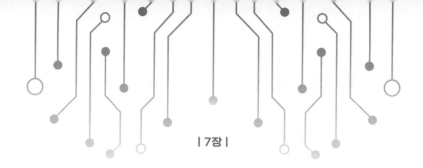

7장

왜 동반성장이며,
새로운 리더십이 필요한가

우리 기업이 가진 역동성은 대한민국의 4차 산업혁명에서 결코 소외되지 않을 것이라는 희망을 안겨준다. 응용기술을 바탕으로 세계의 흐름을 단기간에 따라잡는 속도, 기업 리더의 선도 아래 뭉치는 응집력, 목표를 향해 질주하는 집중력은 눈부신 경제 성장을 일궈낸 원동력이었다.

하지만 그 가파른 성장의 그늘에는 많은 사람의 희생과 잘못된 기업문화, 결과를 위해서라면 어떤 편법도 용납되는 불공정이 독버섯처럼 자라났다. 현재 우리는 세계에서 가장 긴 노동시간을 자랑하고 있지만, 생산성은 선진국 절반 수준에도 못 미친다. 노동환경을 살펴보면, 앞으로 맞이할 4차 산업혁명의 경제 펀더멘털(Fundamental, 한 나라 경제가 얼마나 건강하고 튼튼한지를 나타내는 경제의 기초 요건을 말한다. 보통 경제 성장률, 물가상승률, 재정수지, 경상수지, 외환보유고 등과 같은 거시 경제지표들을 의미한다)이 결코 좋지 않다는 징후가 곳곳에서 드러난다. 바로 이 독버섯들이 4차 산업혁명 시대로 접어드는 시대에, 한국 경제의 발목을 붙잡는 것이다.

4차 산업혁명이 그리는 성장 그래프는 나선형을 띤다. 이는 발 빠르게 기술을 모방하고 질주해서 장악할 수 있는 것이 아니다. 오히려 대기업은 물론 중소·벤처기업, 스타트업이 서로 간의 벽을 허물고 다양한 기술과 아이디어를 주고받는, 말 그대로 생태계가 조성되어야 가능하다.

지난 2017년 3월 13일 인텔은 153억 달러(약 17조 5600억 원)에 자율주행차 관련 기술 기업 모빌아이(Mobileye Global Inc.)를 인수한다고 발표했다. 당시 모빌아이 직원 수가 450명에 불과하다는 점을 감안하면, 그 기업 가치가 새삼 달라 보인다.

그렇다면 인텔은 모빌아이에 왜 이렇게 큰 가치를 부여했을까? 그것은 다름 아닌 가능성이다. 기업 가치가 규모가 아니라 성장 가능성에 있다는 사실은 우리가 그동안 고수해왔던 성장 신화가 시대 흐름에 얼마나 동떨어져 있는지를 시사한다.

이제 대한민국의 성장 방향 역시 창의성과 다양성을 중심으로 전환되어야 한다. 똑같은 종목에 참여하더라도 운동선수마다 체급은 다르다. 헤비급은 힘이 강점이고, 라이트급은 민첩한 몸놀림과 기술이 강점이다. 헤비급과 라이트급, 힘과 기술이 서로를 견인하고 지탱하는 구조로 한국 경제는 체질을 개선해야 한다.

물론 우리는 여러 불리한 조건을 이겨내고 기적과도 같은 결과를 만들어냈다. 이른바 압축성장, 고도성장이라 불리는 기적이다. IT 산업만

하더라도 외환위기라는 상황에서 꽃을 피웠다. 전국에 구축해놓은 네트워크 환경이 초기에 마중물이 되어 성장을 하였지만, 이 역시 가파른 사선(斜線)만 고집하는 성장에 집착한 그릇된 전략으로 그 힘은 점차 떨어지고 있다.

지속 가능한 성장은 가파른 사선이 아니라, S자 커브 모양을 띤다. 4차 산업혁명 시대의 성장 곡선은 가파르지만 직선이 아니다. 성장과 정체를 거듭하는 S자 모양의 곡선을 지향해야 한다. 그리고 이 S자 커브가 모여 서로 사슬을 이루고, 성장이 둔화되더라도 버팀목이 될 수 있어야 한다.

이는 한 기업의 차원에 국한되는 것이 아니다. 좁게는 관련 산업 분야, 넓게는 대한민국 경제 전반을 염두에 둔 그림을 그려야 한다. 모두가 가파른 비탈에 매달려 서로 먼저 정상에 오르기 위해 경쟁하는 것이 아니라, S자 모양의 완만한 커브를 그리며 다 함께 정상을 향해 튼튼하게 나가야 하는 것이다. 4차 산업혁명을 이끌 새로운 리더십은 직원 중심, 소비자 중심이 되어야 한다.

정경유착으로 대표되는 우리 기업문화의 누적된 병폐는 단순히 정치 차원에서 그치지 않고, 우리 사회 전체를 되돌아보게 했다. 실제로 잊을 만하면 '갑질'로 표현되는 2~3세대 세습 경영자 문제가 도마에 올랐다. 이 사건들은 하나같이 사람을 존중하지 않아 발생했다는 공통점이 있었다.

지난 산업화 시기, 많은 기업이 경영자의 역할에 따라 일사불란한 응집력을 발휘해 단기간에 큰 성과를 이루어낸 것도 사실이다. 그러나 속도와 결과에만 매달린 성장 모델에 집착하는 리더십으로는 4차 산업혁명이라는 새로운 대양을 헤쳐나가기 어렵다. 이제 경영자는 기업의 성장뿐만 아니라, 그 기업에 속한 구성원의 성장을 도모해야 한다. 그리고 그 구성원의 성장이야말로 기업의 성장이라는 인식을 가져야 한다.

4차 산업혁명 시대의 리더십이란 선원들이 자유롭게 낚시를 할 수 있도록 배를 안전하게 운행하는 선장의 모습에 가깝다. 과거의 리더십이 고기가 잘 잡히는 소위 포인트에 누구보다 빨리 배를 몰고 가서, 선원들이 모두 똑같은 지점에 낚싯대를 드리우게 하고 빨리 낚을 수 있도록 하는 것이었다면, 4차 산업혁명 시대의 리더십은 이 선원들이 포인트를 스스로 찾고 저마다 다른 미끼로 물고기를 낚을 수 있도록, 악천후와 거센 파도로부터 선원들을 안전하게 보호하고, 최적의 환경을 제공하는 것이다.

실리콘밸리와 한국 기업에서 만난 인재들을 비교하면, 우리 기업 구성원이 갖춘 기본자질이 훨씬 뛰어났다. 무엇보다 그들은 리더의 생각과 방향에 따라 변화를 빨리 받아들이고 바꿔나갔다. 실제로 내가 속한 부서는 2년 남짓한 시간에 수익지수와 팀 문화를 한꺼번에 개선해 나갔다.

기업들이 보통 수익지수를 바꾸는 데 3~4년, 기업문화를 바꾸는 데 7~8년이 걸린다는 사실을 감안하면, 대한민국 인재들이 갖춘 역량에 다시 한번 놀랄 수밖에 없었다. 그러나 이는 강점이자 단점이기도 하다. 이 눈부신 속도가 리스크를 낳을 수 있다는 사실을 깨달았기 때문이다.

인텔에 입사한 뒤 수석매니저가 돼 연구개발뿐만 아니라, 조직 전체를 조망하는 기회가 생겼을 때 처음 맞닥뜨린 모습은 무척 낯설었다. 몇몇 직원이 먼 거리를 이동하는 것이 불편해 퇴사하겠다는 의견을 내비치자 담당자가 그들이 집에서 일할 수 있는 환경을 만들어주자고 제안하는 것이었다.

처음에는 도무지 적응할 수 없는 모습이었다. 그러나 시간이 지나고 그들이 이뤄내는 성과를 알게 됐을 때, 오히려 내가 일자리에 대해 얼마나 큰 편견을 가지고 있었는지 되돌아보게 됐다. 그 자기반성은 결국 "일은 사람이 중심이 되어야 한다"는 문제의식으로 이어졌고, 내가 한국 기업으로 돌아오게 하는 계기가 되었다.

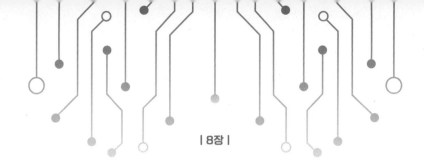

8장

TOP 모델:
혁신은 '기본'과 사람에 대한 투자가 만든다

'스마트'한 기업문화를 만들어야 한다는 목소리가 그 어느 때보다 높다. 그러나 스마트하게 일하는 조직은 정작 '워크 스마트' 캠페인을 진행하지 않는다. 정작 실리콘밸리에서 4차 산업혁명이라는 선언은 들리지 않는다는 우스갯소리도 있다. 그들은 이미 그 시기에 진입했다는 여유이기도 하고, 구호보다 실천이 앞서야 한다는 이유이기도 하다.

실제로 캠페인은 현실에서 그 캠페인이 지향하는 내용이 얼마나 취약한 것인가를 드러내는 방증이다. 어린이날이 생긴 근원은 예전에는 어린이라는 개념 자체가 존재하지 않았기 때문이다. 어린이에겐 인권도 없었고 그들을 하나의 인격체로 여기지 않았기 때문이다. 우리에게 여성부와 통일부가 존재하는 까닭도 여성의 사회적 지위가 불평등한 관행이 오랫동안 지속되었기 때문이고, 세계에서 마지막 남은 분단국가로서 통일이라는 과업이 여전히 남아 있기 때문이다.

우리 기업들은 경영 트렌드에 민감하다. 어쩌면 이는 해당 기업만의 고유한 정체성과 문화를 만들어내지 못하고 있다는 증거이기도 하다. 혁신적인 슬로건을 도입하고, 얼마 지나지 않아 성과가 없다고 판단되면 폐기해 버린다. 그리고 또 다른 캐치프레이즈를 내건다.

예를 들어 삼성 역시 삶과 직업의 균형을 맞춰가는 '워크 스마트(Work Smart)'를 선언하면서 선도적인 기업문화를 정착하기 위해 애썼다. 그러나 기업문화의 질적 향상을 위한 이러한 노력들은 수익성이 감소하면 추동력이 급격하게 떨어지는 과정을 반복했다.

말뿐인 캠페인은 오히려 조직과 개인역량이 발전할 수 있는 효율성을 떨어뜨린다. 오히려 이런 캠페인은 업무 하나가 더 과중되는 부작용만 키워 교각살우(矯角殺牛, 소의 뿔 모양을 바로잡으려다가 소를 죽인다는 뜻)가 될 수 있다는 점을 명심해야 한다. 만성적인 야근과 고착된 서열문화, 형식적인 보고서를 반복적으로 생산하는 근무환경 자체를 혁신하지 않으면서, '스마트한 근무환경'을 만들어가자는 목소리가 얼마나 현실성이 있을지는 의문이다.

혁신의 또 다른 얼굴은 '기본'이다. 기본을 회복하는 것, 모두가 알고 있는 것을 실행하는 것, 누구나 지켜야 한다고 생각하는 것을 지키는 것, 모두가 원하는 것을 가능케 하는 것이다. 그것은 절대로 거창한 슬로건으로 만들어지는 것이 아니다. 그것이 혁신의 기본이다.

"구글의 가치는 이윤 추구만을 위해서 힘들게 일하는 것이 아니다. 구성원들이 창조성과 이타심을 계발할 때 더 큰 이익이 창출되고, 더 좋은 일을 할 수 있다고 진정으로 믿고 실천하는 데 있다." 구글의 수도원 장으로 불리는 노먼 피셔(Norman Fischer)의 말이다. 혁신의 방향이 과연 어디로 향해야 하는지, 혁신의 목적은 무엇인지를 단적으로 보여주고 있다.

흔들리지 않는 가치를 만들고 지키는 것이야말로 어떤 변화가 찾아오든 그 흐름을 받아들일 수 있는 유연함을 만들 수 있다. 그럴 때에만 우리는 그 어떤 것에도 불안해하지 않으며, 강물에 몸을 내맡겨 흐름에 따라 목적지에 도달할 수 있다. 딱딱하게 굳은 몸으로는, 내 몸에 맞지 않는 옷을 껴입고는 제자리에서 허우적거리며 스스로를 걸림돌로 만들 수밖에 없다.

한국을 떠나 인텔에서 일하게 되면서, 나는 당시 6만 달러의 돈이 필요했었다. 인텔에서 내게 제공한 돈은 10만 달러였다. 내가 당황하자 총무부는 세금까지 감안한 금액이라고 덧붙였다. 2만 달러의 보너스와 가족 항공료, 4천만 원에 달하는 이사 비용을 제공받았다. 또한, 이주 전문가가 아파트 렌트, 은행 및 신용 업무, 거주지 주변 정보, 차량 구매, 운전면허 및 거소증 발급 등 모든 서비스를 초기 3개월 동안 제공하였다. 회사의 그 배려에 나를 귀하게 여긴다는 기분을 느꼈다. 더욱 열심히 일해야 한다고 결심한 것은 당연했다. 모든 일의 원동력은 구성원이 조직 내에서 중요한 사람이라는 생각을 가질 수 있는 긍지와 자부심으로부터 나온다.

실리콘밸리가 우리 기업문화와 가장 큰 차이점을 보이는 것은 리더가 사람들이 일하는 기본 환경에 대단한 관심을 기울인다는 사실이었다. 자신과 의견이 맞지 않다고 지금 맡고 있는 업무에서 열외를 시켜버리고, 비상식적인 매뉴얼을 강조하면서 업무 지시를 수행하지 못하면 무능력으로 치부하는 등 '뒤틀린 리더십'은 경영자로서 군림하고만 싶어 했지, 조직을 이끄는 리더 자격을 갖추지 못했다는 사실을 방증한다. 아무리 기술이 뛰어나고 경쟁력을 갖춘다고 해도, 사람에 대한 투자가 부족하면 그 성장은 한계에 봉착할 수밖에 없다.

이제 사람의 가치를 소홀하게 여겨온 잘못된 기업문화는 유물이 되어야 할 시점에 다다랐다. 윤리의 측면에서뿐 아니라, 이윤의 측면에서 따져보아도 유물이 되어야 한다. 모든 혁신의 출발점은 사람이다. 혁신의 힘은 자신이 조직 내에서 중요한 사람이라는 긍지와 자부심으로부터 나온다. 사람을 귀하게 여기는 기업문화로 거듭날 때, 4차 산업혁명을 주도할 원천기술의 개발이 가능하다.

사람 중심의 4차 산업혁명의 핵심은 누가 뭐래도 4차 산업혁명 시대의 인재양성이다. 4차 산업혁명 시대에는 어떤 역량이 더 요구되는가, 어떻게 그런 인재를 양성할 것인가, 또 리더는 어떤 비전을 제시해야 하는가, 이 세 가지 사항은 중요한 선결 과제이다.

답은 내가 제안하고자 하는 'TOP 모델' 속에 있다. T는 탤런트(Talent), 즉 재능을 가리킨다. 4차 산업혁명의 관건은 개별 분야들 간의 융·복합을 어떻게 이룰 것인가에 달려 있다. 지금까지 기업은 대체로 직원들이 'T자 형'이 될 것을 지향하며, 여러 지식과 기술을 교차할 수 있는 만능선수(제너럴리스트, Generalist)가 되어야 한다고 주장했다. T자형 인재에서 대문자 'T'를 구성하는 상하로 뻗은 수직선은 세분화된 영역의 전문성을 의미한다. 좌우로 뻗은 수평선은 다른 분야에 대한 대략적인 지식과 이해를 나타낸다. 이 'T자형 인재'는 경쟁 분야의 변화를 빠르게 파악할 수 있고 다양한 분야와 협력을 시도할 수 있지만, 여러 기술을 융합해 독자적으로 제품을 생산해낼 역량이 부족하다는 단점이 있다.

따라서 나는 4차 산업혁명 기업 환경에서는 T자형에서 나아가 파이(π)형, 폴리매스형 전문가를 길러내야 한다고 7장에서 짚은 바 있다.

한마디로 한 분야의 전문가가 T자형이라면 그 상태에서 다른 분야의 지식을 습득하고, 기존의 전문성과 새로이 획득한 전문성을 융합하는 단계에 이른 사람이 파이형 전문가인 것이다. 파이형 인재는 공학적 문제가 생겨도 물리·수학적 의미를 찾으려고 노력한다. 구글이 최근 인문학 전공자를 5,000명 채용한 사실에 비추어 보아도 4차 산업혁명이 요구하는 인재상을 짐작해볼 수 있다.

두번째 'O'는 '오거니제이션(Organization)', 즉 조직을 가리킨다. 조직은 앞서 말했듯 벽을 허물고 열린 구조로 나아가야 한다. 그리고 철저히 현장 중심으로 운영되어야 한다. 그래야만 인재들이 활발하게 의견을 개진하고 창의적인 일에 집중할 수 있다.

한국의 기업들은 어떤 중대한 문제가 발생했을 때, 가장 먼저 이 문제에 대한 책임을 떠안을 사람부터 찾는다. 과연 이 문제는 왜 발생했는지, 시스템의 문제인지, 인력이 부족해서인지, 혹은 단순히 절차상의 문제인지 입체적으로 따지지 않는다. 오직 누가 책임을 져야 하는지를 따질 뿐이다.

직원을 몇 명 충원하고, 누구를 뽑을 것인가의 문제에서부터, 그들의 커리어를 관리하고, 역량을 개발하는 것 역시 현장 중심으로 이루어져야 한다. 위에서 아래로 모든 의사결정이 전달되는 방식으로는 4차 산업혁명 시대의 인재를 길러낼 수 없다. 대폭적인 권한 이양이 필요한 것이다.

세번째 'P'는 패션(Passion), 즉 열정이다. 열정은 동기 부여를 거름으로 싹트는 불꽃 나무이다. 동기는 설령 목표에 다다르지 못하고 실패하더라도 그 과정 속에서 다른 싹을 틔워 끊임없이 도전하게 만든다.

아무리 뛰어난 운동선수라도 지켜보고 응원하는 사람이 없다면, 그 열정을 100퍼센트 추구할 수 없다. 구성원들이 이 열정을 최대한 발휘하려면 무엇보다 경영자든 조직 상급자든 리더의 역할이 중요하다. 리더는 구성원이 열정을 품을 수 있도록 북돋울 수 있는 해당 기업만의 비전과 문화를 제시해야 한다.

이 세 가지가 준비되어 있을 때, 개인의 발전(I, Individual Develop)과 훌륭한 일터(G, Great Work Place)가 동시에 따라온다. 이것까지 합쳤을 때 'TOP 모델'은 'TOPIG 모델'로 진화한다.

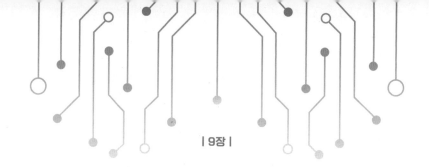

9장

MZ세대를 상대하는 법:
조직의 경직된 벽, 기업문화를 혁신해야

한 기업에서 일할 때 어느 날 그룹장이 내게 와서 이런 푸념을 늘어 놓은 적이 있다. 부하 직원에게 업무를 지시했는데, 자신은 받아들일 수 없다며 설명해 달라고 요구했다는 것이다. 그는 자기들은 예전에는 소위 위에서 까라면 깠는데 요즘 애들은 그렇지 않다며 푸념했다.

나는 그의 입장을 일면 이해했지만, 그냥 넘길 수 없는 상황이라고 여겼다. 나는 그를 불러 오히려 부하 직원의 태도가 나쁘지 않고, 긍정적인 변화라고 설명했다. 나는 그에게 그 일의 필요성을 제대로 설명했는지 물었다. 그는 그렇지 않다고 했다. 나는 그에게 일은 명령하는 것이 아니라 설득하는 것이라고, 다시 한번 그 일에 대해 충분히 설명하라고 이야기했다.

MZ세대의 핵심 키워드가 '공정'이라고들 한다. 이 공정은 Equality로 쓰이는 '평등'이나 '공평'이 아니다. '공정'은 영어로는 Equity라고 쓰는데, 이 Equity에는 다음과 같은 의미가 내포되어 있다. 'Giving Everyone What They Need to be Successful' 누구든지 성공하기 위해 필요한 것을 제공해준다는 의미이다. 이른바 '기회의 평등'이다.

근대를 열어젖힌 기본 사상이 '천부인권', 즉 하늘로부터(혹은 신으로부터) 받은 인권을 누구든지 갖고 있다는 것인데, 나는 이것을 조금 더 확장해서 모든 사람은 하늘로부터(혹은 신으로부터) 부여된 재능(Talent)이 있다고 말하고 싶다. 패스트 팔로워 시대 대한민국의 공교육은 1차원적인 잣대로 순위를 매기는 데 혈안이 되어 있었다. 모든 이들이 각자 다양한 재능들을 가진다는 관점에서 변화가 필요하다. 교육자들도 그래야 하겠지만, 조직의 리더 역시 마찬가지다. 모두가 가지고 있는 잠재적인 재능을 계발해 주어야만 한다. 나는 이것이 요즘 회자되는 ESG에서의 S, 즉 사회(Social) 부문에 있어서 기본적인 철학이 되어야 한다고 본다.

MZ세대가 조직에 적응하지 못하고 쉽게 퇴사하거나 이직한다는 얘기도 많이 나온다. 나는 그게 기업을 포함한 한국 사회가 각 사람이 가지고 있는 재능, 실력이나 능력보다는 '동앗줄' 중심으로 이뤄지는 것에 주목하고 싶다. 이른바 오랫동안 3연, '혈연·학연·지연'으로 불리었고, 그 영향력이 상대적으로 감소하긴 했지만. 지금도 여전히 맹위를 떨치고 있는 그 '줄서기 문화' 말이다. 이 줄서기 문화 속에서는 소수자는 물론이고, 이런 문화에 일반적으로 친화적이지 않은 여성들도 그 재능과는 무관하게 자리를 잡기 어렵다.

나는 '실력주의'를 말하는 것이 아니다. 실력주의는 실력이 없다고 여겨지는 경우, 그 사람의 재능을 발견하기 어려운 경우 잔인해질 수 있다는 맹점이 있다. 그럼에도 MZ세대로 얘기되는 젊은 세대는 현재의 '동앗줄 문화'에 질려 있고 도무지 적응하기도 어렵기에, 그 맹점에도 불구하고 실력주의만이 절대적인 것처럼 손쉽게 빠져들 수밖에 없는 것이다.

연공서열을 파괴하자는 얘기도 나온다. 다만 여기서 나는 연공을 파괴한다는 것이 경쟁을 부추기자는 쪽으로 이어지는 것은 경계한다. '연공서열의 파괴'란 지나친 연공서열의 폐단들, 즉 비효율, 경직성, 편견, 보신주의, 불공정 등을 제거해야 한다는 이야기이다.

경직된 연공서열이 없어져야 할 또 하나의 중요한 이유는 젊은 세대의 실력에 대한 편견을 조장한다는 데 있다. 많은 기성세대가 요즈음 젊은 세대가 일하는 태도에 문제를 제기하곤 한다. 그러나 나는 여기에 동의할 수 없다. 오히려 대한민국 젊은 세대의 역량은 그 어느 때보다도 글로벌 기준에 부합한다. 오히려 연공서열 등으로 대표되는 국내 기업 환경이 그들의 가능성을 방해하는 모양새다. 또한 연공서열 자체가 세대 갈등을 부추기는 요인이 되기도 한다. 바꾸어야 한다. 모든 구성원들이 자신의 역량을 마음껏 발휘할 수 있는 열린 구조로 나아가야 한다.

연공서열은 전관예우 등으로 대표되는 보이지 않는 천장을 우리 사회에 덧씌우기도 했다. 전관예우는 불공정의 근원이다. 투명성을 훼손하고, 건강한 경쟁을 원천적으로 가로막는다. 프랑스의 철학자 자크 라캉(Jacques Lacan)은 그의 저서 『욕망이론(Ecrits)』에서 "우리도 운이 트이고 잘만 되면 사상이 있다고 하겠지요"라고 『파우스트(Faust)』의 한 구절을 인용했다. 사람들은 곧잘 어떤 과정을 거쳤건 승자를 두둔한다.

이는 가진 사람이 더 많은 기회를 얻게 한다. 무수한 가능성은 갈 곳을 잃는다. 그래서는 안 된다. 경쟁은 일종의 '복면가왕'을 통해 누구에게나 기회가 열린 구조로 나아가야 한다.

조직 내의 사일로(Silo)가 어떤 문제를 가져오는지는 17장에서 언급한 바와 같다. 자율주행 기술을 바탕으로 인텔에 인수된 이스라엘 기업 모빌아이를 기억하실 것이다.

우리 사회에는 수많은 벽과 계단이 존재한다. 때로는 빈부와 성별에 따라서, 또 때로는 지역과 계층에 따라서, 갈리고 갈등한다. 기업에서는 직군과 직급의 벽과 계단이 소통과 성장을 가로막는 장애물이 되고 있다.

그 벽과 계단들 중에도 가장 단단한 연공서열은 함께 일하는 구성원을 지나치게 윗사람과 아랫사람으로 나누어 조직을 경직시키는 부작용을 낳기도 한다. 연공서열은 직원들을 한 사람 한 사람으로, 즉 각각의 가능성으로 여기며 함께 성장해가는 개인이 아니라, 목표를 주입하고 결과를 강제하는 부품으로 여기는 악습과 맞닿아 있다. 이는 창의성을 마음껏 펼칠 수 없는 수동적인 문화를 만든다. 조직의 효율을 떨어뜨린다.

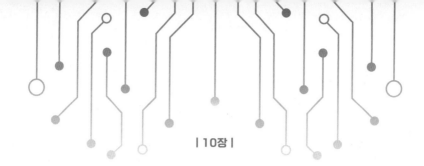

10장

대한민국,
대전환이 필요하다

실리콘밸리와 국내 대기업을 거치면서 내가 이런 결론을 내렸다고 말한 바 있다. '양쪽에 인재의 차이는 없다.' '어떤 면에서는 우리 인재의 질이 더 우수하다.' '실리콘밸리에서 5명의 엔지니어가 필요한 일에, 우리는 한 명이면 족한 경우도 있었다'라고 말이다. 그럼에도 실리콘밸리와 우리 사이에는 격차가 존재한다. 실리콘밸리에서는 퍼스트 무버가 계속해서 탄생하는데, 왜 우리는 그처럼 되지 못하고 있는 것일까.

우리에게 없는 소프트 파워(Soft Power)를 그들은 가지고 있다. 바로 실리콘밸리의 문화이다. 우리는 더 이상, 잘못된 기업문화의 모래주머니를 차고 4차 산업혁명을 따라가서는 안된다. 창의성을 폭발시킬 수 있는 대대적인 기업문화 혁신이 선행되어야 하는 까닭이다. 인재를 둔재로 만들지 않으려면, 우리 기업들의 발상의 전환이 시급하다.

기업 조직의 기본 세포를 이루는 한 사람 한 사람이 퍼스트 무버일 때 조직도, 회사 전체도 퍼스트 무버일 수 있다. 그러니 조직의 리더는 한 사람을 퍼스트 무버로 성장시키는 것이 최우선 역할이 되어야 할 것이다. 그러나 우리는 구성원 한 사람 한 사람이 뭘 좋아하는지, 뭘 했을 때 더 잘할 수 있는지, 그 사람의 환경과 레퍼런스를 미처 돌보지 못하고 회사의 부속품인 양 임의로 기계적인 배치를 한 뒤 성과를 내라고 압박한다.

이와 같은 제너럴리스트를 만드는 인재양성 방식은 패스트 팔로워였던 과거 고속성장 시기에는 유효했을지 모른다. 하지만 4차 산업혁명 시기 퍼스트 무버가 되어야 하는 지금은 더 이상은 아니다. 4차 산업혁명이 전 세계적 승자독식 구조를 심화시키는 가운데 대한민국이 빠르게 기업과 사회문화, 국가 단위의 시스템에 있어서 대전환(Transformation)하지 못하면 더 이상 우리가 얻을 수 있는 것은 한정되어 있다.

최근 이재용 부회장의 삼성전자 조직 개편에 이와 같은 의지가 엿보인다. 그동안은 강력한 드라이브로 커맨딩(Commanding)하고, 디맨딩(Demanding)하는 경영자들이 삼성을 구성했다. 각각 '강력하게 지휘한다'는 의미와 '쉽게 만족하지 않고 요구가 많다'는 의미를 갖고 있다. 이런 경영자들이 각광받은 것은 패스트 팔로워 시대의 얘기다.

4차 산업혁명 시기 전 세계적인 반도체 열전에서 새로운 신기술을 개발하고 남들이 안 하는 것을 창의적으로 만들어 가기에는 적합하지 않다. 메모리반도체에서의 성장이 한계에 봉착한 지금, 시스템반도체(파운드리+팹리스) 시대의 질적인 성장을 끌어내려면 기술 브레인들의 집단 지성이 조직의 성과로 이어지게 해야 한다. 문화적인 큰 혁신의 필요성을 삼성전자는 느낀 것이다.

지금의 삼성전자는 수평적인 문화와 구성원들 간의 소통 등의 시도가 새롭게 이루어지고 있다. 실리콘밸리 스타일의, 격의 없는 문화를 체득한 인물들이 조직 개편 속 핵심으로 떠오르고 있다. 나는 삼성전자에서부터 우리 기업들 하나하나가 시간이 지날수록 혁신을 통해 실적의 급격한 개선을 이루는 제이커브(J-curve)를 이루게 되기를 소망한다.

그리고 나는 이제까지 살펴본 바, 실리콘밸리에 뿌리박힌 특유의 문화, 우리의 4차 산업혁명 성패의 열쇠라 할 수 있는 이 문화는, 미국과 유럽을 중심으로 전 세계적인 무역 규범이자 장벽이 되어 우리의 생존의 문제가 되어 가는 ESG와 맞닿아 있다고 생각한다. 예를 들어 내가 몸담기도 했던 인텔은 ESG를 굉장히 잘하는 것으로 평가가 되었는데, ESG 조직이 특별히 있어서 ESG를 홍보하고 드라이브를 세게 거는 형태가 아니다. 그냥 체화가 되었다. 내재화된 상태인 것이다. 그들의 비즈니스 자체에 ESG가 녹아있는데 이것은 퍼스트 무버들의 DNA다. 그리고 퍼스트 무버의 DNA를 갖출 때에 비로소 제이커브가 가능하다.

인텔 주변의 지역 커뮤니티와 소상공인들은 인텔 덕분에 먹고 살 수 있다는 인식을 가진다. 단순한 '트리클 다운(Trikle Down, 낙수효과)' 때문이 아니다. 인텔은 지역 사회에서 사회적 공헌을 당연하게 여긴다. 이 역시 사람을 소중히 하는 문화의 반영이다. 지역 사회에 대한 공헌은 인텔 입장에서는 비용이 아니라 투자다. 지역 사회에서 자라난 인재들은 인텔을 선망하고 인텔의 구성원이 되는 것을 아깝게 생각하지 않는다.

최근 저출산의 문제 같은 것도 인텔의 ESG 정책을 보면 참고가 될 수 있다. 출산 때문에 여성이 고위직에 오르기 힘든 것은 미국도 마찬가지다. 이 때문에 인텔은 따로 버짓(예산)을 두어서 여성들이 승진할 기회를 준다. 이것은 여성에 대한 특혜라기보다는, 출산에 의한 경력 단절을 보정해 주는 제도라고 봐야 한다. 모든 이들이 성공하기 위해 필요한 것들을 아낌없이 제공하는 것, 그것이 공정이다. 그것이 여성이든 남성이든 비장애인이든 장애인이든 외국인이든 내국인이든, 그 공정을 담보하는 ESG 정책을 인텔은 너무나도 당연하게 여기는 것이다.

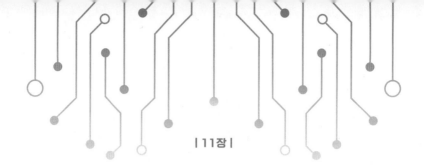

11장

한국벤처투자(KVIC)의
대표이사로서

나는 2022년 제20대 대통령직 인수위원회 활동을 마치고 얼마 지나지 않아 정책금융인 모태펀드를 운용하는 한국벤처투자(KVIC, Korea Venture Investment Corp.)의 대표이사가 되었다. 모태펀드는 벤처기업에 투자하는 펀드들을 만들어주는 역할을 함으로써 '벤처 생태계'를 이끄는 중요한 역할을 담당한다.

하여간 한 조직의 대표가 된 것은 나로서도 처음 가진 소중한 경험이다. 내가 그간 실리콘밸리와 한국의 많은 기업들을 겪으면서 세워나갔던 조직문화에 대한 철학을 실제 적용할 수 있었기 때문이다. 나 역시 완벽할 수는 없었지만, 그럼에도 이룰 수 있었던 몇 가지 성과들을 적어보고자 한다. 이제까지 내가 설명해 온 조직문화가 구현된 사례가 궁금한 독자들에게 도움이 될 것이다.

우선 나는 '직원들의 행복'을 최우선적인 가치 중 하나로 놓았다. 직원들이 자신이 근무하는 회사를 평가하는 앱 '블라인드(Blind)'에 2023년 6월 현재 KVIC은 5점 만점에 3.5점을 받고 있다. 내가 2022년 가을에 KVIC의 수장이 되었을 때만 해도 3점 정도였던 것에 비하면 상당히 높은 수준으로 올라온 상태다. (참고로, 삼성전자는 3.1 내지는 3.2, 현대자동차는 3.3 정도를 받고 있다. 구직자들에게 가장 다니고 싶은 직장 중 하나로 손꼽히는 SK텔레콤의 경우에는 3.7 수준이다.)

원래 KVIC의 퇴사율은 두 자릿수(퍼센트) 수준이었다. 퇴사한 직원들은 이렇게 입을 모았다. '이 곳에서는 희망이 없다' '회사가 내 성과에 대해 충분히 인정(Recognize)하지 않는다' '이 곳에서 앞으로 내가 성장할 것이라는 보장이 없다' '내가 쏟은 역량에 비해 보상이 미미하다'. 실제로 KVIC은 조직의 '허리'에 해당하는 과장·차장 급들이 1~2년에 스무 명 가까이 퇴사해 일반 벤처투자 업계로 빠져 나가는 것으로 악명 높았다. 하지만 지금은 달라졌다.

지금 KVIC 조직은 안정적으로 바뀌었다. 내가 이 글을 쓰고 있는 오늘은 '해피 프라이데이(Happy Friday)'인데 조직 구성원들이 함께 어우러져서 즐거운 시간을 보내는 날이다. 내가 처음 왔을 때와 비교해 직원들의 표정이 많이 바뀌었다. 일도 자발적·능동적으로 참여한다.

왜 그럴까. '내가 여기서 열심히 일하면 정당한 보상을 받을 것'이라는 믿음이 생긴 덕이다. '나의 리더가 내 뒤통수 쳐서 크레딧을 빼앗아갈 것이다'라는 불안감을 지웠기에 가능한 것이다. 구성원 스스로가 '내가 잘하고, 하고 싶은 일에 대해서 회사가 관심을 많이 가져줄 뿐만 아니라,

그것을 할 수 있게 배려해준다. 그것을 하는 데 내가 부족한 것이 있다면 그것을 성장할 수 있도록 회사가 재정적인 것은 물론이고 시간 등도 지원해준다'라고 생각한 덕택이다. 구성원들의 불만(페인 포인트, Pain Point)을 회사가 선제적으로 해결해주기 때문이다. '규정에 없어서 안돼'라면서 규제부터 먼저 할 생각을 회사의 리더들이 거두었으니 가능한 일이다. 제대로 일하고 싶어하는 사람들을 공연히 시기·질투해 '뒷다리 잡는' 일이 없어졌기에 그렇다.

나는 회사의 구성원들이 '무엇이 힘들까'를 미리 앞서 고민했다. 그리고 그것을 해결해주려고 하는 것이 대표이사로서 나의 책무라고 믿고 있다. 이로써 '회사에 충실한' 우리 구성원들은 '양질의 삶'에 한 발짝 더 다가갈 수 있게 하는 것이 나의 목표다. 구성원들이 계속해서 성장할 수 있는 기회를 제공하고 다양한 형태로 지원함으로써 그들이 성공적인 커리어를 쌓을 수 있게 도와주는 것이다. 이게 기본·기초(Fundamental)이자 시작점(Bottom Line)이다.

우리나라 기업문화의 가장 큰 문제점은 모두가 기업을 떠나고 싶어한다는 것이다. 어쩔 수 없이 못 떠나면 불행하다고 느낀다. 이 얼마나 기업에게나 구성원에게나 비극인가. 이런 기업문화는 결국 기성세대가 결자해지 해야 한다. 전 세계적으로 최고의 인재들을 데리고 일하는 기성세대가 말이다. 우리나라 국민들처럼 전 세계적인 수준에서 근면 성실한 이들이 어디에 있는가.

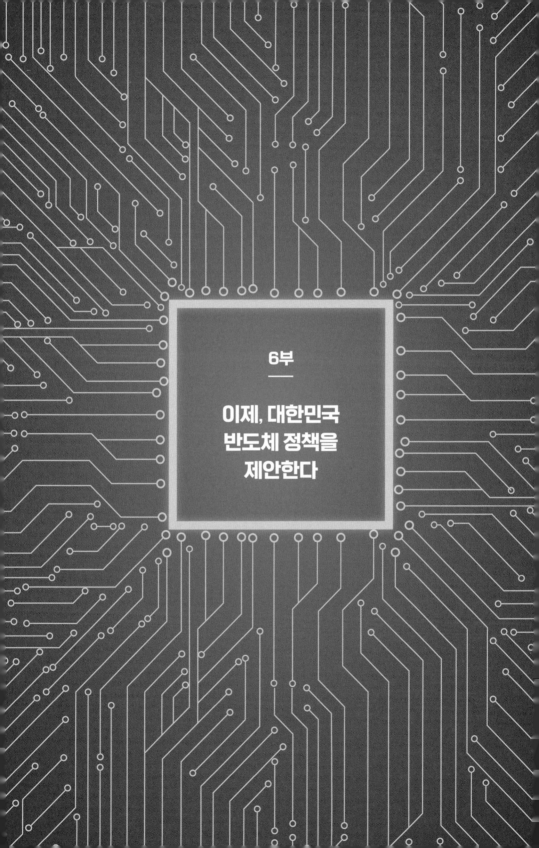

6부

—

이제, 대한민국
반도체 정책을
제안한다

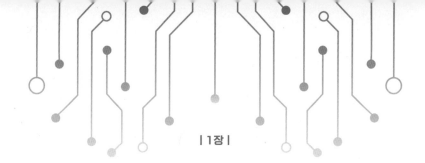

1장

반도체 위기론과
이를 헤쳐 나가기 위한 핵심 과제들

2021년 4월 12일, 조 바이든 미국 대통령이 백악관 루스벨트룸에서 열린 회의에서 반도체 핵심 소재인 웨이퍼를 손에 들었다. 이 장면은 전 세계적으로 반도체 패권전쟁, '칩 워(Chip War)'의 서막을 알렸다. 우리는 어떻게 대처해야 하는가? 그 답을 한 문장으로 요약하자면, 대한민국 반도체는 이미 우위를 가지고 있는 메모리 부문에서 초격차를 달성함으로써 경쟁자들을 완전히 따돌려야 하며, 현재 미미한 수준인 시스템반도체 분야로는 그 영토를 확장해 나가야 하는 숙제를 안고 있다고 말할 수 있겠다.

앞서 4부에서 나는 맹자의 '천시(天時), 지리(地利), 인화(人和)'를 꺼내든 바 있다. 이 세 가지 조건은 맹자가 전쟁에서 이기기 위한 조건으로 언급한 것이기도 하다. 그렇다면 지금의 반도체 전쟁에도 그것을 적용해 볼 수 있을 것이다. '천시(天時)' 그러니까 '4차 산업혁명'이라 일컫는 초지 능 시대다. 요즘 유행하는 식으로 표현하자면 '챗GPT'가 선도하는 시대 다. 이러한 지금의 시대 흐름은 우리에게 더 높은 수준의 반도체 기술력 확보를 요구하고 있다. 그 가운데 '지리(地利)'는 기술력 확보를 위한 직접 적인 정책을 의미하는 단어다. 마지막으로 '인화(人和)'는 내가 앞서 3부 와 4부에서 강조한 '사람(인재) 중심'의 기업 문화와 함께, 반도체 인재 양 성 정책이 되어줄 것이다.

반도체가 한국 경제의 대들보 역할을 하고 있음에 이견을 달 사람은 없다. 한국 전체 수출에서 반도체가 차지하는 비중은 19퍼센트인 1292 억 달러에 달하며, 이는 단일 품목으로서 1위의 비중이다. 대한상공회의 소 지속성장이니셔티브(SGI) 분석에 따르면, 반도체 수출이 10퍼센트만 감소해도 대한민국 경제성장률은 0.64%p나 감소하고, 20퍼센트 감소 한다고 가정하면, 경제성장률의 감소는 1.27%p에 달한다. 한국은행이 2023년 올해 경제성장률을 1.6퍼센트로 발표했으니, 반도체 수출이 10 퍼센트 감소하기라도 하는 때에는, 2차 오일쇼크와 IMF외환위기, 미국 발 금융위기와 코로나 위기의 네 차례 빼고는 대한민국이 겪은 적이 없 는 0퍼센트대 이하의 경제 성장률을 기록할지도 모르는 일이다.

문제는 반도체 무역수지 흑자 중 메모리반도체 부문이 91퍼센트를 차지할 만큼 극도로 편중돼 있다는 점이다. 그런데 정작 세계 반도체 시 장에서 절반 넘게 차지하는 부문은 비메모리반도체, 즉 시스템반도체다. 게다가 메모리 부문의 경우 중국이 거의 턱밑까지 따라와 3~5년 정도면 시장 대부분이 잠식될 것으로 본다.

앞서 반도체 치킨 게임의 역사도 살펴보았거니와, 반도체 산업은 타 산업군에 변화의 속도가 빠르고 기술 장벽이 높아 최고 수준의 생산요소와 기반이 필요하다. 더욱이 세계 반도체 산업을 주도하기 위해서는 반도체 제조 경쟁력뿐 아니라, 설계(팹리스), 소부장(소재·부품·장비), 후공정 등을 포함하는 전체 공급망 역시 최고 수준이 되어야 한다. 이 전체 공급망에서, 한국은 제조·공정 역량에 있어서는 비교적 우수하나, 이를 뒷받침하는 기반기술(설계, 소부장, 후공정 등) 경쟁력은 다소 부족하다고 평가된다. 이를 표로 나타내면 다음과 같다.

한국 반도체 산업 분야/요소별 경쟁력

구분	인력·기술력	자본(금융, 토지)	생태계	제도·인프라	종합
메모리반도체(IDM)	○	○	○	X	○
팹리스(설계)	X	X	X	△	X
파운드리(제조)	△	△	X	X	△
소부장	X	X	X	△	X
패키징 & 테스트	X	X	△	X	X
센서	X	X	X	△	X

* ○: 강점, △: 평균, X: 약점

'반도체 강국'인 줄만 알았던 여러분들에게는 초라해 보이기만 할 것이다. 사실 우리가 반도체 강국이라 함은 반도체 전체 생태계 중에서 아주 일부분에 불과한 것인데 말이다. 여전히 반도체 전체 생태계에서 2021년 기준 미국이 절반 가량의 점유율을 보유하고 있다. 한국은 2001년과 2002년에 차례로 일본과 미국을 추월한 후 59.1퍼센트(2021년)의 압도적인 점유율을 가진 메모리 부문을 바탕으로 반도체 강국일 수 있었던 것인데, 메모리 부문은 일괄공정을 수행하는 종합반도체기업(IDM, Integrated Device Manufacturer)들이 주로 영위한다. 당연히 상대적으로 대기업 친화적일 수밖에 없다.

메모리 부문도 크게 D램 분야와 낸드 분야로 나뉜다. 한국이 1992년 1위로 올라선 D램 분야의 경우에는 전 세계적으로 삼성전자, SK하이닉스, 마이크론(미국) 3개 사가 독과점 체제를 유지하고 있다. D램 분야는 DDR4에서 DDR5로 전환되는 한편, 7나노미터 이하의 미세공정에서 EUV(극자외선) 적용이 필수적인지라 이미 그 도입이 시작되고 있다. EUV 장비를 공급하는 전 세계 유일한 업체인 네덜란드의 ASML이 중요해지는 이유다. 중국은 DDR4까지 양산을 시작했는데 생산기술 면에서는 3년, 수율이나 생산능력 등을 감안하면 최소 5년 이상의 시간차가 한국과 있다고 보여진다는 것이 내 분석이다.

2021년 기준으로 한국의 점유율이 47퍼센트인 메모리반도체 중 낸드(NAND) 부문은 중국과의 기술격차가 생산기술 측면에서는 1년, 수율 및 생산능력 등을 감안하면 최소 2년 이상 되는 것으로 여겨진다. 낸드는 24단의 1세대를 시작으로 단 수가 올라갈수록 기술발달의 정도를 확인할 수 있는데, 삼성과 SK하이닉스는 128단의 6세대에, 미국 마이크론 사는 176단의 7세대에 올라선 것으로 확인되지만, 싱글스택과 더블스택이라는 공정 방식의 차이도 있기 때문에 선두권의 기술 수준은 비슷하다고 여겨진다. 실제로 삼성전자가 1강을 유지하는 가운데 일본의 키옥시아, 미국의 웨스턴디지털, 한국의 SK하이닉스, 미국의 마이크론, 인텔 등이 차례로 5중 경쟁체제를 확립하고 있는데, 인텔이 SK하이닉스에 낸드플래시 사업부를 넘기면서 메모리 분야에서는 사실상 손을 떼게 됐다.

문제는 앞서 말한 대로 시스템반도체 분야다. 메모리반도체 분야의 1.5~2배 가량의 규모를 가지면서 '주문형 생산'을 한다는 특성상 수요와 공급이 안정적인 이 분야는 AI, IoT, 자율차, 5G 등 미래 신 산업의 핵심 부품을 생산한다. 2026년까지 연평균 5.3퍼센트의 지속적인 시장 확대가 전망되는 분야인데 메모리반도체 분야가 주로 IDM의 대량생산 체제로 운용되는 것과 달리 여기서는 IDM의 생산이 없는 것은 아니지만, 그보다는 퀄컴 같은 설계전문기업(팹리스)과 TSMC 같은 생산전문기업(파운드리), 설계에 필요한 지식재산(IP)을 개발하고 제공하는 ARM 같은 IP기업, 팹리스가 설계한 회로데이터를 파운드리에서 쉽게 생산할 수 있도록 추가적인 설계 서비스를 제공하는 Faraday 같은 디자인하우스의 분업 구조가 일반적이다. 이를 그림으로 나타내면 다음과 같다.

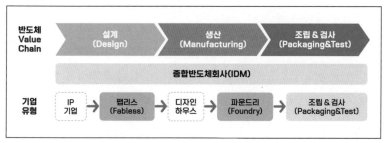

시스템반도체 산업 Value-Chain

여기서 팹리스는 약 70퍼센트를 통신칩에 특화된 퀄컴, GPU에 특화된 nVidia, CPU에 특화된 인텔·AMD 같은 미국 기업들이 주도한다. 하나같이 고부가가치 제품들이다. 미디어텍 같은 대만 기업들이 21.9퍼센트로 2위를 차지한다. 뒤를 잇는 것은 6.5퍼센트의 비중을 가진 중국 기업들이고, 한국의 비중은 불과 1.5퍼센트에 지나지 않는다. 유럽은 독일의 인피니온과 네덜란드의 NXP를 앞세워 차량용 반도체 및 전력 반도체 분야에서 미국을 뛰어넘는 1위를 차지하고 있다. 파운드리는 51.6퍼센트를 가진 TSMC의 대만이 독주 체제를 갖추었다. 삼성전자가 파운드리 분야에서 부랴부랴 나섰지만 시장점유율은 16.3퍼센트로 2위에 그친다(이상 2021년 기준으로 OMDIA와 IC인사이츠의 자료를 기반으로 함).

종합하면 한국의 시스템반도체 시장점유율은 2010년 2.8퍼센트에서 2021년 3.0퍼센트에 이르는 동안 제자리걸음을 해 왔다. 글로벌 상위 30위 팹리스 중에서 우리 기업은 12위의 LX세미콘 단 한 개에 그친다. 유망분야로 꼽히는 차량용 반도체는 또 어떤가. 대부분 수입에 의존한다. 전 세계 차량용 반도체 시장에서 한국의 시장점유율은 3.5퍼센트에 불과하다. 대한민국이 세계 최고 수준의 첨단공정 역량을 바탕으로 파운드리 시장점유율은 2위에 올라 있지만, 이제 인텔이 새롭게 파운드리 시장에 진출하는 것을 감안하면 그것도 안심할 수 없다. 미세공정 경쟁은 날로 심화될 것이다.

한편 반도체는 전공정의 초미세화 및 집적화 한계 도달로 인해 첨단 패키징 공정과 반도체 테스트 산업의 중요성이 날로 커지고 있다. 이들을 묶어서 '후공정'이라고 하는데, 파운드리 산업과 밀접한 연관성을 갖고 있다. 이 역시 대만 ASE가 세계 1위를 수성하고 있다. 이는 대만이

TSMC, UMC 등 파운드리 강자를 보유했기에 가능한 것이다. 한편 후공정의 고객은 파운드리 외에도 IDM(종합반도체기업)·팹리스도 있다. 이들로부터 웨이퍼 제품을 받아 패키징 공정 및 테스트만을 수행하기에, 후공정을 하는 기업은 OSAT(Outsourcing Assembly and Test)라고 지칭된다.

파운드리 주요 기업 선폭 미세화 스케줄(nm) 예상

구분	'20. 상	'20. 하	'21. 상	'21. 하	'22. 상	'22. 하	'23. 상	'23. 하	'24. 상	'24. 하	'25년
TSMC	5nm			4nm		3nm			2nm		
삼성전자	7nm	5nm		5~4nm	3nm						2nm
Intel	10nm					7nm		3~4nm		2nm	1.8nm

* TSMC, 삼성은 7nm 이하 EUV 적용 중이며, 인텔은 '22. 下 인텔4(7nm급)부터 EUV 적용 예상

대한민국에 있어 주변 환경은 녹록지 않다. 애초에 미국은 중국과 한국 사이의 반도체 치킨 게임을 촉발시킴으로써, 반도체 산업에서 한국을 본격적으로 견제하고 나섰다. 트럼프가 안보상의 이유로 중국의 소프트웨어·장비 등을 3년간 통제함으로써, 한국 추격 속도가 2년 정도 지연된 것은 우리에게는 다행스러운 일이었다. 그럼에도 패스트 팔로워인 중국의 캐치업은 놀라울 정도로 빠르다. 미국은 시장이익을 확대하려 하고, 중국은 시장점유율을 높이려 한다. 우리는 둘의 패권경쟁 사이에 끼어 있어서 기술경쟁력 및 새로운 시장 확보가 시급하다. 이 중에서

D램·낸드플래시 시장은 결국 중국이 가져갈 수밖에 없다.

그러니 우리로서는, 반도체 지적재산권 측면에서 압도적인 경쟁력을 보유하고 있는 미국과 전략적 제휴가 필요하다. 미국이 동맹국 중심으로 공급망을 재편하는 움직임에 우리는 따르지 않을 수가 없는 형편이다. 대한민국이 반도체 동맹인 칩4(또는 팹4)에 가입한 이유다. 그렇다고 전 세계 반도체 수요의 50퍼센트를 차지하는 중국과 협력 관계의 끈을 완전히 놓아서는 안 된다. 어려운 과제를 우리는 안고 있다.

그 와중에 우리는 트렌드 변화에 기민하게 대응해야 한다. 반도체 산업은 우리가 지켜본 바와 같이 PC 시대와 모바일 시대를 거쳐 지나가고 있다. 각 시대를 주도한 톱 10 기업을 보면 PC 시대에는 마이크로소프트와 인텔 등이 있었고, 모바일 시대에는 페이스북(Facebook), 아마존(Amazon), 애플(Apple), 넷플릭스(Netflix), 구글(Google)을 뜻하는 'FAANG'과 모바일에 집중한 IT 기업들이 있었다.

앞서 말했듯, 다음은 초연결시대를 이끄는 '에지(Edge)'가 중요하다. 이 시대에는 기하급수적으로 많은 반도체가 필요하다. 그 반도체는 소품종의 대량 생산이 아니라 다품종의 소량 생산으로 이루어진다. 이것은 또 어떤가? 근래 알파고, 챗GPT, AI생성그림 등 AI 기술을 활용한 사례가 부쩍 늘었고, 우리 삶에도 굉장히 가까워졌다. 이 AI 때문에라도 반도체가 다양하게 많이 필요해졌다. 자동차, 통신과의 융복합도 이루어지고 있다. 자연스럽게 다품종의 반도체들을 설계할 팹리스가 중요해지고, 그 팹리스의 설계도를 받아 위탁 생산할 파운드리까지 시스템반도체가 중요해지는 이유다. 팹리스는 중소기업 및 스타트업의 것이다. 그들의 설계역량을 키우기 위해서는 '공공(公共) 팹(Fab)'을 운영해야 한다.

다소 어려운 전문용어를 동원해 정리하면 이렇다. 우리는 하이엔드(High-end, 고성능)에서 메모리반도체의 경우 HBM 등 초고속 메모리를 통해 중국의 추격을 따돌려야 하며, 시스템반도체의 경우에는 '선단(Advanced, 첨단) 3D 패키징 기술'로 중국의 추격을 극복해야 한다. 볼륨세그먼트(Volume Segment, 양산차)는 메모리반도체의 경우 에지 환경에 맞는 MRAM이나 3DXP 등 쉐어드 메모리 시장을 육성해야 하며, 시스템반도체의 경우 에지 환경의 초저지연 애플리케이션에 적용할 수 있는 다품종 소량 생산 영역을 주도해야 한다.

따라서 전통적으로 생산되어 온 레거시(Legacy) 공정(工程)에 대한 포트폴리오(Portfolio, 여기서는 다양한 공정을 가능케 하는 '공정들의 묶음'을 뜻한다)는 물론이고, 고도로 연계된 기술 대응이 필요하다. 이 대응에서 앞서가는 것은 단연 대만의 TSMC다. 그들은 레거시 공정에 더하여 프리미엄 공정 등 다양한 포트폴리오를 확보하고 있다. 많은 고객사들이 찾는 세계 최대의 파운드리 반도체 기업이 된 것은 공연한 일이 아니다.

TSMC를 상대해야 하는 우리에겐 많은 것이 시급하다. 반도체 산업에 필요한 인력 확보를 어떻게 할 것인가? 시스템반도체의 설계 파트를 담당하는 팹리스 기업도 너무나도 부족하다. 소부장 기업의 대외의존도도 여전히 높다. 전반적으로 매우 취약한 반도체 생태계를 살펴보면, '반도체 강국' 대한민국은 사상누각(沙上樓閣, 모래 위에 쌓은 집) 같은 상황에서 용케 그 자리를 지켰다는 생각마저 들 정도다. 대전환이 필요하다. 그에 앞서 다른 나라들은 어떻게 하고 있는지 살펴볼 필요가 있는데, 결론부터 말하자면 '반도체 생태계'가 매우 중요하다는 것을 알 수 있다.

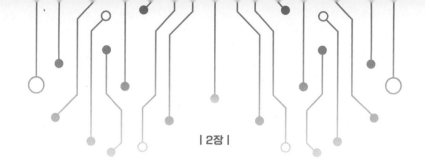

세계는 '반도체 전쟁'을 어떻게 대비하는가: '반도체 생태계'가 중요하다

미국의 반도체 법(CHIPS ACT) 추진의 배경에는 지난 25년간 R&D 기반 산업경쟁력은 유지했지만, 제조 분야에서 경쟁력을 상실한 것에 대한 반성이 깔려 있다. 따라서 미국은 제조업 경쟁력 개선을 새로운 성장 동력으로 활용하여, 직간접 효과로 연간 GDP 15퍼센트 이상 증가 및 최대 150만 개 일자리 창출 효과를 기대한다. 이것은 반도체 등 제조업뿐 아니라, 중국 성장에 따른 위기감이 경제 분야를 넘어 국방, 문화, 사회 등 미국 내 전 분야로 확산된 것에 대한 반작용이다. 중국 견제 필요성은 행정부, 입법부 특히 공화 민주 양당을 불문하고 공감대가 형성돼 있는 것이다. 반도체 지원을 위한 세부적인 사항과 무역 정책 및 대외관계에 이르기까지 전 분야를 포함하는 것이다.

미국의 반도체법은 하나의 법률 제정에 그치지 않는다. 크게만 해도 2020년 제정된 반도체 지원법(CHIPS for America Act), 2022년 제정된 반도체 활성화법(FABS Act), 2021년의 미국 혁신경쟁법(USICA), 2022년의 미국 경쟁법(America COMPETES Act of 2022-ACA) 등을 넓은 의미의 '칩스 액트'로 볼 수 있다.

먼저 '반도체 지원법'의 경우를 살펴보자. 선진 R&D를 추진하고 공급망을 확보하며, 국가안보와 경제 경쟁력을 장기적으로 보장하기 위해 연방 인센티브를 늘림으로써, 반도체 산업에서 미국의 리더십 회복을 목표로 한다. 그중 하나는 2026년까지 장비·제조설비 투자세액을 공제하는데, 2024년까지 40퍼센트에 달한다. '반도체 활성화법'은 반도체 설비·자산 투자 및 설계에 소요된 지출에 25퍼센트 투자세액공제를 영구적으로 적용한다.

'미국 혁신경쟁법(USICA)'은 미국의 최우선 과제를 자국 산업경쟁력 확보에 두며, 과학기술에 대한 투자를 확대하고 미국 중심의 공급망을 구축하겠다는 야심을 분명히 한다. 이를 기반으로 중국을 견제하겠다는 것이다.

또 '미국 경쟁법(America COMPETES Act of 2022-ACA)'은 펀드를 통해 390억여 달러의 재정지원을 한다는 게 골자다. 우리 돈으로 47.4조 원에 달한다. 반도체 제조·조립·테스팅·패키징·R&D 설비·장비 투자에 인센티브를 제공(건설·확장 등)한다.

그 외에도 국립반도체기술센터, 선단 패키징 제조업 및 국가표준과 기술 관련 기관 연구와 미국 제조업 협회 창설 지원 등 R&D 기금을 미 상무부(Secretary of Commerce)가 집행한다. 이는 상무부뿐 아니라 국방부에서도 별도의 펀드를 통해 지원하며, 국무부도 별도의 펀드를 통해 국제 ICT 기술 보호와 반도체 공급망 활동에 지원금을 아끼지 않고 있다.

중국은 트럼프가 국가보안을 이유로 중국의 소프트웨어, 장비 등을 3년 정도 통제한 데 이어 바이든 정부까지도 공개적으로 집중 견제하는 것에 대응해야만 한다. 중국은 '14차 5개년('21~'25) 계획 및 2035 중장기 목표'를 통해 자국 내 반도체 생태계 자립 등 '기술 자급자족'을 핵심 국가전략과제로 추진하기에 이르렀다. 2020년부터는 관련 산업의 법인세가 10년간 면제되는 파격적인 조건을 내걸었다. 이는 미국이 전 세계적의 반도체 공급망에서 중국을 배제하려는 시도에 대응하기 위함이다. 이들은 '반도체 굴기' 전략을 통해 비교적 취약한 집적회로 설계, 반도체 장비 및 고순도 반도체 재료 등 핵심기술 배양을 위한 연구개발 강화를 강조하고 나섰다.

중국 반도체 시장은 2026년까지 연평균 7퍼센트 성장이 전망되며, 이는 글로벌 성장률과 유사한 수준이다. 특히 메모리반도체 부문에서 2022년부터 2026년 사이 연평균 11퍼센트 성장하며, 중국 반도체의 성장을 견인하고 있다. 메모리반도체 부문에서 DRAM과 NAND 모두 두 자릿수 이상의 성장률을 보일 것으로 보이는데, 중국의 창신메모리(CXMT)는 DDR4를 이미 양산하고 있으며, 공장 증설해 생산능력을 키우는 가운데 저전력 고속 LPDDR5까지 개발하고 있다. 한국과의 기술적 차이는 빠르게 좁혀지는 가운데 파운드리도 미국 제재로 위축되는가 싶더니, 대기금(중국국가반도체산업기금) 등 정부 지원에 기반해 2026년까지 연평균 20퍼센트 대의 지속적인 성장이 가능할 것으로 전망되고 있다.

중국 정부는 미국 제재 강화에 따라 후공정 분야에서의 영향력을 확대하겠다는 계획이다. 기술 의존도 높은 선단 공정 기술 개발에는 한계가 있기 때문이다. 따라서 패키지 기술 및 업체 육성에 집중하는 것이다. 미국과의 경쟁에서 우위를 점하고 있는 반도체 후공정산업은 더욱 육성될 것이다. 또 신규 성장 분야인 화합물 반도체 분야를 강화하겠다는 목표다. 메모리반도체나 로직 분야 반도체는 기존 반도체 업체들이 선점하고 있지만, 화합물 반도체는 시장 형성 초기 단계이기에 집중 육성을 통해 중장기 경쟁력을 확보하겠다는 것이다. 이는 중국 내 전기차 확대 정책과 연계하여 수요가 창출될 것이다.

다른 한편으로 중국은 미국을 대신할 반도체 기술 확보처로 한국·이스라엘·유럽을 적극적으로 활용할 것으로 보인다. 한국에는 중국 유학생을 보내거나 한국으로부터 인력 스카우트를 통해 기술을 확보하고, 이스라엘 벤처에 대한 지분투자·인수 및 펀드를 통한 간접 투자를 확대하려는 흐름이 보인다. 이와 관련해서 미국 정부는 이스라엘 정부에 안보 이슈 우려를 전달한 바 있으며, 한국 정부에도 칩4 합류를 계기로 중국과의 반도체 협력을 차단하겠다는 전략이다.

이처럼 미국과 중국 등 주요 반도체 생산국들이 자국 내 반도체 생산역량을 강화 추진 중인 가운데 EU도 이에 대한 대응이 필요한 실정이다. 유럽은 전 세계 반도체 수요의 약 20퍼센트를 차지하고 있지만, 공급 능력은 그 절반 수준인 10퍼센트대에 머물러 대외의존도가 매우 높은 상태다. 유럽은 반도체 기술, 제조 장비 및 일부 원자재 수급에는 강점이 있으나, 생산 역량은 주요 경쟁국에 비해 뒤처져 있다고 평가된다. 그런데 코로나19로 인해 세계 반도체 공급망에 교란이 생기고, 주요국 사이에서 전략물자 자국 우선주의가 심화되는 바람에 EU 역내 반도체 생산에 대한 요구가 크게 증가된 상태다.

따라서 EU의 칩스 액트는 유럽의 반도체 생태계를 강화하고, 반도체 가치사슬 전과정에 EU가 참여함으로써, 2030년까지 EU산 반도체의 글로벌 시장점유율을 20퍼센트까지 확대하겠다는 목적으로 법안이 발의되었다. 이들은 반도체 산업에 2030년까지 총 430억 유로(약 57.5조 원)를 투입하겠다고 한다. 이로써 반도체 기업 투자 금액의 20~40퍼센트 가량에 해당하는 보조금이 지급될 수 있다. 이와 같은 2022년 2월 EU 집행위원회의 제안에 12월 회원국 담당 장관들이 합의에 도달했기 때문에 EU와 유럽의회 간 협의에 따라 최종안 통과와 시행도 무난하게 이루어질 것으로 보인다.

이외에도 대만은 R&D 세액공제 비율이 15퍼센트에 달하고, 투자 시 이익에 대한 법인세는 5년간 면제해 주기로 했다. 일본은 2022년도에 8조 원대 추경을 편성하고 구마모토현에 연이어 1, 2공장을 짓는 TSMC에 4.1조 원을 지원하겠다고 나서고 있다.

따라서 나는 반도체 관련 세제 혜택을 '부자 감세'로 보는 것에 동의하지 않는다. 다른 나라에서는 그런 시각이 잘 보이지 않는다. 그럴 수 있는 것은, 그런 국가들에서는 반도체 산업 생태계가 삼성전자나 SK하이닉스 같은 대기업들로만 이루어지는 것이 아님을 보여주기 때문이다. 현재 우리가 강점을 보이는 메모리반도체 분야는 두 대기업만이 주로 보이기 때문에 반도체 관련 세제 혜택이 '부자 감세'로만 보이는 것 같다. 하지만 전혀 그렇지 않다. 앞으로 우리가 점차 시장점유율을 확장해 나가야 할 시스템반도체만 하더라도 말이다.

우리는 메모리반도체에만 쏠린 '반쪽짜리 반도체 강국'이었다. 그동안 메모리반도체를 기준으로 했을 때 반도체 '가치 사슬(밸류 체인, Value Chain)'은 국내외 가리지 않고 전 세계에서 가장 실력이 좋은 파트너들과의 협업을 통합화(Integration)함으로써 이루어졌다. 그것만으로도 메모리반도체의 기술력 '초격차'를 유지하는 것이 어렵지 않았다. 하지만 시스템반도체는 달라서, '시스템반도체 강국'은 대기업만으로 달성되지 않는다. 시스템반도체는 굉장히 다양한 종류가 가능하다. 그 다양한 종류의 시스템반도체 설계를 담당하는 것이 팹리스 기업들인데, 이들은 대기업이 아니다. 대다수가 중소기업이다. 반도체의 소부장 기업들, 후공정 기업들은 또 어떤가.

나는 전 세계 최대의 모바일 전시인 MWC에 가서는 그린텍(Green Tech)가 핫 이슈임을 보았다. 엣지 반도체도 중요하게 다뤄졌다. 모두 '반도체의 미래'가 무엇인지를 생각케 했다. 그리고 반도체의 미래를 생각하면, 더더욱 대기업만에 의존해서는 미래에 우리가 반도체 강국으로 자부할 수 없게 될 것이다. 반도체의 미래는 반도체 생태계 속 모든 컴포넌트들, 그러니까 전공정·후공정, 소부장, 팹리스반도체 기업(중소기업은 물론이고 벤처스타트업 모두를 포괄한다) 등이 국내에 함께 육성되고 스스로 커 나가 세계적인 경쟁력을 확보했을 때 비로소 달성될 수 있는 사안이다.

과거에 메모리반도체만으로는 삼성이든 SK하이닉스든 중소기업은 물론이고 벤처스타트업까지 포괄하는 '국내 반도체 생태계'를 만들 필요성을 느끼지 못했을 것이다. 하지만 대만이 TSMC를 중심으로 그 뒤를 떠받쳐 주는 UMC는 물론이고, 후공정의 ASE 등 탄탄한 생태계를 바탕으로 시스템반도체 최강자의 지위를 유지하는 것을 보고서도 그럴 수는 없을 것이다.

반도체 관련 세제 혜택은 대기업들에게만 돌아가지 않는다. 반도체 산업 생태계의 모든 단계들마다 중소기업, 벤처스타트업에도 그 혜택이 돌아가기 마련이다. 돌아가야만 한다. 정부와 대기업은 관심 속에 반도체 생태계를 상생(相生)할 수 있게 하는 중소기업과 벤처스타트업의 성장을 지원해야만 할 것이다. 이미 대만의 TSMC가 그렇게 대만의 반도체 생태계를 이끌어 왔던 것처럼 말이다. 대한민국의 칩스 액트(반도체 특별법)는 그런 것이 되어야만 한다.

하지만 아쉽고 답답하다. 대한민국의 칩스 액트가 통과되었음에도, 중소기업은 물론 벤처스타트업까지 골고루 혜택이 돌아가는 반도체 생태계를 만들기 위한 마중물, 출자금이 충분치 않다. 대만과 비교하면 더더욱 그렇다. 대기업들 입장에서는 그간의 관성에 젖어 있을 수 있다. 각별한 관심을 기울이지 않으면, 대기업의 CEO들로서는 칩스 액트 같은 식으로 세제 혜택을 받으면 오로지 이기적으로 스스로만의 KPI(핵심성과지표)를 올리는 데에만 쓰는 것이 그간 일반적인 모습이었다. 당장 코앞의 이익에만 눈멀어서는 안된다. 5년, 10년, 그리고 그 이상의 미래, 특정 CEO나 특정 기업만의 이익에만 머무는 것이 아니라 모두에게 골고루 돌아오는 혜택까지 내다보는 거시(巨視)적이고도 통시(通視)적인 안목이 필요하다. 경우에 따라서는 국민들의 안위를 위해 자기가 희생할 줄도 알아야 한다. 그런 안목을 가진 사람이 경제 리더가 되어야 한다.

또 그런 안목을 가진 사람이 정치 리더가 되어야 한다. 하지만 당장은 국가를 위한 대의를 위해서 스스로를 희생하고 사명감을 가지는 정치인들보다는, 가용한 국가의 모든 자원(리소스, Resource)을 자기 마케팅과 자기 자신의 자리 보전에만 활용하는 사람이 많다. 이런 사람들은 그 과정에서 남의 크레딧(Credit)을 빼앗고, 권한을 빼앗는다. 혹여나 조그마한 실패라도 발생하면, 그 책임을 밑에 전가해 버린다. 그러니 일이 제대로 될 리가 있겠는가.

나는 간곡히 호소한다. 전 세계적인 반도체 전쟁 하에서 대기업들이 더욱 절실해져야 한다. 정치인들이 더욱 절실해져야 한다. 건전한 '반도체 생태계 조성'에의 필요성을 더욱 강력하게 느꼈으면 좋겠다. 그래야 장기적으로 지속 가능한 반도체 성장이 가능하고, 지속 가능한 대한민국의 성장이 가능하다. 그렇지 않으면 전 세계적 반도체 전쟁 하에서는 '올 오어 낫띵', 어쩌면 끝내 모든 것을 잃게 될지도 모르는 일이다. 반도체는 물론이고, 대한민국의 미래마저 모두.

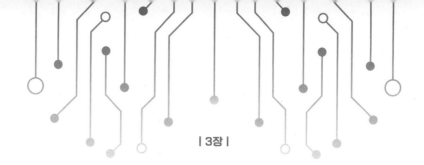

늦어지는 용인 원삼면 반도체 클러스터, 용인 남사읍 반도체 특화단지는 그렇지 않길…

그 와중에 SK하이닉스를 중심으로 한 용인 반도체 클러스터 사업은 답보 상태다. 용인시 처인구 원삼면 일대의 415만 제곱미터의 부지에 약 122조 원을 투자하는 민간개발사업으로 sk하이닉스 팹공장과 소부장 50여 개 기업을 입주시키는 계획이다. 그런데 2019년 정부가 사업 착수를 발표한 때로부터 만 4년이 지난 지금까지 아직 첫 삽도 못 뜨고 있다. 2020년 중 산업단지계획을 승인 고시하고, 2021년 토지를 수용하고 부지 조성 공사를 착공, 2022년 중에는 SK하이닉스 팹이 착공에 돌입했어야 했다. 하지만 승인 고시만 해도 1년이 지연된 2021년 3월에 이루어졌으며, 토지 협의 보상은 현재까지 진행되고 있고 2023년 중에 부지조성 공사가 본격적으로 착공될 예정이다. 원래 계획보다 2년이나 지연된 상태다. 이 상태에서는 2025년 상반기에나 SK하이닉스 팹이 착공될 것으로 보이는데, 그마저도 얼마나 더 늦춰질지 모르는 일이다.

구체적으로는 환경영향평가에 대한 지역 민원으로 11개월이 지연되었으며, 토지·지장물 보상이 장기화되면서 1년 6개월이, 용수 공급 인프라 구축이 장기화되면서 1년이 지연됐다.

구체적으로 내용을 살펴보면, 산단 조성 후 발생하는 오·폐수가 안성 고삼저수지 쪽으로 유입되고, 송전선로가 역시 안성에서부터 연결되는 것으로 계획되자, 안성시민들이 반대대책위원회를 구성하고 서명운동을 진행하였다. 이에 SK하이닉스는 방류수 수질을 개선하기로 했고, SK에코플랜트는 반도체산업 관련 배후 산단을 안성에 조성하기로 약속했다. 방류수로 인해 농산물에 피해를 주었다고 추정될 경우에는 농업인에게 피해를 보상하기로 했고, 산단 내 급식업체가 사용하는 농산물의 80퍼센트를 안성·용인 지역에서 구매하겠다는 약속도 있었다.

이 문제가 해결되는가 싶더니 이제는 용수 공급의 취수지점을 관할하는 여주시의 반대가 있었다. 결국 여주는 관로 설치를 위한 인·허가를 해주는 대신 경기도가 여주시 내에 산업단지를 조성해 SK하이닉스가 자사 협력업체 입주를 지원하고, 여주 지역 사회 공헌 프로그램도 가동하기로 했다. 이처럼 뒤늦게나마 민관 합동으로 상생협력모델을 운용해 선순환을 이룬 것은 다행인 일이다. 다만 좀 더 민관이 초창기부터 유기적으로 '원 팀'이 되어 움직였다면 어땠을까 하는 아쉬움이 있다.

이처럼 기업에 사실상 떠넘기다시피 부지조성과 이해관계자까지 의견조율을 하게 두니 시간은 시간대로 오래 걸리고, 불필요한 갈등에까지 기업이 노출되어야만 했다. 환경영향평가, 수도권 총량제 해제 등등 밟아야 하는 절차도 필요하겠지만 시간이 너무 오래 걸린다. 평택의 삼성 전자도 10년이 걸렸고, 용인은 7~8년 소요될 것으로 보이는데, 각종 인허가 과정을 다 포함한다 해도 같은 식으로 해외에서 팹을 짓는 기간은 3~4년이면 족하다. 간소화 및 패스트 트랙이 절실해 보인다.

또한, 지금 대한민국에서는 인허가 과정에서 매입 예정 부지 노출 가능성만으로도 이미 토지 가격은 급등해 있고, 그 상태에서 부지매입을 할 수밖에 없는 구조다. 대규모 투자 결정에 장애 요소가 된다. 규제법령 및 관할 지자체에 따라 인허가 조건을 따져봐야 하고, 전력이나 용수 문제 등을 해결하려면 지자체와 주민을 설득해야 하는 것도 앞에서 살펴본 대로다.

그 와중에 2023년 초에 '반도체 특화단지'가 전국을 들썩이게 했다. 특화단지로 지정되면 예비타당성조사가 면제되고 연구·개발(R&D) 예산 지원, 각종 인허가 신속처리 등의 특례가 적용되어 기업들의 활발한 투자를 받을 수 있다고 산업통상자원부는 설명했다. 이로써 서울·제주·세종을 제외한 전국 모든 지자체가 유치에 나섰지만, 결국은 용인시 남사읍이 최종적으로 선정된 사업이다.

그런데 '용인(원삼면) 반도체 클러스터' 역시, '용인(남사읍) 반도체 특화단지'처럼 같은 산업통상자원부가 내걸었던 프로젝트였다. 민간이 주도하고 정부가 반도체 미래 시장 선점을 명분으로 지원을 약속한 것이다. 그렇다면 반도체 특화단지 역시 용인 반도체 클러스터처럼 지연되는 것은 아닐까?

중요한 타이밍을 놓치면 안된다. 절박하다. 이렇게 수년째 진행이 안되고 진척이 느려서는 전 세계의 '반도체 전쟁'을 따라잡을 수 없다. 지금처럼 기술이 빠르게 발전하고, 그 발전된 기술에 따라 '승자'가 '독식'하는 경우에는 기존의 방식으로 일해서는 안 된다. 우리는 빠르게 실행할 수 있는 민족이다. 대한민국 국민의 애티튜드가 나쁘지 않기 때문이다.

'초일류'를 외친 이건희 삼성전자 전 회장은 이렇게 일갈했다. "강제 안 한다. 자율이다. 많이 바뀔 사람은 많이 바뀌어서 많이 기여해. 적게 바뀔 사람은 적게 바뀌어서 적게 기여해. 그러나 남의 뒷다리는 잡지 마라." 우리는 '뒷다리 잡는 요소'를 제거해야 한다. 사람들이 자기의 에너지와 열정을 아낌없이 쏟아부을 수 있는 사회적 환경을 조성해야 한다.

그러니 정부주도의 원스톱 행정처리가 가능하면 어떨까 싶다. 시간 단축과 사회적 비용 절감 및 이해관계자와의 불필요한 마찰을 해소할 수 있을 것이다. 발의부터 토지매입 후 착공까지 프로세스를 재점검하자. 정부의 원스톱 행정서비스를 통해 기업이 잘할 수 있는 생산과 투자 활동에 전력투구할 수 있도록 지원이 필요할 것이다.

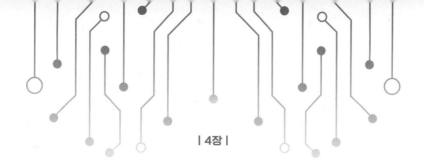

비밀 병기 H1B, 그리고 2천억으로 시작하는 반도체 설계 팹리스 6만 명 인재 양성

반도체 인재를 양성하겠다는 정부의 계획이 발표되었지만, 이미 때가 늦었다. 왜냐하면, 현재 반도체 관련 학과의 정원을 늘려서 현장에서 일할 수 있는 수준으로 인재가 육성되는 데까지 걸리는 시간은 앞으로 최소 10년 이상이 될 것이기 때문이다. 물론 지금이라도 해야만 할 것이지만, 더 큰 문제는 다른 데 있다. 취업 보장 등 각종 유인책을 제시했음에도, 우수한 인재들이 반도체학과에 합격하고도 등록하지 않는다는 소식이 들린다. 이과 출신의 우수한 인력들이 안정적으로 보이는 의대 진학에만 열을 올린다.

그동안 국가 교육 및 인적 자원 양성 정책이 잘못되어 왔기 때문이다. 반도체학과에 제대로 된 지원이 없자 반도체학과의 많은 교수들은 전공을 바꾸었다. '반도체'를 기피하는 현상은 지난해부터 '반도체 전쟁'의 중요성이 강조되어 왔음에도 아직까지 바뀌지 않고 있다. 그러니 반도체에서 일할 수 있는 사람이 한참이나 부족한 지경에 이른 것이다.

TSMC의 성공을 이끈 대만의 사례처럼 팹리스의 설계인력들을 적극적으로 유치해야만 한다. 경우에 따라서는 해외 인력도 유치해야 한다. 중국의 첨단산업이 힘이 생길 수 있던 것은 미국에 있는 인재, 심지어는 한국의 인재들마저 각종 유인책으로 끌어왔기 때문이다. 이는 매년 100명 이상의 해외 유학파를 고국으로 돌아오게 한다는 덩샤오핑 전 주석의 '백인 계획'에서 시작했다. 반면 한국은 이러한 인재 유출에 '강 건너 불 구경'으로 지켜보기만 했다. 그렇다고 우리가 중국처럼 교수 자리나 임원 자리를 무턱대고 줄 수는 없다. 그 자리는 한정돼 있기 때문이다. 그렇다면 어떻게 해야 하는가? 답은 벤처스타트업이다. 펀딩을 강하게 해 벤처 생태계를 만들어나가야 한다. 이들에게는 한국식 칩스 액트를 통해 세금을 감면하고 보조금을 주어야 한다.

전 세계적인 반도체 인재 부족을 감안하면 해외 기술 인력의 국내 이주를 촉진하고, 때로는 이민 정책을 확대할 필요성도 배제해서는 안된다. 미국 이론물리학계의 석학 미치오 가쿠(加來道雄, Michio Kaku) 박사는 미국을 발전시키는 '비밀 병기'로 이것을 들었다. 바로 H1B 비자이다. 과학기술자 등 전문직 종사자에게 주어지는 취업비자로서, 일명 '천재용 비자'라고도 한다. 첨단기술과 개방성을 무기로 인재들을 빨아들이는 미국이 과학기술을 비롯해 제 분야에서 패권을 유지할 수 있는 비결이라고 감히 말할 수 있겠다. 미치오 가쿠 박사는 "H1B 없이 구글이나 실리콘밸리는 존재할 수 없다"고 단언한다. 우리도 도전을 마음껏 펼칠 수 있는 장을 만들어야만 한다.

한편, 반도체 필요 인력 전체가 10이라면, 설계인력은 약 6, 7 정도 차지한다. 물론 이 설계인력도 EDA 툴을 통해 이루어지는 하드웨어 설계냐, 펌웨어 등 소프트웨어 설계냐에 따라 다르다. 또한, 이 중 하드웨어 설계를 살펴보면, 디지털 쪽인지 아날로그 쪽인지에 따라 다르고, 더 들어가면 단순 레이아웃인지 여부도 살펴봐야 한다. 매우 다양한 능력 범위에 속한 설계 실무자들이 필요함을 알 수 있다.

이렇게 말하면 석박사 급의 전문성이 필요해 보이지만 그렇지 않다. 대한민국 반도체 생태계가 새롭게 대규모로 조성해야만 하는 중소 팹리스 기업들로선 필요로 하는 게 하이텍(High-tech)이 아닌 주로 미들텍(Middle-tech)이나 로우텍(Low-tech)의 설계인력이다. 이들은 집중교육환경만 제대로 갖춰 훈련시킨다면 충분히 단기 육성이 가능한 분야다.

보통 아키텍트(Architect, 반도체 아키텍처를 만드는 사람)나 R&D 쪽 인력은 석박사급까지의 지식과 연구를 통해 육성해야 하기에 시간도 오래 걸리고, 교육 비용도 많이 든다. 하지만 앞에서 말한 대로 전체 반도체 인력의 6, 70퍼센트를 차지하는 설계 실무자는 불과 4~6개월의 집중 실무교육만으로도 가능하다. 이들은 반도체를 전공하지 않았어도 괜찮다. 전자공학 관련 또는 유사학부 전공만 해도 교육 이수가 가능하기 때문이다. 물론 여기서 가장 중요한 키워드는 '집중교육'이겠다.

이들에 대한 교육 장소를 마련하는 것도 어렵지 않다. 기존의 창조경제센터, 창업보육센터나 전문랩이 있는 메이커스페이스 등을 활용하면 된다. 이런 시설들은 전국적으로도 잘 구비되어 있어서 추가 비용이 그리 많이 들지 않을 것이다. 대통령직인수위 시절 관계 부처와 협의해 보니 2천억 원 정도의 금액이면 매년 1만2천 명 이상, 5년 내 총 6만 명 이상의 설계 실무자 집중교육이 가능하다는 결론이 나왔다.

나는 여태 '사람'이라는 인재 육성 및 인재 관리의 중요성을 강조해왔다. 이들 설계 실무자 팹리스 인재들도 마찬가지다. 이렇게 키워진 인력들이 추후에 대기업이나 해외로 유출되지 않게 하려면, 시장 내에서 중소 팹리스의 상품성을 높이 평가해 가치를 매겨주고, 관련 설계인력에게 그에 상응하는 대우를 해주는 업계 분위기가 조성되어야 할 것이다. 팹리스 강국인 대만은 20만 명 이상의 설계인력을 보유하고 있다. 안정적으로 팹리스 설계 인재 수급이 되다 보니 자연스럽게 전 세계에서 압도적인 1위의 파운드리 강국이 될 수 있는 것이다.

이와 같이 상대적으로 단기간에 대량으로 교육이 가능한 팹리스 설계인력뿐 아니라, 오래 걸리고 비용도 많이 드는 석박사급 전문 인력 양성도 중요하다. 이들은 반도체 아키텍트나 R&D쪽 분야의 인재가 될 것이고, 현장실무 경험이 있는 반도체 전문강사로서 인재를 양성하는 교육자가 될 수도 있다. 이들을 양성하기 위한 장기적 대책이 필요하다. 이 과정에서 반도체 관련 학과 교수·학생의 정원 확대는 물론, 경우에 따라 총정원 외 운영을 해야 한다. 인재들의 수도권 선호 현상이 점점 심해지다 보니 정원 확대가 어려운 수도권이라도 고려할 수 있다. 반도체 관련 주요 대학 및 학과 지원에 기업과 정부가 매칭펀드 및 기금 등의 형태로 투자하는 '민관학' 전문인력 양성 프로젝트가 추진되어야 할 것이다.

수도권에서의 인재양성이 중요함에도, 내가 우려하는 것은 현재 과기부나 산자부, 중기부 등 여러 부처에서 제공하는 프로젝트나 과제가 경쟁 공모 형태로 이루어져 수도권 몇몇 대학 일부에만 집중적으로 부여되고 있다는 점이다. 경쟁력 있는 학생과 교수가 프로젝트나 과제를 하게 하는 것은 일견 이해가 되나, 이렇게 과제와 프로젝트가 쏠림 현상을 보이게 되면, 수도권 외 전국에 널리 분포된 반도체 산업 예비 인력에게 기회를 전혀 주지 못하게 된다. 더구나 그렇게 일부 몇몇 대학에 집중된 과제들도 한 대학이 여러 개의 과제를 동시에 수행하다 보니, 과제나 프로젝트의 수행 결과도 질적으로 떨어질 수밖에 없다. 따라서, 전국 시도에 균형 있게 분포된 반도체 관련 학과와 대학원에 정부 부처들이 지원할 수 있는 반도체 관련 과제나 프로젝트를 고루 분배, 수행하게 하여 양질의 결과를 통해 산업 현장에 선순환 반영될 수 있도록 할 필요가 있겠다.

이어 중고교-대학-반도체 기업 간 인력 양성 파이프라인을 구축해야 한다. 학생들의 직업 선택 전 반도체 전문가들과 네트워크를 형성하여 반도체 비전을 공유하고, 역량을 개발하며, 진로 상담 등 지원 플랫폼이 구축되어야 할 것이다. 이 과정은 축구 등 유소년 스포츠 인재양성 시스템을 연상하면 쉽게 이해된다. 그 시스템을 적극적으로 벤치마킹해야 할 것이다. 대만 정부는 TSMC 등 대만 주요 기업이 정부의 우수 인적 자원 등록 및 관리 시스템을 채용에 활용할 수 있도록 정보를 제공하고 있다.

저출생의 영향으로 인해 국가 전체적인 인재풀의 감소에도 대응해야 한다. 다른 산업의 경우도 마찬가지겠지만, 반도체 인력과 관련해서는 정년 이후라도 지속해서 그들이 관련 산업에서 일할 수 있는 환경을 보장해야 한다. 반도체 정책은 국가의 존망과 관련된 문제로 국가 전체적인 인적자원 관리 차원에서 바라봐야 할 필요성이 절실한 까닭이다.

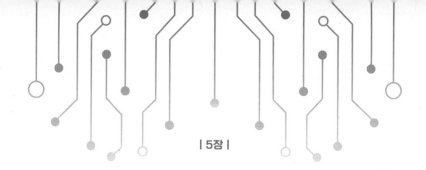

5장

팹리스 등 반도체 중소벤처를 위한 시스템 구축해야

우리나라 팹리스의 경우 시장점유율 1.5퍼센트 수준으로 '반도체 강국'치고는 충격적인 수치다. 팹리스 점유율이 낮다 보니 파운드리에서 세계시장 2위를 차지하고 있다지만, 시스템반도체 전체로 볼 때는 점유율이 3퍼센트대에서 수십 년째 정체 상태에 있다.

그렇다고 관련 기업에 예산만을 지원하는 것은 효율적이지 않다. 최근엔 기술은 있는데 돈을 구하지 못하는 경우는 없기 때문이다. 따라서 정부 예산은 중소기업 또는 스타트업이 하기 힘든 부분에 집중되어야 할 것이다. 나는 대통령직 인수위원으로서 특별히 판교 단지를 방문해 중소 팹리스 현장의 목소리를 들을 수 있었다. 그들은 대규모 투자 부족, 투자 대비 매출 확보에 대한 높은 위험 부담으로 글로벌 수준 성장에 한계를 지니고 있었다. 고가의 설계 IP 및 설계 툴이 필요한데, 이를 해외 공급기업에 의존해야 하고, 자체적으로 개발할 수 있는 기반이 미흡하다고 했다. 시제품 제작에도 비용이 들어가는데 신제품 검증 및 양산을 하기 위한 파운드리가 부족하다고도 했다. 이외에도 팹리스가 신기술 개발에 성공하더라도 수요기업이 한정되어 있기 때문에, 수요-공급 기업 간 협력을 통한 레퍼런스를 확보할 필요성을 얘기했다. 전반적으로 일반 벤처창업 대비 막대한 자금이 소요되는 가운데 정부의 반도체 지원은 대기업에 편중돼 있다고 한목소리를 냈다.

대만은 탄탄한 파운드리를 시장 기반으로 하여 팹리스 기업들의 자생과 성장을 촉진시켰고, 이 팹리스들의 지분을 파운드리가 공유하는 등 패밀리적 상생을 통해 경쟁력을 이어나가고 있다. 반면 우리는 팹리스 생태계가 조성될 수 있는 국내 시장이 매우 부족하다. 이미 경쟁에서 뒤처져 있는 세계 시장을 극복하기 위해서도 새로운 시장 개척이 필요한 상황이다.

정부는 현재 전국 3곳에 불과한 '공공팹'을 확대 운영해야 한다. 중소 팹리스들이 겪는 시제품 제작의 어려움을 해소할 수 있다. 추가 장비를 도입하고, 중소 팹리스들에게 장비·시설 세부정보를 제공하는 한편, 장비 이용과 비용의 일부도 지원해야 하겠다. 팹리스의 또 다른 부담이 되는 IP와 관련해서도 '공동 IP 플랫폼'을 운영할 수 있다. 국산 IP를 개발하는 한편 해외 IP를 구매하여 제공하는 플랫폼이 될 것이다. 이로써 팹리스의 초기 막대한 투자 비용의 부담을 덜 수 있다. 이들은 시장 걱정과 비용 걱정을 하지 않고, 설계 개발에 전념할 수 있게 된다. 이렇게 되어야 에지 시대 초저지연 애플리케이션에 적용할 시스템반도체의 다품종 소량생산이 가능한 팹리스 시장을 개척하고 주도할 수 있다. 우리나라는 세계 최초로 전국적으로 구축되어 있는 5G망 인프라라는 장점을 가지고 있다. 따라서 이 인프라를 기반으로 한다면 해당 부문의 표준이 되어 세계 시장을 선도할 수도 있다.

반도체 후공정인 OSAT는 물론이고, 반도체 소재·부품·장비, 즉 '소부장'의 경우에도 우리나라는 세계 시장점유율이 극히 미미하다. 중소벤처 기업들이 역할을 해야 하는 분야라는 공통점이 있다. 특히 소재 부문은 일본이 전 세계 시장의 50퍼센트 이상을 점유하고 있다. 일부 국산화를 시도하고는 있지만, 핵심 소재인 불화수소나 포토레지스트의 경우 일본이 80~90퍼센트를 점유한다. 40년 가까이 축적된 일본의 소재-부품 생태계 경쟁력은 절대 무시할 수 없다. 일본과의 전략적 관계를 유지하는 것이 필요한 이유다. 한편으로는 소부장의 국산화 등 대외의존도를 극복하여 경쟁력을 확보해야 한다. 이를 위해 정부는 소부장 기업이 자본 걱정 없이 마음껏 R&D를 할 수 있도록 도와주어야 한다. 예컨대 공공 폐수정화시설 단지를 설치하여 제공하는 방법 등이 있다.

팹리스, OSAT, 소부장이 중소기업이라고 해서 취업 시장에서 꺼려지는 현상도 개선해야 한다. 이들에 특화된 교육프로그램을 신설하고, 이들 인력에게는 보육공간 및 설계 장비 등 인프라 지원으로 뒷받침이 이루어져야 한다. 이 기업들에 대한 인식 개선과 함께, 취업 희망자와 중소기업들 사이의 교류를 활성화하고 온·오프에서의 정보제공을 강화해야 한다.

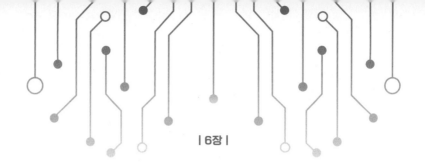

반도체뿐 아니라 다른 산업과의 오픈컬래버, 반도체 전문 모태펀드가 필요하다

전 세계적인 '반도체 전쟁'에 대처하려면, 반도체 산업 바깥에서 한국이 가지고 있는 강점을 적극적으로 활용할 필요가 있다. 한국은 반도체 산업 말고도 자동차, 통신 산업에서의 강점을 가지고 있다. 나는 자동차 기업에서는 연구소 이사를 지냈고, 한 통신사에서도 근무하면서 전 세계적으로 가장 빠른 속도의 전국적인 5G 통신망이 구축되는 데 일익을 담당했다. 그래서 나는 자동차·통신 산업이 반도체 산업과의 이종 산업간 기술 융합 등으로 잘 결합하면, 우리나라가 미래를 준비하는 기술 혁신의 중심지가 될 거라고 생각한다. 최근 내가 다녀온 MWC 전시회에서 기술의 융복합, 이종 산업 간의 합종연횡으로부터 각 기업들의 경쟁력이 배가 되는 것을 보았다.

이종 산업 간의 융복합이 아니었으면, 코로나의 빠른 종식에 기여한 화이자·모더나 백신도 나올 수 없었다. 이들은 mRNA 백신이라는 공통점을 가지고 있다. mRNA 백신은 옛날부터 실험실에서 만들기가 어려운 것은 아니었다. 문제는 쉽게 부서져 버리는 데 있었고, 그 때문에 상용화를 할 수 없었다. 이때 반도체와도 관련된 나노기술이 접목되었다. 나노 기술자들이 지방질로 초미세 입자를 만들어 실험하는 데 썼는데, 이를 LNP(Liquid Nano Particle)라고 한다. 이 나노 파티클로 둘러싸면 쉽게 부서지는 mRNA를 잘 보존할 수 있었다. 모더나, 화이자 백신이 이렇게 탄생한 것이다.

다만 이에 대한 국내 기업들의 인식은 아직 미미하다. 유럽, 특히 독일의 경우, BMW는 로컬 반도체 기업인 인피니언 등과 합작하여 자율주행이나 차량용 반도체 기술을 혁신하고 있다. 그 결과 유럽은 독일의 인피니언과 네덜란드의 NXP 등 글로벌 톱 3 기업을 통해 전 세계 차량용 반도체 시장점유율 39퍼센트로 1위를 차지하고 있다.

국내 이종 산업 간 오픈컬래버(Open Collabo) 체계는 자율주행, 스마트 헬스케어, 로봇, IoT 등 반도체 관련 기술 혁신을 가능케 할 것이다. 이들의 전략적 협업은 상용기술 자립도를 제고하고, 개발된 기술 활용을 통한 무역수지 개선 등 국내 산업 전반의 경쟁력을 높여줄 것이다.

정부는 융합기술 구현을 위한 오픈컬래버에 대해 세제 혜택, 펀드 지원 등 우선적으로 인센티브를 부여하는 정책이 필요하다. 일단 과제부터 설정하자. 여기서 기업들의 컬래버 로드맵을 설정하고, 국내 협업 상생 모델을 발굴하며, 우리만의 빅데이터로 우리만의 시장을 형성해 보자. 성장 위주 사업에서 생기는 공백은 중소기업과 벤처스타트업의 비즈니스 모델로 채워 사업 간 연결고리인 파이프라인을 만들어보자. 이는 중소벤처와 대기업 간에, 대기업과 대기업 간에 상생하는 대한민국 산업 생태계를 만들어줄 것이다.

대기업과 비 대기업 간, 반도체 분야와 비 반도체 분야 사이를 비롯해 우리 사회 곳곳에서 트러스트빌딩의 구축이 안 돼 있다는 점이 늘 안타까웠다. 모래알처럼 흩어져서는 시너지를 낼 수 없다. MWC를 주최하는 세계이동통신연합회(GSMA)의 모습에서 나는 또다른 힌트를 얻었다. 그들은 굉장히 적극적이다. 통신사업자들의 이익을 대변하기 위해서라도 통신 벤처스타트업을 키우고, 지속적인 펀딩으로 통신 산업에의 인재 유입을 가능케 하고 있었다.

KIF(Korea IT Fund)를 참고해 볼 필요가 있다. 통신사가 출자한 ICT 전문 민간 모태펀드로서 지난 20년간 누적 5조 원 이상의 투자 재원이 조성되었다. 생산 유발 효과가 8조 원이 넘으며, 고용 유발은 2만 명에 육박한다. 반도체 관련해서도 이런 민간 모태펀드를 만드는 방안이 제시할 수 있을것이다. 반도체 특별법 세제 혜택으로 본 이익을 다시 반도체 생태계로 돌려 지속 가능한 반도체 강국을 만들자는 것이다.

그리고 이상 나의 제안들을 하나의 표로 정리하면 다음과 같다.

방향	주요 내용
차세대 반도체 산업 육성	• 선단공정[EUV · 넷다이(Net Die) 증가] 투자에 대한 세제 혜택 제공 • 선단 3D 패키징 기술 육성 비용 투자, 중국 등 경쟁국 추격 극복 • 5G망 활용 · 표준 채택 지원, 초저지연용 반도체 다품종 소량생산 新 시장 개척 • 하이엔드 · 쉐어드메모리 상용화 위한 글로벌 기술제휴 지원, 시장 영역 확대 • 공공 파운드리 운영, 팹리스 육성 및 자력 성장 생태계 조성 • 공용폐수처리시설 단지 운영, 소부장 케미컬 R&D 활성화 여건 마련 • 국내 이종 기업 間 협업 촉진 체계 구축, 한국형 미래기술 혁신 유도
실효적인 반도체산업 지원 대책 마련	• 설비 투자 세액공제율* 조정(6·8·16%→20·25·30%), 세제 혜택 강화 • 민간 주도 '민관 합동(기업 & 정부) 상생협력모델' 운영, 선순환 창출 • 핵심 인프라(전력·용수·도로) 구축 관련 난제 해결 직접 참여
반도체 및 지원 기술 인력 10만 명 양성	• 학부 이상 정원 확대, 아키텍트·R&D 인력 3만 명 장기 육성 • 취업형 아카데미 전국 운영, 설계 실무자 5년간 6만 명 집중 양성
주요국 대응 통상협력 및 동맹 강화	• 미국과의 전략적 동맹 강화 및 반도체를 외교 아젠다로 적극 활용 • 글로벌 스탠다드에 걸맞은 ESG 고도화를 통해 세계 시장 공급망 선점

반도체 열사(烈士) 부자의 미래 예견

● **"위기가 아닌 기회다": IMF 사태를 바라보는 아버지의 시각**

"IMF에 구제금융을 요청했습니다."

1997년 11월 21일. 임창렬 당시 경제부총리는 밤 10시 20분 긴급 기자회견을 열어 우리 정부가 국제통화기금(IMF)에 구제금융을 신청했다고 공식 발표했다. 이후 2000년 12월 4일 IMF 차관을 상환하고, 조기 졸업을 발표할 때까지 우리 국민은 혹독한 시련의 계절을 보냈다. 그 시련 속에도 아버지는 IMF가 기회가 될 수 있음을 꿰뚫어 보셨다.

"IMF 외환위기는 우리 민족에는 엄청난 기회다. 한민족 통일을 이룰 수 있다. 세계 공장의 중심이 되면서 국부(國富)를 크게 늘릴 수 있는 계기다."

아버지는 1990년대 중반 이후 이미 IMF 외환위기를 내다보셨다. 그런 생각의 배경에는 사회주의 국가의 몰락이 깔려 있었다. 소련이 붕괴하고 사회주의 국가들이 자본주의 시장경제 체제를 하나둘씩 채택하면서 엄청난 시장이 열릴 것이라는 게 아버지의 생각이었다.

거기서 그치지 않았다. 만약 사회주의 국가들이 몰락 이후 엄청난 시장이 열린다면, 그 생산기지가 어디가 될 것인가를 따졌다. 미국의 큰손들은 그 기지로 우리나라를 선택할 것이고, 그에 앞서 시장 개방 압력을 가할 것이라는 게 아버지의 시나리오였다. 아버지는 미국의 큰손 뒤에는 유대인 자본이 있다고 보셨다. 한국인들이 똑똑하고 부지런하기 때문에 유대인 자본에 선택되었다는 것이다. 문제는 한국의 노동시장 유연성이 떨어진다는 점이다. 그래서 미국이 IMF를 앞세워 한국을 공략한 것이라는 게 아버지의 분석이다.

아버지는 "우리나라가 달러가 부족해 위기를 겪는 것이면 IMF가 그냥 달러를 빌려주고 이자만 받으면 되는데, 굳이 여러 가지 이유를 들면서 시장 개방을 요구할 이유가 없다. 그중에서도 IMF가 노동 시장 유연성을 크게 중요하게 생각했는데, 그건 결국 남한에 대규모 공장을 세우겠다는 뜻이다. 그렇지 않으면 무슨 사업할 사람들처럼 각종 요구 조항을 내밀 이유가 없다"라고 말씀하셨다.

결국, 남한에 대규모 공장을 세운 뒤, 남한의 기술력과 북한의 싼 노동력을 활용해 세계의 공장을 만들려 했다고 아버지는 내다보셨다. 남한 시장의 노동시장 유연성이 확보되지 않으면 공장을 세우더라도 그들 생각대로 움직이기 힘들어서 각종 규제 완화 조항을 강요했다는 것이다.

실제로 당시 김영삼 대통령을 비롯한 한국 정치권이 이를 반대하자, 대통령 후보자들까지 사인하지 않으면 돈을 빌려주지 않겠다고 강요했다. 정권이 바뀌더라도 자신들과 한 약속을 지키라는 압력이었다.

만약 당시에 미국과 미국의 뒤에 있는 유대인 자본의 이런 계산을 읽었다면, 우리 민족이 통일을 이루는 절호의 기회가 됐을 것이라고 아버지는 안타까워했다. 그들의 입장에서 보면, 분단된 한반도보다는 통일된 한국의 생산기지가 여러모로 더 유리하다고 판단했다는 것이다.

문제는 우리나라가 그들의 예상보다 빨리 IMF를 벗어났다는 점이다. 노동계 반발로 정리해고 등이 예상보다 쉽지 않았고, 다른 여러 가지 문제들도 미국이 원하는 방향으로 가지 않았다. 하나로 똘똘 뭉친 한국 국민의 IMF 극복 의지도 그들의 계산에는 없었다. 아버지는 그래서 미국과 큰손의 관심이 중국으로 넘어갔다고 보셨다. 중국이 대규모 개방경제 정책을 펼치면서 자본주의를 적극적으로 받아들이자 대규모 생산기지를 중국으로 옮겨갔다는 것이다. 실제로 중국은 지금 전 세계의 공장이 됐다. 특히 아버지는 덩샤오핑(鄧小平)의 흑묘백묘(黑猫白猫) 정책을 우리나라가 잘 따라 해야 했다고 여러 번 말씀하셨다. 그랬다면 외환위기가 기회로 바뀌었을 것이라는 생각이다.

1970년대 말부터 시작된 덩샤오핑(鄧小平)의 흑묘백묘(黑猫白猫) 정책은 '검은 고양이든 흰 고양이든 쥐만 잘 잡으면 된다'는 경제정책이다. 흑묘백묘는 '부관흑묘백묘(不管黑猫白猫), 착도로서(捉到老鼠) 취시호묘(就是好猫)'의 줄임말이다. 중국의 개혁과 개방을 이끈 덩샤오핑이 1979년 미국을 방문하고 돌아와 주장했다. 즉 고양이 빛깔이 어떻든 고양이는 쥐만 잘 잡으면 되듯이, 자본주의든 공산주의든 상관없이 중국 인민을 잘살게 하면 그것이 제일이라는 뜻이다. 부유해질 수 있는 사람부터 먼저 부유해지라는 뜻의 선부론(先富論)과 함께 덩샤오핑의 경제정책을 가장 잘 대변하는 용어이다. 덩샤오핑의 이러한 개혁·개방정책에 힘입어 중국은 비약적인 경제발전을 거듭했다. 경제정책은 흑묘백묘 식으로 추진하고, 정치는 기존의 공산주의 체제를 유지하는 정경분리의 정책을 통해 덩샤오핑은 세계에서 유례가 없는 중국식 사회주의를 탄생시켰다.

아버지는 타인의 마음속에 숨겨진 '욕심'을 잘 읽었다. 사람들은 자신의 이득을 위해 움직이는데, 그 욕심은 아무리 숨기려 해도 숨기기가 쉽지 않다는 것이다. 상대의 욕심을 잘 찾는다면, 나한테는 큰 무기가 될 수 있다. 우리나라도 당시 미국의 '욕심'을 잘 읽고 이를 반대로 잘 활용했다면 통일도 이루고 우리나라의 부도 많이 늘어났을 것이라고 안타까워했다. 아버지는 "내가 만약 대통령 주변에서 그런 조언을 해줄 위치에 있었으면 어떻게든 자문을 해 좀 더 유리한 상황을 만들었을 텐데"라며 아쉬워했다. 아버지가 남의 '욕심'을 잘 읽는 능력이 있는 것은 보이지 않는 엄청난 노력이 있기에 가능했다. 그렇지만 전쟁통에 살아남기 위해, 생존을 위해 길러진 '직감'은 아니었을까 싶다.

● 미국의 금융위기를 내다보셨던 아버지

"지금 미국 집 사면 안 된다. 곧 미국 부동산 시장이 붕괴할 거다."

그런 아버지 말씀을 어길 수밖에 없었다. 2005년쯤이었던 것 같다. 미국 실리콘밸리에 일할 때 집이 필요했다. 아파트에 살았는데, 애들이 셋이라 좁았고, 뛰어다니니까 아래층과 층간소음 문제로 갈등이 생겼다. 집사람도 아래층의 항의에 질렸는지 노이로제가 걸릴 지경이었다. 주변 한국 사람들도 어떻게 다섯이나 되는 식구가 아파트에 사느냐고 자주 얘기했다. 당시 미국에서는 집을 매입하는 게 유행처럼 번졌다. 심지어 워낙 이 사람 저 사람 집을 사겠다고 나서니까, 팔겠다는 매물 하나에 10~20명까지 사겠다는 사람들이 달라붙어 부동산 중개인이 그중에서 골라서 매물을 연결할 지경이었다. 그래서 나는, 아버지의 반대에도 불구하고 "미국 주택시장이 무너지고 몇억 원을 손해 보더라도 그동안 애들과 집사람이 행복하게 살면 된다"는 생각으로 그냥 집을 샀다.

2007년 아버지가 우려했던 사태가 결국 터졌다. 집값이 원래 샀던 가격의 반값 밑으로 폭락했다. 아차 싶었다. 손해 봐도 된다는 생각이었지만, 막상 사고 얼마 지나지 않아서, 그것도 절반 이하로 떨어지니 막막했다. 그것도 바닥이 어디인지 모르고 떨어지고 있었기에 더 걱정스러웠다.

아버지는 2007년 터진 서브프라임 모기지 사태(Subprime Mortgage Crisis)를 정확히 짚어 내셨다. 서브프라임 모기지 사태는 미국의 초대형 대부업체들이 연쇄적으로 파산하면서 시작됐다. 그 사태는 미국뿐만 아니라 전 세계 금융시장을 뒤흔들었다.

서브프라임 모기지 사태의 씨앗은 2000년대 초반부터 뿌려졌다. 미국 정부는 2000년 초반 IT버블이 무너지고, 이라크 전쟁과 911테러 등으로 미국 경기가 악화되자, 경기를 부양하기 위해 초저금리 정책을 펼쳤다. 초저금리로 시중에 유동성이 넘쳐나고 주택담보대출 이자가 떨어지자 너도나도 부동산을 사들이면서 자고 나면 부동산 가격이 뛰기 시작했다. 부동산 가격이 뛰자 너도나도 집값이 계속 오를 것이라는 기대감에 불나방처럼 부동산 시장에 뛰어들었다.

은행들은 더 많은 대출을 유도하기 위해 각종 부동산 채권을 묶어 파생상품을 만들어 유동성을 늘린 뒤 다시 대출에 나섰다. 증권화된 서브프라임 모기지론은 높은 수익률이 보장되며 신용등급이 높은 상품으로 알려져 거래량이 폭증했다.

폭탄은 2004년부터 터질 준비를 하고 있었다. 미국 정부가 저금리 정책을 거두자, 미국 부동산 버블이 꺼지기 시작한 것이다. 부동산 가격 상승은 누군가가 더 높은 가격으로 사주거나 사줄 것이라는 기대감이 있어야 가능한데, 유동성이 줄어들자 그런 기대는 한순간에 사그라들었다. 서브프라임 모기지론 금리가 올라갔고, 저소득층 대출자부터 원리금을 갚지 못하는 상황이 벌어졌다. 증권화되어 거래된 서브프라임 모기지론을 구매한 금융기관들은 대출금 회수 불능 사태에 빠졌다. 결국 미국의 대형 금융사, 증권회사의 파산이 이어졌다. 이로 인해 세계적인 신용경색이 벌어졌고, 2008년 결국 세계금융위기로까지 이어졌다.

아버지는 "부동산 시장 거품이 심해져서 결국 위기가 올 거야. 아마 일반 주택은 집값이 절반 이하로 떨어질 거고, 상업 시설은 그보다 더 떨어질 거야. 지금 집을 사면 안 된다"라고 경고하셨다. 아버지는 "미국 정부가 침체된 경기를 주택시장을 통해 살리려고 하고 있지만 쉽지 않을 거야. 결국 거품이 꺼지면서 집값이 떨어질 거야"라고도 말하셨다.

아버지의 예측은 정확히 맞아 떨어졌다. 아마도 본인이 세계 경제 흐름이나 국제정세 등을 보고 종합적으로 판단하신 것 같다. 혼자 실물경제 안에서 좌충우돌하면서 부딪혀보고 "아, 이건 아니다"라는 느낌이 있으셨다. 경제 흐름을 읽는 감각이 몸에 체득된 것 같은데, 어김없이 들어

맞았다.

아버지는 "내가 미국에라도 유학을 다녀왔으면 사람들이 내 말을 더 잘 들어줬을 거야. 하지만 경제 흐름은 책으로만 배우는 게 아닌데…"라는 말씀을 자주 하셨다. 나도 그때 아버지 말을 좀 더 귀 기울여 들을 걸 그랬다.

● 중국 분열 + 한반도 통일, 아버지가 보셨던 대한민국의 최대 기회

"미국의 힘에 의해 중국은 반드시 쪼개질 것이다. 그때 한민족의 명운을 바꿀 수 있는 또 다른 큰 기회가 온다. 한민족 연합을 만들어 헤게모니(Hegemony)를 쥘 수 있는 포지셔닝(Positioning)을 지금부터 대비해야 한다."

아버지가 세계 흐름을 읽은 예측 중에 아직 실현되지 않은 게 하나 있다. 바로 '중국 붕괴'다. 중국 붕괴를 이끌 가장 큰 외부변수는 미국이라고 지목했다. 미국이 자신들의 이익을 위해 중국 분열을 어떤 방식으로든 이끌 것이고, 이것이 중국이라는 큰 나라가 쪼개지는 결과를 낳을 것으로 내다보셨다. 마치 소련이 해체된 것처럼 말이다.

지금의 중국은 과거 역사를 거슬러 볼 때, 하나의 국가로 보기에는 무리가 있다. 수많은 변방 세력에 의해 중국은 통치 세력이 무수히 교체되었고, 그것이 중국의 역사였다. 지금도 중국은 절대다수인 한족(漢族) 외에도 55개 소수민족이 고유한 그들의 영역을 중심으로 생활하고 있다. 지금의 중국은 근대화 시점에 한족이 중국 본토를 차지하면서 지금처럼 한족 중심의 나라로 고착되었다. 중국은 1949년 건국과 함께 전국에 산재해 있는 각 민족을 중국에 편입하는 민족 정책을 최우선 과제로 삼았다. 소수민족을 일정 단위로 묶어 통제해야만 중앙집권적 권력을 유지할 수 있어서다. 중국은 역사적으로도 변방 지역에 대한 정벌 전쟁을 통해 인위적으로 타민족을 통합하거나 지역을 분리하는 유화정책을 펼쳤는데, 이는 중국 중앙정부가 지금도 소수민족을 통제하는 방식이다.

아버지는 중국이 역사적으로 통합과 분열을 거듭해 왔는데, 과거에는 전쟁이 그 수단이었다면 지금은 경제적인 이득에 따라 통합과 분열이 필연적으로 이루어질 것으로 생각했다. 지금도 티베트나 신장 위구르 자치구에서 끊임없는 분리독립 시도가 이어지고 있는데, 결국에는 이러한 흐름을 막지 못할 것으로 보셨다.

아버지는 중국이 분열되면 우리나라는 한반도 통일뿐만 아니라 지린성(吉林省)과 랴오닝성(遼寧省), 헤이룽장성(黑龍江省)의 동북삼성(東北三省)과 내몽고, 위구르까지 아우르는 '한국 연합(Korea Union)'을 만들어야 한다고 항상 강조했다.

'한국 연합'이 중요한 가장 큰 이유는 무엇보다 미국이 세계의 공장을 한반도로 옮길 가능성이 크다는 점이다. 중국이 분열되면, 분열되어 새로 만들어지는 각 국가가 시장경제로 빠르게 돌아설 것이고, 이에 따라 막대한 수요가 생길 것이라는 게 아버지의 생각이셨다. 미국은 이러한 수요를 맞추기 위해 한반도를 중심으로 생산 전진기지를 만들 것으로 보셨다.

정치적인 이유도 있다. 설사 중국 분열이 예상보다 늦어지더라도 '한국 연합'이 만들어지면, 러시아와 중국에 맞서는 중간지대 역할을 할 수 있어 동북아 평화가 해결된다는 점이다.

　아버지의 '한국 연합' 구상에는 늘 한반도를 넘어 조선족과 고려인 등 배달의 민족이 하나로 뭉쳐야 한다는 생각이 자리 잡고 있다. 아버지는 "배달의 민족만큼 잠재력이 있는 민족이 없다. 다시 힘을 합쳐 뭉쳐야 한다"라며 눈물도 많이 흘리셨다. 미국 대통령을 만나 이런 상황을 설명하고 우리나라와 미국이 힘을 합쳐야 한다며 실제 만나기 위해 노력도 많이 하셨다.

　아버지의 마지막 남은 예측은 아직 미완성이다. 하지만 최근 벌어지고 있는 미-중 갈등만 놓고 보더라도 절대 벌어질 가능성이 없다고 단정할 수는 없다. 지금까지 아버지의 예측이 하나도 틀리지 않았다는 점에서 더욱 그렇다. 나는 아버지가 남긴 마지막 한반도 구상이 실현되길 기대한다. 나 역시 그날을 위해 할 수 있는 최선을 다해 준비할 것이다. 그것이 당신의 뜻이기에.

● 친환경으로 국가경쟁력 높이는 시대를 예견한 아버지: 내가 ESG 그룹장이 된 이유

　"아니 지금이 편하다니까. 5인 병실도 아주 편하고 좋은데 왜 옮겨야 해. 나는 안 옮길 테니까 그렇게 알아라."

　돌아가시기 며칠 전 일이다. 뉴질랜드 데이비드파커 무역수출진흥부 장관과 함께 경제사절단으로 오셨던 아버지는 갑자기 병세가 나빠져서 급하게 5인실에 입원하셨다. 어머니와 나는 아버지를 1인실로 옮겨 드리기 위해 여러 번 말씀드렸지만, 아버지는 완고했다. 어머니가 옆에서 간호하시면서 잠을 청하는 데 불편함이 이만저만 아니었을 터였다. 결국, 간호사 네 명이 동원되어서야 1인실로 옮기셨다.

곰곰이 생각해 보았다. 대체 돈이 없어서 그러는 것도 아니고, 당신 몸이 그렇게나 아픈 마당에 왜 저러시는 걸까. 당신 동생이 홍역에 걸렸는데 제대로 된 치료를 받지 못해 죽음에 이르는 걸 보아서 그러시는 건가. 당시 아버지는 "돈이 생명하고 같구나. 돈이 없으면 사랑하는 사람들도 지키지 못하는구나!"라는 것을 뼈저리게 느끼셨다고 했다.

하지만 아버지는 내가 생각하는 것 이상의 더 큰 꿈과 비전이 있었다. 다가올 미래 임팩트를 알기에, 그것에 대비하기 위해 돈을 쓰는 것보다 모으는 것에 더 큰 보람을 느끼지 않았을까 싶다.

그중에서도 아버지가 강조했던 건 돈에 의해 환경도 좋아지고, 일자리도 더 늘어날 수 있다는 점이었다. 그래서 환경을 위한 재단을 설립하는 문제나 새로운 에너지원을 만들 수 있게 과학자들을 위해 자금을 모아야 한다는 말씀도 하셨다. 무턱대고 절약하는 것이 아닌, 좀 더 가치 있고 의미 있는 일에 돈을 써야 한다며 다양한 아이디어를 열정적으로 꺼내셨다.

지구를 지켜야 하고 보존해야 한다는 말씀도 귀에 못이 박힐 정도로 강조하셨다. 과학자 같은 아이디어도 내놓았다. 아버지는 "지구가 엄청난 속도로 태양의 주위를 돌고 있는데, 여기에는 중력이나 만유인력 말고도 또 다른 에너지가 작용하고 있지 않을까. 그럼 그 에너지를 활용하면 지구를 오염시키지 않고도 충분한 에너지를 얻을 수 있을 텐데"라는 말씀도 자주 하셨다. 친환경 에너지에 대한 관심도 많으셨던 것이다.

실제로 지구는 시속 약 11만km의 속도로 공전하고 있다. 1초에 약 30km의 속도로 태양 주위를 달린다. 게다가 지구는 약 23.5°가 기울어져 우리나라 기준으로 KTX 고속열차 최고속도(300km/h)보다 4~6배 빠른 속도로 자전하고 있다. M16 소총의 발사속도가 초당 시속 3,600km라는 것을 생각하면 총알이 날아가는 속도의 절반 속도로 스스로 돌고 있다. 이런 에너지를 활용한다면 충분히 지구를 더는 고갈시키지 않는 친환경적인 에너지를 만들 수 있다고 생각하신 것이다. 돈키호테 같은 상상이지만 지금은 이런 상상들이 하나둘씩 현실로 실현되고 있다는 점에서 아버지의 무한한 상상력은 그저 놀라울 따름이다.

아버지의 이런 상상은 최근 들어 기업에서 구체화하고 있을 뿐 아니라, 생존 문제로까지 직결되고 있다. 전 세계적으로 'ESG 경영'이 전방위로 확산하고 있기 때문이다. ESG는 기업의 비재무적인 요소인 '환경(Environment)', '사회(Social)', '지배구조(Governance)'의 머리글자를 딴 말이다. 과거에는 기업의 재무적 성과만을 판단했지만, 앞으로는 기업 가치와 지속가능성에 영향을 주는 ESG 등의 비재무적 요소의 중요성이 더 커질 것이다.

특히 투자자들이 투자 의사를 결정할 때, '사회책임투자(SRI)' 혹은 '지속 가능한 투자'의 관점에서 기업의 재무적 요소들과 함께 고려하고 있다. 기업의 ESG 성과를 활용한 투자 방식은 투자자들에게는 장기적으로 안정적인 수익을 가져다줄 수 있는 한편, 기업 행동이 사회에 이익이 되도록 영향을 줄 수 있어 갈수록 그 중요성이 커지고 있다. 환경과 사회에 보탬이 되는 기업을 골라내겠다는 의미가 담겨 있다.

2000년 영국을 시작으로 스웨덴, 독일, 캐나다, 벨기에, 프랑스 등 여러 나라에서는 연기금을 중심으로 ESG 정보공시 의무제도를 도입했다. UN 역시 2006년 출범한 유엔책임투자원칙(UNPRI)을 통해 ESG 이슈를 고려한 사회책임투자를 장려하고 있다. 글로벌지속가능투자연합(GSIA)이 추정한 글로벌 ESG 펀드의 규모는 2020년 말 기준으로 45조 달러(약 5경 원)에 이른다. 미국의 애플 등 일부 글로벌 기업도 소재나 부품을 납품하는 협력사에 ESG 성과를 요구하기 시작하면서 중요성이 점점 더 커지고 있다.

결국 아버지의 예견은 틀리지 않았다. 지금 모든 기업은 생존을 위해 친환경 경영을 해야 하고, 친환경 에너지의 중요성은 나날이 커지고 있다. 내가 한 대기업에서 ESG그룹장을 맡게 된 것도 이와 무관하지 않다.

● **그리고 나는 감히 예견한다: 기술의 발달에도 정답은 사람이다**

『부자 아빠 가난한 아빠』, 『이기는 습관』, 『아침형 인간』, 『설득의 심리학』, 『긍정의 힘』, 『마시멜로 이야기』, 『시크릿』……

한때 우리 사회를 휩쓴 베스트셀러 목록이다. 수십, 수백만 부씩 팔린 경제경영·자기계발서가 조금씩 자취를 감춘 것은, 공교롭게도 스마트폰이 활성화되고 4차 산업혁명이 시작된 지점부터다.

그 자리에는 『정의란 무엇인가』, 『멈추면 비로소 보이는 것들』, 『아프니까 청춘이다』, 『미움받을 용기』 등이 자리했다. 내용에 대한 호불호나 긍부정과는 별개로, 이런 변화가 알려주는 것은 이렇다. '속도 전쟁'에 휩쓸려온 현실을 잠시 멈추고 뒤를 돌아보고, 소외된 사람들을 챙기고, 스스로를 돌아보며, 사회 정의를 성찰하는 것이 사람들의 관심사가 된 것이다. 1990년대 후반의 아시아 외환위기와 2000년대 후반의 글로벌 금융위기라는, "점점 나빠지기만 한다"는 시간을 견뎌오면서 사람들이 무엇에 관심을 기울여 가게 되었는지가 상징적으로 드러난다.

베스트셀러는 사람들이 살아가는 모습의 거울상이 된다. 지난 20년 동안 사람들은 출근 전 아침 시간을 자기 성장을 위해 투자하고, 남들이 가지 않은 사업 분야를 개척하고, 상대의 마음을 열 준비를 갖추고, 이런 고된 현실 속에서도 긍정적인 마음가짐을 잃지 않으며, 간절히 원하면 이룰 수 있다는 믿음을 가지려고 노력했다. 하지만 지금 이 모든 지침들은 그 효용을 다하고 말았다.

거꾸로 생각해 보면, 베스트셀러는 우리 사회가 사람들에게 알게 모르게 강요한 덕목들의 일면이기도 하다. 또한, 얼마나 자기 최면이 필요했는지를 알려주는 씁쓸한 리트머스지이기도 하다. 4차 산업혁명을 통한 혁신을 이루기 위해서는 사람에 대한 투자가 얼마나 필요한지를 반증하는 얘기이기도 하다.

혁신기술은 미래를 앞당긴다. 그러나 어떠한 기술 혁신도 사람 없이는 불가능하다. 보다 나은 기술로 무장하더라도, 현재의 기업문화를 그대로 유지한 채 이뤄진다면 기업의 활로를 찾기 어려워질 것이다.

인공지능(AI) 기반 디지털 대전환의 시대를 우리에게 열어줄 4차 산업혁명의 미래에 냉소적인 반응들이 있다. 혁신기술이 일자리를 빼앗을 것이라는 불안을 많이들 언급한다. 그런데 이 불안마저도 그 근원을 따지면 우리 사회와 기업에 전반적으로 도사리고 있는 불합리와 병폐들이 개선되지 않은 상황이기에 발생하는 것이다. 이대로는 4차 산업혁명 그 이상의 것이 와도 창의와 혁신이 가능할지에 대한 회의다.

나는 사람(인재)의 중요성을 역설하고, 이를 위해 기업문화가 어떻게 바뀌어야 하는지를 선진 실리콘밸리의 경험에 비추어 전달해 왔다. 모든 기업들은 그 기업의 기초를 이루는 사람의 가치를 되찾아야 한다. 숫자의 경제는 사람의 경제로 전환되어야 한다. 4차 산업혁명의 미래는 그런 환경이 조성되어야 동력이 생긴다.

4차 산업혁명이나 디지털 대전환이 그저 수사(修辭)에 그친다는 말도 많다. 그렇다 할지라도 이것만은 분명하다. 끊임없이 발전하는 기술이 사람의 삶을 어떤 방식으로든 터치할 것이고, 사람 또한 그에 반응한다는 것이다. 그러니 우리에겐 구호나 수사가 필요한 것이 아니다. 사람들의 삶을 뒤흔든 혁명은 기실 이후에 이름 붙여진 경우가 대부분이었다. 인간의 염원과 행동이 선행된 뒤 도착한 미래에 주어진 월계관이 바로, 기술로 인해 사람이 누리는 윤택함이었다.

기술의 발달 속에서 그것이 유토피아가 될지, 디스토피아가 될지 불안함을 느끼는 목소리도 많다. 그럴수록 우리에게 절실한 것은, 올바른 길을 갈 수 있도록 안내하는 이정표와 모든 사람들이 동의할 만한 선한 목적지이다. 갈림길에서 나아갈 방향을 정하는 것도 결국은 사람이다. 기술을 만드는 것도 사람, 이를 상품으로 만드는 것도 사람, 이를 선택하고 소비하는 것도 사람이기 때문이다.

미래가 불확실할수록 미래를 이끄는 것은 사람

산업혁명은 기존의 일자리를 빼앗았지만, 빼앗은 것보다 훨씬 더 많은 일자리를 만들었다. 그러나 동시에 소외되는 것이 있었다. 바로 사람이었다. 산업혁명 초창기에는 기본적인 사람으로서의 권리인 인권이 무시되었다. 4차 산업혁명과 이를 통한 디지털 대전환이 그와 같은 우를 범해서는 안 된다.

수많은 기술이 뜨고 지는 가운데 사람의 환경을 바꾸었지만, 사람의 고유한 특성까지 바꾸지는 못했다. 인권이 경시되고 불공정이 판을 쳤던 산업혁명의 초창기를 거쳐 현대에 와서 그 모든 기술의 발달을 기어이 기회로 바꾸어낼 수 있던 것도, 그 기술을 활용하는 주체가 사람이었기에 가능했다. 4차 산업혁명·인공지능(AI) 기반 디지털 대전환의 핵심이 사람이 될 수밖에 없는 까닭이다.

다가올 대전환 속에서 선도기업, 퍼스트 무버만이 살아남고 빈익빈 부익부 현상이 더욱 심화될 것이라고 우려하는 목소리가 높다. 이로 인해 소외되는 부문에 정부는 가장 역점을 두어야 할 것이다. 자유로운 경쟁과 플랫폼을 제공해 기업이 성장하는 데 있어 정부의 역할이 최소화되어야 하겠다. 그러나 그로 인해 소외와 일자리 문제라는 부작용 또는 역작용이 발생한다면, 이를 개선할 수 있는 주체로서 정부의 역할이 최대화되어야 할 것이다.

일자리의 측면에서 미래를 바라보면 이렇다. 혁신기술의 발전으로 일자리가 줄어드는 것은, 인구절벽에 대비하기 위한 산업 생태계의 자정 노력으로 읽혀질 수도 있겠다. 가까운 일본의 경우에는 생산가능 인구가 될 준비가 되어 있는가.

　우리는 그 누구보다 큰 가능성을 가지고 있다. 우리 곁에 있는 사람을 돌아보라. 그 사람이 바로 우리의 미래다.